요트! 딩기세일
Yacht ! Dinghy Sailing

著者 | 츠쿠다 쇼지(佃 昭二)
- 日本국제 Pin클라우스우승(聖光高校요트부)
- 日本大學요트부 主將
- 1977 인스트럭터
- 日本OP協會나쇼날코치, JOC전임코치역임
- 1988(有) 츠쿠다세일링 설립
- 시니어, 대학생, 사회인요트부 코치(다수)
- 에노시마(江の島)에서 딩기강좌개설
- 2000오다큐요트클럽매니저 취임

譯 | (전문번역) | 이호용(李豪鏞)
- 日本海技大學校 航海コース卒業
- 韓國海大海事産業大學院AMP 修了
- 해양항만수산연수원 소형선박조종사과정 수료
- 1990 HobbieCat 釜山最初導入세일링
- 동력수상레저 일반조종2급면허 編著者 및 면허취득

譯 II (일반번역) | 스즈키 아케미(鈴木朱美)
- 日本 삿뽀로醫大 보건의학부 卒業
- 日本語 講師

Yacht ! Dinghy Sailing
요트! 딩기세일링

Standard Book +++
advance++++++

著者　츠쿠다 쇼지
共譯　이호용 · 스즈키 아케미

요트! 딩기세일링 한국어판 출판에 부쳐

아파트 게시판에 붙은 "요트 배우실 분"이라는 안내문을 보고 문득 옛 생각이 났다. 20여 년전 의사친구와 함께 수영만에서 송정 해변까지 호비캣(Hobbie Cat)을 타고 낭만의 바다를 즐겼던 지난 일들이 주마등처럼 지나갔다.

이제는 좀 더 체계적으로 요트의 각종 원리와 이론을 정립해 보고 싶은 생각에 요트를 배우러 간 지도강사에게 물어보았더니 각종 매뉴얼은 있지만 제대로 된 텍스트는 없다면서 일본에서 나온 책을 한 권을 보여줬다. 그 후, 저자의 연락처를 알아내고 수차례에 걸친 일본방문을 통하여 이 책은 이제 한국어로 번역되기에 이르렀다. 한국의 요트 동호인들을 위하여 흔쾌히 번역을 허락해 준 요트의 달인 츠쿠다 선생에게 감사드린다.

요트를 포함한 해양스포츠는 이제 더 이상 외면할 수 없는 대중화의 물결 앞에 섰다. 그러나 이들은 여러 가지 많은 해양상식과 더불어 모험을 수반하기에 각종 원리와 이론을 제대로 갖출 필요가 있을 것이다.

이 책은 요트의 가장 기본이라고 할 수 있는 딩기세일링을 중심으로 쓰여 졌지만 용어는 거의 영어로 되어있다. 영어-일어-국어의 이중번역을 거치면서 혹 순화되지 않은 용어가 많이 있을까 이를 바로 잡기위하여 일제강점기에 일어를 배우고 영어를 가르쳤던 나의 노스승이 교열에 참여해주셨다. 제자가 하는 일에 뜨거운 정열을 보여주신 스승과 또한 번역에 참여해 준 스즈키씨에게 감사를 드린다.

이 책을 통하여 독자들이 딩기요트세일링을 배우고 익혀 해양스포츠의 진수를 맛보고 나아가 이 책이 우리나라의 요트 대중화에 크게 기여할 것을 기대한다.

2012년 봄

이 호 용

요트! 딩기세일링
Contents

제1장 세일러(Sailor)의 장 / 7

I. 기본 자세(Form) / 9
1. 크루의 인크라인 폼 • 10
2. 스키퍼의 기본 자세 • 18
3. 트래피즈의 기본자세 • 26

II. 태킹(Tacking) / 34
1. 풍력별 콤비네이션 • 36
2. 트래피즈를 사용한 태킹 • 44
3. 스키퍼의 태킹 • 51

III. 자이빙(Jibing) / 60
멋진 자이빙을 위한 3 Point • 65
자이빙 시뮬레이션 • 70

IV. 스피네커(Spinnaker) / 78
1. 스피네커 업 • 78
2. 스피네커 다운 • 86

V. 안전한 세일링(Safe Sailing) / 93
1. 안전한 바람의 방향에 따라 진수위치를 결정할 것 • 94
2. 안전하고 확실한 「캡사이즈」처리방법 • 106
3. 세일러의 옷차림 • 111

제2장 요트의 장 / 125

I. 요트의 각 부명칭과 역할 / 126
1. 선체의 명칭 • 126
2. 방향의 명칭 • 127
3. 세일의 명칭 • 128
4. 리깅류의 이름 • 129
5. 로프류의 명칭 • 131

II. 각종 컨트롤 시스템의 구조와 역할 / 137
1. 붐뱅(Boom Vang) • 137
2. 메인 시트와 트레블러(Main Sheet & Traveler) • 142
3. 아웃 홀(Out Haul) • 145
4. 커닝햄(Cunningham) • 146
5. 지브 시트 리더(Jib Sheet Leader) • 148

III. 요트의 원리 / 149
1. 요트의 전진원리 • 150
2. 헬름의 메커니즘 • 154
3. 세일(Sail) Power의 원리 • 167
4. Power Down의 원리 • 170

IV. 세일 트림(Sail Trim) / 176
1. Free와 Close Hauled와의 차이 • 176
2. Free때의 세일 트림 • 179

요트! 딩기세일링
Contents

   3. 클로스 홀드 할 때의 세일 조종 • 188

제3장 바람의 장   / 193
   1. 기상의 메카니즘 • 194
   2. Blow와 Wind Shift • 205

제4장 경기의 장   / 211
   1. 기본적인 규칙 • 212
   2. 업 윈드에서의 이론 • 221
   3. 스타트 • 229
   4. 스타트 실패 때의 복귀(Recoverly) • 236
   5. 태킹 포인트 • 239
   6. 풍상마크로 가는 코스 • 242
   7. 2번째 업 윈드코스 • 247
   8. 요트 레이스 격언집 • 252

제5장 용어해설   / 257

제6장 수상레저안전법   / 279

제1장
세일러(Sailor)의 장

Dinghy Sailing

Ⅰ 기본 자세(Form)

좋은 폼의 3가지 조건

폼이라는 말에 거부반응을 일으키는 사람이 적지는 않다. 다시 말하자면 '어떤 틀에 맞추는 게 안 좋아', '개성을 없애는 것이다.' 등등… 그러나 여기서 말하는 「좋은 폼」이란 틀에 맞춘다거나 개성을 없애는 것이 아니다. 왜냐하면 좋은 자세라는 것이 존재하지 않기 때문이다. 왠지 선문답이 될지도 모르지만 예를 들자면 야구의 베팅 폼을 생각해보자. '이치로선수의 폼과 맥과이어선수의 폼중에서 어느 쪽이 좋은 폼' 이냐고 묻는다면? 대답은 어느 쪽이라도 좋은 폼이라고 말할 수 밖에 없다. 어느 쪽도 자신에게는 현시점에서의 폼이 최고임에 틀림이 없다. 모든 사람에게 「좋은 폼」란 존재하지 않는다. 그것은 요트에서도 마찬가지이다.

그럼 「좋은 폼」의 정의는 무엇인가? 그것은 어떤 조건을 만족시키는 폼이라고 생각한다. 그 조건은 다음의 3가지이다.

1. 배의 움직임에 대해서 균형을 잡기 쉬운 자세일 것

힐이나 언힐 등 배의 움직임에 대해서 재빠르게 균형을 잡을 수 있는 폼이어야 한다. 다시 말해서 타는 사람의 움직임에 대해서 배가 재빨리 반응한다는 말이다. 최소한의 움직임으로 균형을 잡는 것이 중요하다. 크게 움직이지 않으면 균형을 잡을 수 없는 자세는 다음의 움직임에 대처 할 수가 없다.

2. 배의 움직임을 느끼기 쉬운 자세일 것

힐하려고 하는가? 언힐하려고 하는가? 속도가 나오는가? 안 나오는가? 지금 배가 어떤 상태로 놓여 있는지를 민감하게 느낄 수 있는 폼이어야 한다.

• 힐(Heel) : 요트가 한 쪽으로 기우는 것(요트의 횡경사), ㈘ 언힐

3. 오랫동안 타도 피곤하지 않는 자세일 것

편안한 자세. 어떤 강풍이라도 5분 정도면 누구나 쉽게 세일링을 할 수 있을 것이다. 그러나 레이스가 아니더라도 실제 바다에 나가면 목적지까지 세일링을 계속해야한다. 그래서 체력을 키우는 것도 중요하지만 아무리 체력이 좋다해도 자세가 나쁘면 금방 피곤해지기 쉽다. 피곤해지면 집중력이 떨어져 경기중이면 좋은 코스로 갈 수 없고 크루징 때라면 사고를 당할 지도 모른다. 지금의 당신 체력을 100퍼센트 낼 수 있는 폼을 몸에 익히면 자신보다 좋은 체력을 가진 사람을 강풍속에서도 달려서 이기는 것이 가능하다. 요트레이스에서는 힘이 약한 여성이 힘이 센 남성을 이기는 일이 드물지 않다. 그 이유는 「피곤해지지 않는 세일링 폼」에 있다.

1. 크루의 인크라인 폼

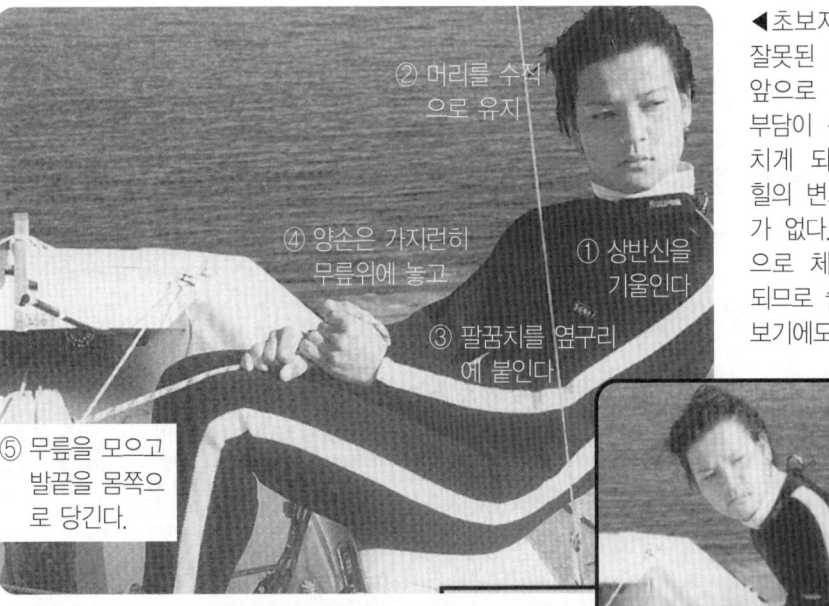

◀초보자가 하기 쉬운 잘못된 폼의 견본이다. 앞으로 숙이면 허리에 부담이 생겨서 쉽게 지치게 되고 갑작스러운 힐의 변화에 대응할 수가 없다. 또, 팔의 힘만으로 체중을 지탱하게 되므로 쉽게 피곤해지고 보기에도 좋지 않다.

① 상반신을 기울인다
② 머리를 수직으로 유지
③ 팔꿈치를 옆구리에 붙인다
④ 양손은 가지런히 무릎위에 놓고
⑤ 무릎을 모으고 발끝을 몸쪽으로 당긴다

▶이것은 트래피즈가 없는 2인 딩기의 크루의 폼이다. 이 자세가 모든 것의 기본이다. 인크라인이란 기울이다는 의미이다. 상반신의 선이 비스듬히 기울여진데서 인크라인폼이라는 이름이 생기게 되었다.

- 트래피즈(Trapeze) : 밸런스를 잡기위해 선체 밖으로 몸을 내밀어 균형을 잡는 장치
- 딩기 : 소형 오픈보트, 1인승, 2인승, 쌍동선 등이 있다. (표지 설명 참조)

인크라인 폼을 몸에 익히자

그러면 이 3조건을 만족시키는 폼은 구체적으로 어떤 자세가 될 것인가? 그 기본이 되는 폼이 사진같은 자세가 된다. 이것은 트래피즈가 없는 2인 딩기의 크루를 가정한 것인데 여기서 자세는 스키퍼(Skipper)는 물론이고 트래피즈의 자세로도 통하는 기본중의 기본이라서 이 자세를 확실히 마스터하자.

역시 틀에 끼워 맞춘다고 생각할지 모르지만 그것은 오해이다. 여기서는 이 자세가 왜 좋은지 부위마다 구체적인 설명을 하겠다. 억지로 틀에 맞출 필요는 없다. 각각 합리적인 이유를 이해하고 기본자세를 마스터하는 것이 중요하다.

① 상반신이 바깥쪽으로 기울고 있는 점

여기가 가장 중요한 점이다. 상반신은 배근(背筋)의 힘을 빼고, 항상 바깥쪽으로 기울어져 있는 것으로써 언힐에도 오버힐에도 재빨리 대응할 수 있다. 이 기울기의 가감이 어려운데 상체는 너무 세우면 언힐에 대응할 수 없고 너무 기울면 오버힐에 대응할 수 없다.
항상 상체를 사진처럼 기울여서 미세한 균형은 상체의 움직임만으로 대응하도록 한다. 바람이 약해져서 언힐될 것 같은 느낌이 들면 우선 엉덩이를 조금 안쪽으로 넣고 반대로 바람이 강해져서 힐될 것 같은 느낌이 들면 먼저 상체를 바깥으로 내고 엉덩이도 조금 내는 것으로 해서 상체는 항상 이 각도를 유지하는 것이 중요하다.

② 턱을 당기고 머리는 수직을 유지

상반신은 바깥으로 기울이면서도 머리는 수직을 유지한다. 머리까지 기울면 목에 피로가 온다. 머리는 상반신의 일부라고 생각하지 말고 어깨에 얹혀있는 다른 물체라고 생각하고 상체 움직임과 관계없이 언제나 수직을 유지하는 것이 중요하다.

③ 팔꿈치를 옆구리에 붙임

어떤 스포츠도 그렇지만 팔꿈치와 옆구리사이가 벌어지면 안된다. 팔꿈치와 옆구리사이가

• 인크라인(Incline) : 경사지게 하다.
• 스키퍼(skipper) : 소형선 선장, 정장, 요트 조종자, 타수.
• 언힐(Unheel) : 요트가 한쪽으로 기울지 않는 것
• 크루(Crew) : 동승자(同乘者)

① 뒤에서 본 인크라인 폼

② 바람이 불어오는 쪽에서 본 인크라인 폼

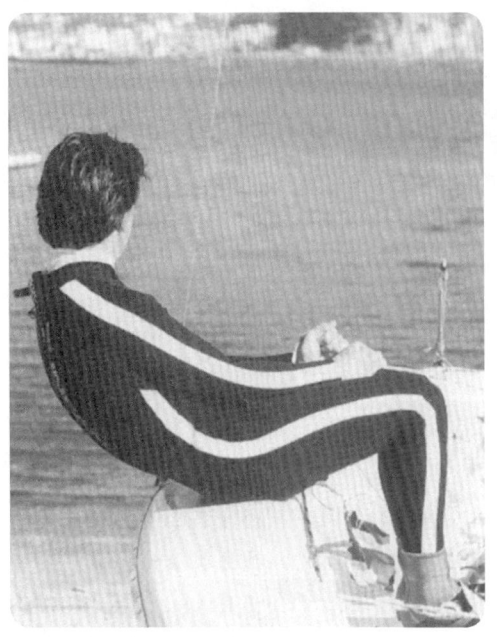

웨트슈트의 흰 선을 주목하면, 상반신의 기울임이나 다리의 각도가 잘 보인다. 기울여진 상반신에 비하여 목과 머리는 수직을 유지한다.

팔이 몸에 잘 붙어있어서 팔에 더 이상의 힘이 필요가 없다. 무릎도 잘 맞추어져 있으며 엉덩이에 중심이 가 있다는 것을 알 수 있다.

③ 머리는 수직

④ 지브 시트를 가지는 방법

⑤ 발끝과 무릎을 맞추다

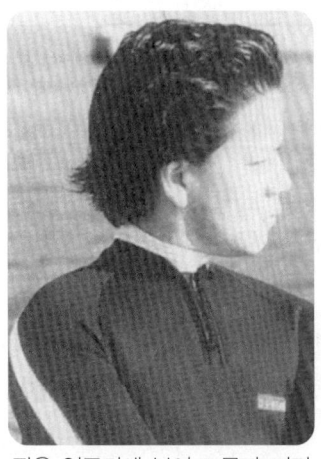

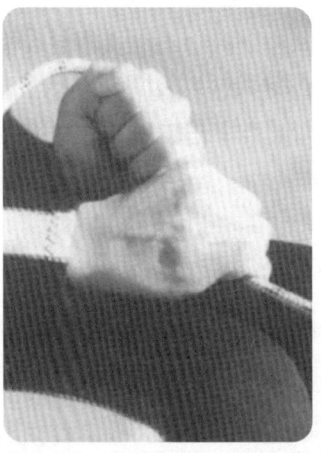

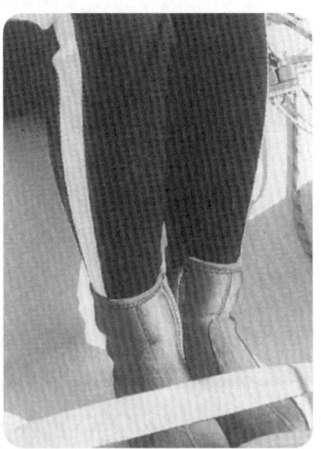

팔은 옆구리에 붙이고 목과 머리는 수직으로 유지한다. 왼쪽 어깨(사진에서는 왼쪽 어깨)를 약간 벌리고 턱을 당기고 앞을 본다.

양손으로 지브 시트를 잡고 무릎 가까운 자리에 놓는다. 사진처럼 손목에 각도가 있으면 강풍이 불 때 힘이 쉽게 들어간다.

풋벨트에 발을 걸때까지 발끝을 맞추어 몸쪽으로 끌어당기면 엉덩이와 발끝으로 몸무게를 분산시킨다.

- 지브 시트(Jib Sheet) : 지브세일을 조절하기 위해서 사용하는 줄.
- 지브(Jib) : 돛대 전방에 장치되는 삼각형의 돛.

벌어진 상태에서 시트를 당겨보면 금방 팔이 지칠 것이다. 팔꿈치를 옆구리에 붙임으로써 몸의 힘을 효율적으로 팔에 전달할 수 있다. 팔꿈치를 옆구리에 붙이고 몸 전체를 이용하면서 시트를 당기면 보다 더 큰 힘을 발휘 할 수 있고, 긴 시간의 시트 트림에서도 지치지 않을 것이다. 시트랑 틸러는 손으로 쥐는 것이 아니라 몸 전체로 받친다는 의식을 가져야 된다.

④ 양손은 붙여서 무릎 위에 놓는다.

지브 시트는 보통 캠 클리트에 고정한 상태로 세일링하므로 항상 잡아당기지 않아도 되지만 언제든지 캠을 풀고 트림 할 수 있도록 풍력에 관계없이 양손으로 잡고 있는 게 좋다.

스키퍼(Skipper)의 경우에는 한 손에 시트 다른 한 손에 틸러를 잡는데 이때도 되도록 양손을 붙여서 언제든지 시트를 조작할 수 있어야 한다.

⑤ 무릎을 모으고 발끝을 몸쪽으로 끌어당긴다.

다리를 뻗은 자세로 앉으면 엉덩이에 몸무게가 집중되어 쉽게 엉덩이를 움직일 수가 없게 된다. ①에서 말했지만 상체의 기울임을 유지하기 위해 조금씩 엉덩이를 움직일 수 있어야 한다. 그것을 위해서 발 끝을 약간 몸쪽으로 끌어당기는 감각으로 발 끝에도 몸무게를 느끼는 의식을 가지는 것이 중요하다. 물론 이것은 풋벨트에 발을 걸 때까지이며, 완전히 하이크 아웃하는 바람의 세기가 되면 이에 해당되지 않는다.

- 풋 벨트(Foot Belt) : 크루가 하이크 아웃 할때 발을 거는 벨트.
- 틸러(Tiller) : 러더 끝의 전방 또는 후방으로 설치한 봉(플라스틱, 목제, 철제)
- 캠 클리트(Cam Cleat) : 줄의 장력을 편리하게 고정시켜주는 장치.

풍력에 따른 자세의 변화
인크라인은 유지하면서

9페이지에서 설명했지만 「기본자세」는 경풍~중풍의 클로스 홀드의 경우를 예로서 설명했다. 그러면 이 상태보다 바람이 강해지거나 약해지면 어떻게 대처하면 좋은가?

기본적으로 요트를 항상 수평상태가 유지되도록 乘艇위치를 변화시키는데 앞에서 설명한 「좋은 자세의 3조건」을 생각해 보자.

조건 1. 배의 움직임에 대해서 균형을 잡기가 쉬운 자세
조건 2. 배의 움직임을 느끼기 쉬운 자세
조건 3. 오랫동안 타도 지치지 않는 자세

이 세가지 조건은 언제나 어떤 경우에도 변하지 않습니다. 이 조건을 만족시키지 않으면 좋은 자세라고 말 할 수가 없다. 여기서는 풍력별로 5단계의 기본 자세를 사진으로 소개한다. 주목할 점은 상반신의 기울임이 항상 유지되어 있다는 점이다. 이 각도를 유지하는 일로 인하여 세가지 조건을 만족시킬수 있다.

① 초미풍

거의 무풍에 가까운 초미풍의 경우에는 바람의 반대쪽 덱에 앉아 돛이 바람을 받기 쉽도록 배를 약간 기울인다. 딱 중풍의 기본자세가 거울에 비추어진 모습이다. 시선은 스키퍼의 死角이 되는 지브 세일의 바람 반대쪽에 둔다.

- 풍력 : 바람의 강약에 따라 미풍, 경풍, 중풍, 강풍이 있다.
- 클로스 홀드(Close-Hauled) : Yacht 조정법 중의 하나. 옆 바람을 받고 있는 상태에서 배의 方向을 風上方向으로 바꿔 돛의 효과가 없어지기 직전의 상태로 배를 지지하는 방법

② 미 풍

힐을 하지 않아도 돛이 바람을 받을 정도가 되면 센터 케이스 위에 앉아서 균형을 잡는다. 이 때 완전히 앉지 말고 두 발에 체중을 조금 남기고 상반신을 슬라이드시키며 바람의 변화에 대처한다.

W

③ 경 풍

센터 케이스위에서 밸런스를 유지하기가 어려워지면 바람이 불어오는 쪽 덱의 안 쪽으로 허리를 밀어 붙여서 상반신을 덱에 맡기도록하여 균형을 잡는다. 이 때 상반신은 되도록이면 낮은 위치를 유지해서 타수의 시야(텔테일)를 가로막지 않도록 주의한다.

W

④ 중 풍

앞에서 설명했던 기본 자세이다. 이 정도의 풍력에서는 바람 강약의 정도가 심한 경우도 있으므로 빈번하게 크게 체중 이동을 해야 되는데 힐 할 때 상반신 → 엉덩이를 바람 부는 쪽으로 이동하고, 언힐 할 때는 엉덩이 → 상반신을 안 쪽으로 이동하면서 균형을 잡는 것이 핵심이다.

W

⑤ 강 풍

하이크아웃의 기본 자세이다. 양 팔을 옆구리에 붙이고 양 무릎을 모으고 양손을 무릎 가까운데 놓아서 지브 시트를 체중으로 받친다. 사진처럼 얼굴 앞쪽 어깨를 내리고 상반신을 앞으로 향하게 하면 시야가 넓게 보이고 복근만으로 의지하지 않으며 편하게 하이크아웃을 할 수 있다.

W

• 센터 보드 케이스(Center Board Case) : 센터보드를 수납하는 함.
• 센터 보드(Center Board) : 배의 복원성과 바람에 의하여 옆으로 밀리는 현상, 리웨이(Leeway)를 방지하기위해 용골 밑으로 내리는 평판의 구조물.

하이크 아웃에서의 복귀는
머리부터가 아니라 허리부터

하이크아웃의 기본 자세

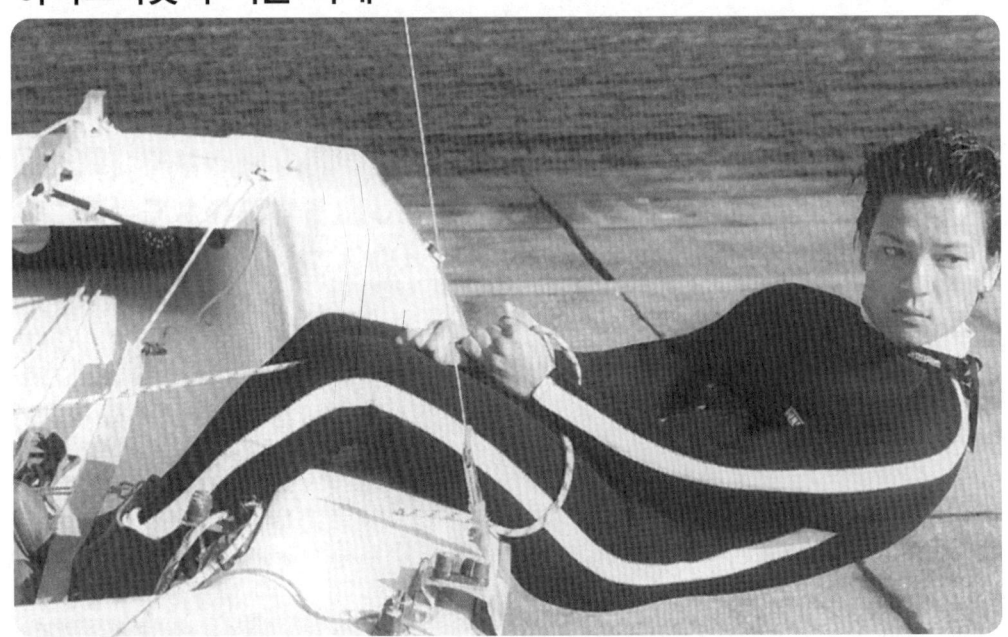

좋은 바람으로 기분좋게 세일링. 그러나 항상 바다를 보고 바람세기를 의식하는 것이 중요하다.

14~15쪽에서 설명한 자세는 풍력을 5단계로 나눠서 설명했던 것인데, 각 사진사이에도 자세가 있다. 그리고 그것들은 부드럽게 다음 동작으로 연결되어야 한다. 거기서 문제가 되는 점은 사진 ④와 ⑤사이다. ④→⑤는 그다지 어렵지 않지만 ⑤→④는 어렵다. 초보자의 경우 아무리 해도 상반신부터 되돌아가려고 해서 오른쪽(나쁜 예)같은 자세가 된다. 이렇게 하면 일시적인 랄(바람이 없어지는 것)에는 대처 할 수 있지만 더 이상 풍력이 떨어지면 어찌할 도리가 없다.

올바른 대처법은 사진에서 보여 주듯이 풋벨트에 걸은 발과 지브 시트를 잡은 손을 이용해서 단숨에 허리를 슬라이딩 하는 방법이다. 뒤쪽 어깨와 뒤쪽 허리를 비틀듯이 돌리고 다리를 끌어당기는 것이 포인트인데, 이것을 타이밍 좋게 하기 위해서는 확실하게 해면을 보고 풍력이 떨어지는 것을 예측할 필요가 있다. 그리고 허리가 안으로 돌아갈 때는 약간 배가 흔들리지만 이 정도의 하이크 아웃을 해야 할 풍력에서는 거의 영향이 없다.

복귀의 좋은 예

나쁜 예

초보자가 하기 쉬운 자세이다. 갑자기 풍력이 떨어지면 아무래도 상반신을 굽혀서 대처하려고 한다. ▼

복근과 다리를 사용하여 앞으로 비틀듯이 허리를 슬라이딩 시킨다. 이 때 뒷쪽의 손으로 지브 시트를 조종하는 느낌으로 상반신을 앞으로 비트는 것이 포인트다.

덱에서의 위치

나쁜 예

상반신 만으로 대응한 결과가 이 폼이다. 이렇게 되면 너 이상 풍력이 떨어지면 대처 할 수가 없다.▼

기본자세로 복귀. 이 자세로 되돌아가면 너 이상 풍력이 떨어져도 혹은 다시 풍력이 강해져도 원활하게 대응 할 수 있다.

• 덱 또는 데크(Deck) : 갑판, 선체의 윗부분.

2. 스키퍼의 기본 자세

웨트슈트의 흰 선을 주목해 보자. 다리, 등, 팔이 거의 평행으로 기울어져 있다. 아주 편안하게 타고 있다는 것을 알려주고 있다.

자주 보이는 나쁜 폼 ▶

초보자에게 잘 보이는 폼이다. 우선 팔이 몸체에서 떨어져 있어 쉽게 피곤하다. 그리고 굽어진 허리는 아프기 쉽다. 또 엉덩이로 체중이 집중되어 있어서 균형을 잡기가 어렵고 보기에도 좋지 않은 폼이다.

• 웨트슈트(Wet Suit) : 세일러 등이 입는 고무 옷

스키퍼도 인크라인(Incline)을 잊지 마라

왼쪽 사진이 경풍~중풍에서의 타수의 기본 자세다. 실루엣으로서 보는경우 9쪽에서 소개한 크루의 기본자세와 다름이 없다는 것을 알 수 있을 것이다. 좋은 폼의 3가지조건은 타수도 마찬가지이다. 또 좋은 폼을 유지하기 위한 5가지 체크 포인트도 똑같다.

① 상반신이 바깥쪽으로 기울어져(인크라인) 있는 것
② 턱을 당기고 머리는 수직을 유지한다.
③ 팔꿈치를 옆구리에 붙인다.
④ 양손을 붙여서 무릎 가까운데 놓는다.
⑤ 무릎을 가지런히 모으고 발은 약간 몸쪽으로 당긴다

특히 ④는 틸러와 시트를 조종해야하는 타수의 경우 크루 이상 중요해진다.

바람 오는 쪽에서 본 기본폼

양손은 무릎위에 얹는 느낌. 클로스 홀드 세일링 중 틸러는 손목만으로 움직여도 충분히 대응 할 수 있다.

뒤에서 본 기본폼

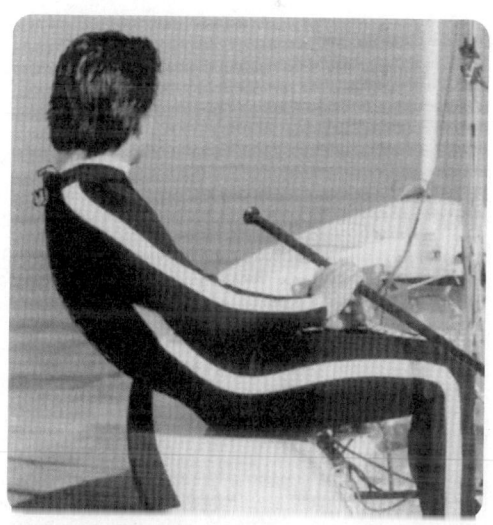

발끝을 몸쪽으로 당기는 감각을 알 수 있을 것이다. 발 끝부터도 배의 운항을 느끼려고 하는 것이 중요하다.

- 스키퍼(Skipper) : 소형선 선장(정장, 요트조종자, 타수)
- 틸러(Tiller) : 러더를 컨트롤하는 막대 손잡이
- 시트 : 돛을 조절하는 줄.

하이크 아웃에서 복귀하면 틸러를 다시 잡는다

하이크아웃한 상태에서는 익스텐션의 끝을 잡게 된다. 그 상태에서 온 덱의 폼으로 복귀하면 사진 ×와 같은 자세가 되어서 조금 움츠리는 폼이 된다. 이것으로는 팔이 항상 공중에 떠 있어서 피곤하기 쉽고 틸러 조종도 불안전하다. 잡은 손을 무릎 위에 오도록 다시 잡아야 한다. 베테랑 세일러라도 달리는데 집중하여 사진 × 상태로 계속 달리는 일도 있다. 레이스 도중 자세를 체크하는 것도 기분전환이 되고 정기적으로 행할 것을 권한다.

앞쪽 가까이를 잡고 복귀하면 이런상태

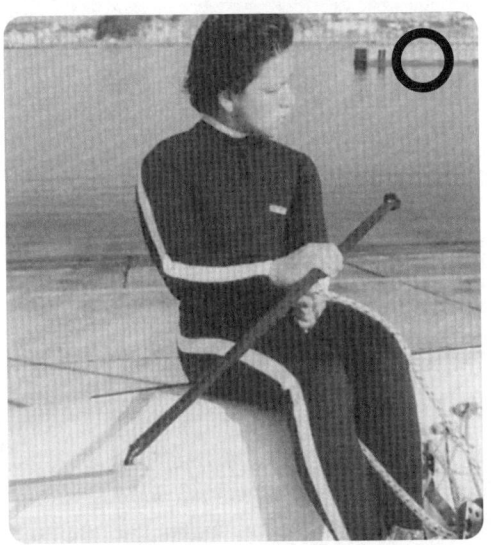

잡는 위치를 바꾸면 자연스런 폼이 된다.

- 하이크아웃(Hike out) : 선체의 경사를 줄이기 위해 뱃전에서 균형을 잡는 것
- 덱(Deck) : 갑판
- 익스텐션(Extension) : 하이크 아웃 상태에서 틸러를 용이하게 조절하기 위해 연결된 막대

하이크 아웃에서의 복귀는
어깨를 비트는 느낌으로

풍속의 변화에 대응해서 배의 균형을 잡는 것은 크루의 일이다. 타수는 세밀한 균형을 잡아도 크게 움직이는 것은 되도록이면 피하는 것이 원칙이다. 그러나 크루 1명으로 대응 못 할 정도의 풍력의 변화가 있으면 재빨리 하이크아웃에서 복귀해야 한다. 그 때는 16~17쪽에서 소개한 크루의 경우와 같은 요령으로 상반신을 비트는 느낌으로 허리에서 들어가는 것이 비결이다.

완전한 하이크아웃 상태

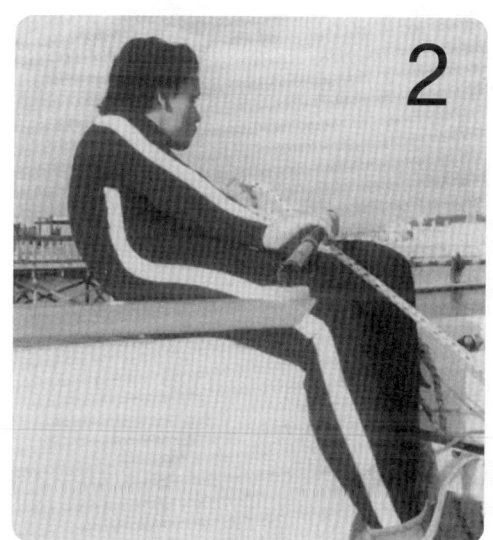

틸러를 움직이지 않도록 뒤쪽 어깨를 밀어낸다.

복근과 다리를 사용해서 허리를 앞쪽으로 향하는 느낌으로 덱안에 밀어 넣는다.

• 크루(Crew) : 동승자(同乘者)

틸러의 조종

틸러는 방향을 바꾸기 위한 도구만이 아니다. 틸러는 요트의 상태를 알기 위한 중요한 센서이기도 하다. 요트가 지금 어느 쪽(바람이 부는 쪽, 바람을 받는 쪽)으로 향하고 싶어 하는지?라는 하나의 요소로부터 세일 트림, 마스트 튜닝, 요트 전후 트림 등 여러가지 정보를 알 수가 있다.

상세한 내용은 다른 장에서 해설 하겠지만, 여기서는 틸러는 그냥 움직이면 된다는 것이 아니고 거기서 전달되는 정보를 느낄 수 있게끔 움직여야 한다는 것을 알아야 한다.

익스텐션의 사용법

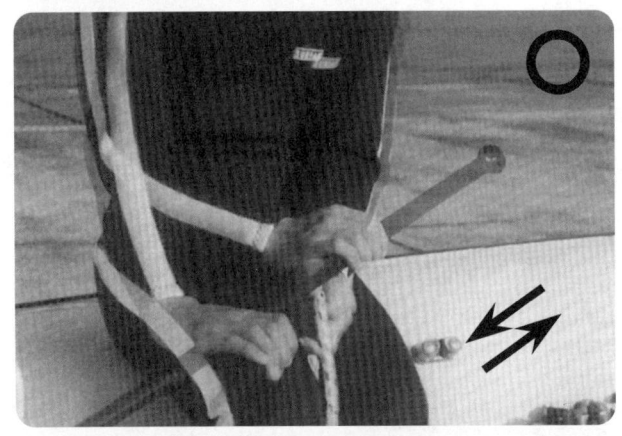

바른 익스텐션의 움직이는 방법

틸러의 끝을 주목하면, 무릎 위에서 손목을 사진과 같이 전후로 이동하는 것으로 틸러가 효율적으로 움직인다는 것을 안다. 팔꿈치를 붙인 상태에서 손목만으로 조작한다.

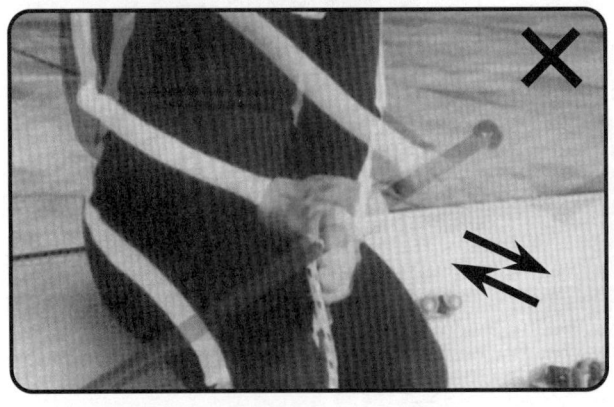

자주 보는 나쁜 틸러 조종

마치 틸러의 끝은 거의 움직이지 않는다. 익스텐션은 어디까지나 보조적이고, 움직여야 되는 것은 틸러라는 것을 잊지 말아야 한다.

• 세일 트림(Sail Trim) : 배 전후의 균형, 세일의 밸런스

틸러를 잡는 방법은 2가지 방법이 있다

Type A

기본적인 틸러를 잡는 방법이다. 틸러를 잡은 손과 시트를 잡은 손이 곁에 있어서 시트를 크게 트림할 경우(강풍, 마크 회항시, 스타트 때 등)에는 이 방법이 적합하다. 중풍이하의 경우 아래 사진 같이 엄지손가락을 세우는 것이 틸러의 움직임을 느낄 수 있지만 강풍시의 경우는 엄지손가락을 접고 꽉 잡을 필요가 있다.

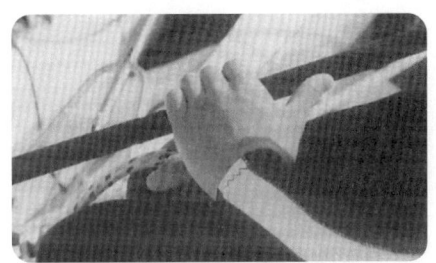

Type B

사이드 핸드로 잡는 방법이다. 미풍~경풍에서는 틸러의 움직임을 민감하게 느낄 수 있는 방법이다. 아래 사진과 같이 인지를 세우면 틸러의 움직임을 느낄 수 있다. 단순하게 익스텐션을 움직이니까 초보자에게는 하기 쉬운 반면, 폼이 흐트러지기 쉬우니까 Type A를 마스터 하고나서 해보는 것이 좋다.

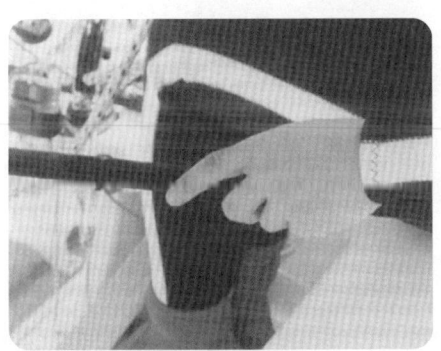

틸러를 잡는 손의 엄지손가락으로
시트조종을 보조한다

　스타트할 때나 풍하마크 회항시 등 메인 시트를 크게 트림해야 할 경우에는 양손을 잘 사용해야 된다. 그런 경우는 틸러의 손은 사진처럼 엄지손가락을 쓰고 시트를 조종하는데 그 때 틸러가 움직여 버리면 요트가 사행(蛇行)한다. 틸러는 어디까지나 보조, 무릎 위에 고정한 채 시트잡은 손과 상반신 만으로 시트를 조종한다. 익숙해지면 틸러 손으로도 시트를 당길 수 있지만 처음에는 이 방법으로 하는 것이 좋다.

올바른 자세는 허리를 지킨다

요통은 세일러의 숙명이다라고 말하는 정도로 요통으로 고민하는 세일러가 많다. 그러나 나는 15세부터 오늘까지 매일 같이 바다에 나가도 허리를 다친 적이 한 번도 없다. 요통은 세일러의 숙명이 아니다라는 말이다. 전부터 생각했지만 요통의 원인은 자세가 안 좋기 때문이 아닌가? 라는 것이다. 그래서 몇 년 전에 한 정형외과 의사에게 물어봤더니 왼쪽의 그림을 보여주면서 「그렇습니다. 츠쿠다씨. 인간의 척추란 이런 형태로 연결되어 있기 때문에 뒤로 젖히는 힘에는 견딜 수 있어도 앞으로 구부러지는 자세를 계속하면 뼈와 뼈 사이의 신경조직을 눌러서 그것이 요통의 원인이 되고 최악의 경우에는 디스크가 됩니다」라고 말씀하셨다.

그 이야기를 들었더니 웨이트리프팅 선수는 허리가 너무 구부러지지 않도록 벨트를 착용하고, 바벨을 들어 올릴 때도 항상 등 허리를 편다. 무거운 바벨을 들어 올릴 때에 앞으로 구부러지면 한 번에 허리를 다칠 수 있다.

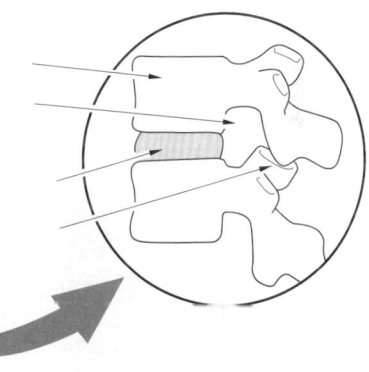

요트의 경우는 한 번에 다치지는 않지만 오랫동안 삐뚤어지는 자세로 타면 척추가 견디지 못해 아프게 된다. 바른 세일링 폼은 빨리 달리기 위한 것 뿐만 아니라 당신의 몸을 지키는 것도 된다.

3. 트래피즈의 기본자세

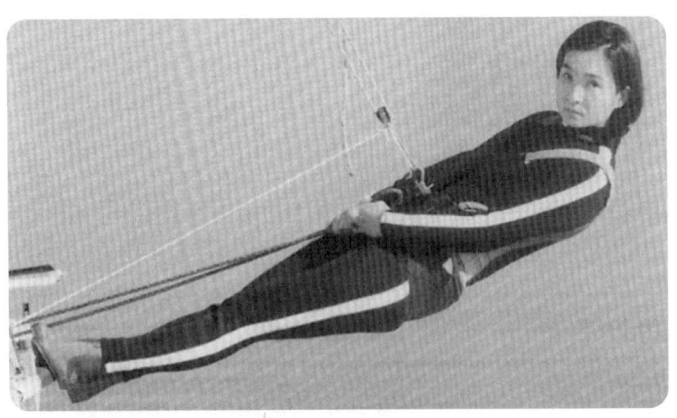

풀 트래피즈의 기본자세

몸 전체를 일직선으로 펴고 머리만 수직으로 유지한다. 이것이 트래피즈의 기본자세이다. 무릎을 맞추고 발끝을 앞으로 향해서 힘을 줄 수 있도록 한다. 양팔은 몸에 붙이며 허리 주위에 올려둔다. 뒤쪽 어깨와 뒤쪽허리(사진에서 보면 오른쪽 어깨와 허리부분)를 앞으로 돌리면(위로 들어 올린자세를 취하면) 잘 보이고 허리의 부담도 줄어든다.

하프밸런스의 기본 자세

풀 트래피즈를 안해도 되는 풍력에서는 이렇게 무릎을 구부려서 대처한다. 그 때 상반신은 항상 같은 각도로 기울여서 무릎을 구부리거나 펴는 것만으로 대응한다. 허벅지가 수평이 되어 덱에 앉아 있는 것 같은 자연스러운 자세이다.

• 트래피즈(Trapeze) : 밸런스를 잡기 위해 선체 밖으로 몸을 내밀어 균형을 잡는 장비

트래피즈 자세에서도 인크라인을 해야

이제야 말로 트래피즈가 없는 클래스를 찾는 것이 어려울 정도, 트래피즈는 2인·딩기의 기본이 되어 있다. 몸을 완전히 보트 밖으로 내고 균형을 잡는 트래피즈는 초보자에게는 조금 어렵다고 느껴지겠지만, 덱에서의 기본자세를 습득한 사람이라면 어려운 것도 아니다. 트래피즈를 할 때도 기울기에 대한 생각은 같다. 여기서 소개하는 몇 가지의 핵심을 파악하면 톱 선수 같이 멋있게 트래피즈를 할 수가 있다.

초보자는 어깨넓이 정도 다리를 벌려서

발끝을 맞추면(체중을 밖으로 이동시키므로) 그만큼 효율적인 트래피즈를 할 수 있지만 그 반면(좌우로 흔들리기 쉽다) 밸런스는 안 좋다. 파도가 나쁠 경우나 아직 익숙치 않은 초보자는 사진처럼 어깨정도 발끝을 벌리는 것이 좋다.
그 때 사진처럼 앞다리는 뻗은 채로, 뒷다리는 무릎 밑으로는 벌린다. 트래피즈 자세에서 밸런스가 흐트러지는 경우 몸이 앞으로 날리는 일이 많으니까 꼭 앞다리에 힘을 주고 견디어야 한다. 그리고 뒤로 날리지 않게 하기 위해서는 지브 시트를 허리 뒤쪽에 확실히 받치고 양팔, 양손을 옆구리에 붙인다. 뒤쪽은 최악의 경우에도 스키퍼가 스토퍼가 되어 있으니 앞으로 날리지 않도록 조심해야 된다.

초보자가 잘하는 잘못된 트래피즈 폼 3가지

1. 풀 트래피즈에서 바람이 없어졌을 때 상반신을 세워서 대처하면 무릎이 버티어서 이런 자세가 된다. 트래피즈 할 때는 무릎을 부드럽게 유지하여 무릎의 굴신(屈伸)으로 밸런스를 잡는 것이 중요하다.

2. 허리위치가 너무 낮다. 이 상태를 오랫동안 유지할 경우 어저스터를 짧게해서 허벅지가 수평이 될 정도로 허리를 올려야 한다. 하프밸런스(Half Balance) 때는 몸무게의 일부를 발끝으로 느끼는 것이 중요하다. 이 사진과 같이 허리에 몸무게가 쏠리면 세밀한 밸런스를 잡을 수가 없다.

3. 본인은 똑바로 뻗은것 같지만 배꼽이 위로 올라가 마치 새우가 뒤집혀진 포즈같이 뒤로 젖혀져 있다. 이 자세는 몸이 바로 위로 향하기 때문이다. 앞쪽 어깨를 밑으로 내리고 몸 전체를 앞쪽으로 틀면 좋은 자세가 될 것이다.

• 어저스터(ajuster) : 조절장치

중풍(中風) 때의 기본자세

풍력의 따른 자세의 변화(트래피즈)
손잡이를 이용하는 것이 비결이다

트래피즈시의 기본자세 변화이다. 트래피즈를 사용하지 않는 초미풍에서 중풍까지는 p14~15에서 설명한 자세와 거의 같지만 트래피즈의 경우는 손잡이를 잘 이용하면 보다 안정된 자세를 취할 수가 있다.

1. 초미풍
거의 바람이 없는 미풍인 경우 세일에 바람이 받도록 힐을 한다. 팔을 옆구리에 붙인 채 손잡이를 잡고 체중을 맡긴다. 뒤쪽 손(왼손)은 항상 지브 시트를 잡는다.

2. 미풍
센터케이스를 넘으면서 엉덩이는 바람 받는 쪽에 남기고 얼굴은 바람 오는 쪽으로 완전히 앉지 말고 덱과 접촉된 손과 양발로 세밀한 밸런스에 대응한다.

3. 경풍
허리를 바람 오는 쪽 덱에 밀어 붙이는 자세다. 체중의 대부분은 바람 오는 쪽의 다리에 있지만 언제든지 언힐 할 수 있게 다른 쪽 다리는 센터를 넘어 바람 받는 쪽에 둔다.

• 센터케이스(Center Case) : 센터 보드를 수납하는 Box

4. 중풍~경풍

앞쪽 손으로 손잡이를 잡고 덱 위에 허리 위치를 슬라이드 하면서 밸런스를 잡는다. 덱에 보통자세로 걸터앉으면 스키퍼로부터 텔테일이 안 보이니까 낮은 자세를 유지 한다.

5. 중풍

어저스터를 제일 짧게해서 트래피즈를 한다. 무릎을 굽히고 나서 사진처럼 건웨일(Gunwale)에 쭈그리는 자세를 한다. 그래도 언힐 할 경우, 링을 걸은 채로 뒤쪽 발을 콕핏에 놓고 대응한다.

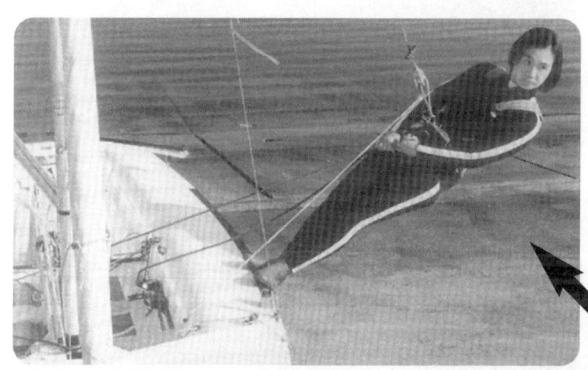

6. 중풍(바람이 부는 경우)

바람이 강해지면 어저스터는 그대로 잡고 무릎의 굴신으로 대응한다. 항상 어깨를 비틀고 몸 전체를 앞으로 향하도록 자세를 잡는다.

7. 강풍

어저스터를 제일 길게 잡은 완전한 풀 트래피즈이다. 어저스터의 길이는 실력에 따라 다르지만 이 사진 정도가 적당하다. 덱과 완전히 평행 할 때까지 늘이면 파도와 부딪히기 쉽다.

- 콕핏(Cockpit) : 크루가 타는 공간(선실)   • 어저스터(ajuster) : 조절장치
- 텔테일(Telltale) : 세일 표면에 붙어있는 실이나 테이프로써 바람의 방향을 가늠하는 용도로 쓰인다.

트래피즈 · 어저스터의 사용법

풋 벨트를 사용한 하이크 아웃에서도 하이크 아웃에서 복귀하는 것이 어렵다고 설명했지만, 트래피즈도 그렇다. 어저스터를 늘이는 작업은 그냥 클리트를 풀고 늦추지만 어저스터를 짧게 하는 작업은 자기의 몸무게를 들어 올리는 것이 되어서 요령이 필요하다. 초보자의 경우는 일단 손잡이를 잡고 체중을 받쳐있는 상태에서 어저스터를 짧게 하는 것이 무난하지만 조금 요령이 생기면 아래의 연속 사진처럼 풀 하이크한 채로 어저스터를 짧게 하는 방법도 마스터 하는게 좋다. 이 방법은 완력으로 하는게 아니라 요령만 알면 여자라도 간단히 할 수 있다.

풀하이크 기본자세. 몸을 앞쪽으로 돌리고 바다를 확실히 본다. 바람이 없어진다고 판단하면 어저스터를 짧게하는 준비를 한다.

팔을 옆구리에 붙인 상태로 어저스터의 시트를 양손으로 잡는다. 이 때 뒤쪽 손은 위로 앞쪽 손은 밑으로 붙인다.

뒷쪽 어깨에서 허리까지 앞으로 돌리면서 튀는 동시에(점프한다) 양손으로 시트를 한꺼번에 당긴다. 타이밍이 맞으면 쉽게 당길 수 있다.

• 클리트(Cleat) : 시트나 헤일야드를 묶는 부품.

트래피즈 어저스터의 클리트는 밖으로 향하도록 준비를 한다

II 태킹(Tacking)

아마 초보자로서 최초의 관문은 태킹이 될 것이다. 어느 쪽이라고 하면 정적인 스포츠 세일링에 있어서 제일 격하고 재빠른 행동을 해야 할 때가 태킹이다. 이 태킹이 얼마나 어려운가 하면 자이빙은 비교가 안 된다. 행동이 복잡하고 격할수록 육지에서 하는 시뮬레이션이 보다 유효할 것이다. 우선 육지에서 하는 시뮬레이션으로 순서를 외우고 그 다음에 바다 위에서 타이밍을 외워야 한다. 물론 한 번에 외울 수는 없다. 바다 위에서 연습하다가 잘 안 되는 것은 육지 연습으로 체크하고 다시 바다에서 연습한다. 이렇게 반복하면서 태킹을 습득하는게 큰 도움이 된다.

또, 태킹은 단순한 방향전환이 아니다. 경기에 있어서 태킹은 클로스 홀드를 구성하는 중심이다. 어떤 조건이라도 요트가 밀집하는 경우라도 정확한 위치를 잡는 태킹을 할 수 있어야한다. 태킹이 서툴다고 생각하면 갈 수 있는 코스에 한계가 있다. 경기자가 아닌 일반 세일러에게도 태킹은 방향전환이상의 의미가 있다. 앞에서 태킹은 제일 격렬한 동작이 필요하다고 말했지만, 약 90°의 방향전환하는 태킹은 타고 있는 인간뿐만 아니라 요트에 있어서도 크게 움직이는 국면이다. 이것은 어떤 것인가 하면 태킹의 일련의 흐름 중에는 세일링에 관한 여러 가지 상황이 포함되어 있다는 것이다. 다시 말하면 태킹에서 습득한 기술과 감각은 다른 여러 국면에서도 사용할 수 있다는 것이다.

어떤 탈 것이라도 그렇지만, 그냥 타고 있다고 해서 그 탈 것과 일체화될 수는 없다. 보다 크게 격렬하게 움직임 속에서 그 탈 것의 특성을 파악하고 사람과 탈 것이 일체화될 수 있다. 태킹은 요트라는 탈 것의 특성을 보다 더 효율적으로 알 수 있는 동작이다. 나 자신도 태킹을 지도하는 중에 해마다 새로운 발견을 한다. 세일링에 관한 힌트가 많이 숨어있는 태킹은 세일러에 있어서 정상을 도달 할 수 없는 영원한 테마이다. 그래서 벌써 태킹을 습득했다고 생각하는 베테랑 세일러라도 다시 한 번 그런 시점으로 태킹을 연습해 보는 것이 좋다. 반드시 새로운 발견을 할 수 있을 것이다.

- 태킹(Tacking) : 범주중의 요트가 뱃머리를 풍상으로 향하도록 해서 바람을 받는 뱃전을 바꾸는 것을 가리키며 웨어링과는 반대의 회전법.
- 자이빙(Jibing) : 풍하에서의 방향전환. 규칙에 따라서 실제 자이빙은 붐이 선체 중심선을 지나는 순간부터 세일의 바람을 받는 순간까지.

태킹은 부드러운 항적(航跡)을 남긴다

태킹을 멋지게 하면 "방"이라는 소리를 내면서 세일이 돈다. 어쩐지 한 순간에 90° 방향전환을 한 것 같이 느껴지지만 실제 태킹의 航跡은 그림과 같이 예쁜 원주(圓周)를 그린다. 풍력에 따라 다소 변화가 있지만 이 호가 예각이면 요트가 속력을 잃고 만다. 깨끗한 태킹을 하고자 하는 마음을 갖고 머릿속으로는 냉정하고 부드러운 원주(圓周)를 이미지하자.

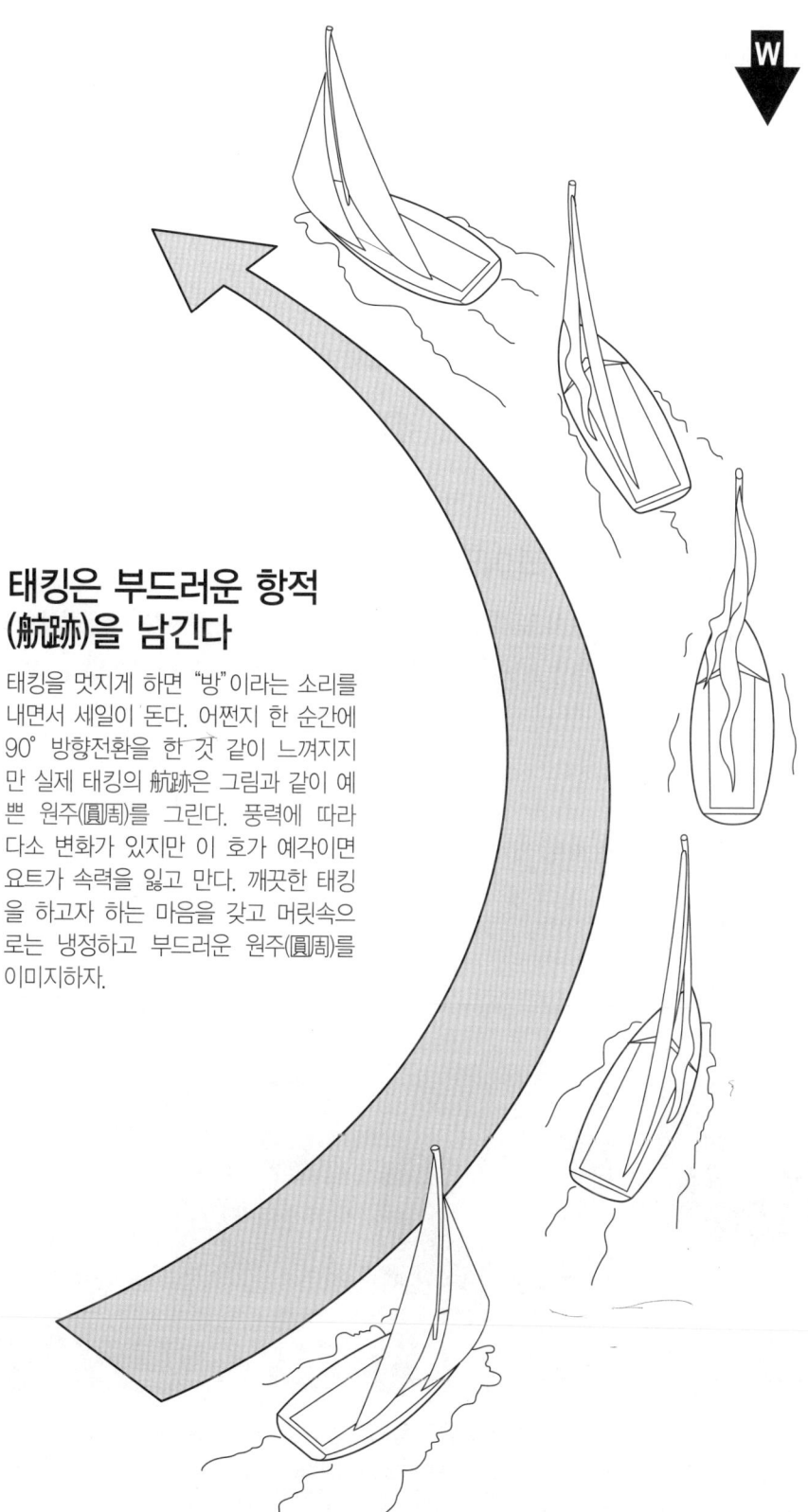

1. 풍역별 콤비네이션

미풍

미풍하에서 태킹의 타이밍을 습득하자

미풍에서는 요트의 속도가 늦다. 그것은 태킹의 스피드도 늦어진다. 강풍에서의 태킹에 비하면 슬로모션과 같다. 그래서 초보자가 태킹의 타이밍 즉 체중이동의 타이밍을 습득하기 위해서 더 좋은 조건이 없다. 어떤 타이밍으로 움직여야 요트가 순조롭게 도는지 연구하면서 임해라. 슬로모션이라고 말 한 것은 태킹의 타이밍은 미풍에서도 강풍에서도 기본적으로 변함이 없다. 다만 요트가 도는 스피드의 차이라 육지에서 외운 동작을 미풍 때에 잘 하게 되면 중풍이나 강풍 때에도 대응할 수 있게 될 것이다. 단지 간단하게 보이는 미풍에서의 태킹이지만 속도가 없어서 타이밍을 놓치면 요트가 정지해 버리는 어려움도 있다는 것에 주의하세요.

크루가 완전히 바람 받는 쪽에 앉아야 될 미풍의 조건을 상정한다. 이 정도의 바람 받는 쪽에서는 세일이 바람을 받기 좋도록 강제적으로 힐을 크게 발생시키고 달린다.

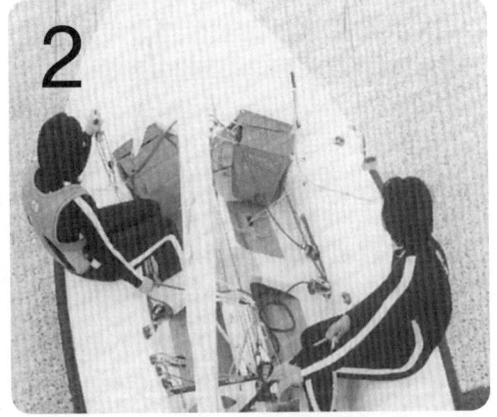

스키퍼가 천천히 틸러를 민다. 이때 크루는 아직 바람을 받는 쪽에 있고 크게 힐을 한다. 요트가 좀처럼 돌지 않는다고 더 이상 틸러를 밀지 않아도 된다.

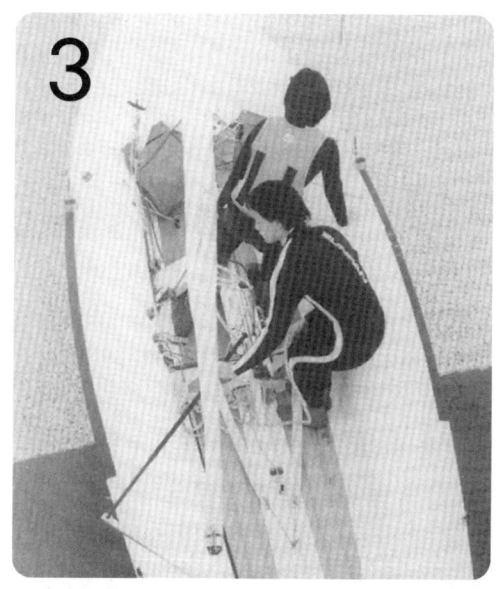
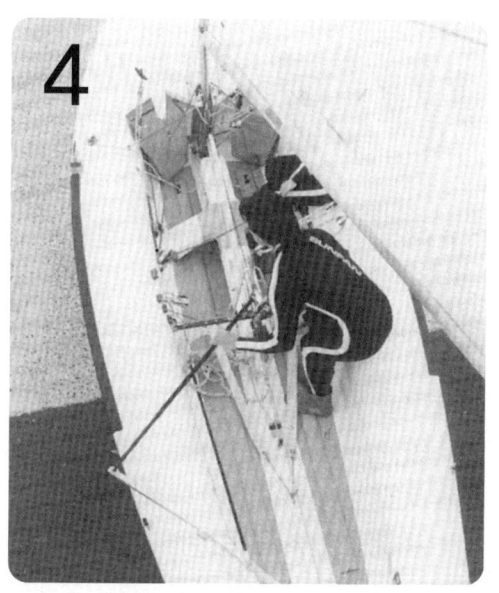

지브세일에 바람이 들어오는 것과 동시에 크루는 지브 시트를 잡은 채 단숨에 바람이 오는 쪽으로 이동한다. 스키퍼는 허리를 조금 뜨게 하고 몸무게 중심을 조절할 준비를 한다.

스키퍼는 크루의 행동에 맞추어 몸무게 중심을 바람 오는 쪽에 이동시켜서 언힐한다. 크루는 지브세일에 바람이 들어와서 마스트에 닿기 직전에 지브 시트의 캠을 조작하는 동시에 새로운 지브 시트를 당긴다.

요트가 완전히 돌아서 세일이 바람을 받으면 스키퍼는 완전히 일어선다. 이 때는 힐 한 덱은 계단처럼 되어 있으니 계단을 이단 올라가는 것 같이 몸무게 중심을 이동한다.

스키퍼는 완전히 덱에 앉지 말고 힐을 천천히 일으키는 느낌으로 덱으로 중심을 이동한다. 세일을 천천히 펼치면서 수평으로하면 요트가 가속되어 간다.

- 지브 세일(Jib Sail) : 마스트 전방에 장치되는 삼각형의 돛.
- 캠 클리트(Cam Cleat) : 줄의 장력을 편리하게 고정시켜주는 장치.
- 지브 시트(Jib Sheet) : 지브세일을 조절하기 위해서 사용하는 줄.

중풍

롤 태킹은 미풍 때만 하는 것이 아니다

「롤 태킹」이란 말을 들은 적이 있습니까? 미풍의 연속사진(P. 36~37)처럼 태킹을 일반적으로 「롤 태킹」이라고 부른다. 체중을 이동함으로서 강제적으로 언힐을 만들어서 요트 선두의 회전을 촉진시키고 남은 힐을 일으키게하는 것으로 가속하는 태킹, 즉 요트를 롤 시키는 태킹을 말한다. 이것은 미풍 때만 하는 태킹이라고 생각하는 사람도 많지만 모든 풍력 때의 태킹에 롤 태킹요소가 포함되어 있다. 그래서 미풍 태킹을 설명할 때 구태여 「롤 태킹」이라는 말을 안 썼다. 여기서 설명하는 경풍 태킹을 보면 알 수 있지만 롤 태킹의 조건 「언힐 → 힐 일으킴」의 과정은 확실히 구성되어 있다. 다른 점은 정도의 차이다. 여기서는 편의상 태킹의 과정을 풍력별로 설명하지만 컨디션에 따라 태킹을 하는 방법이 달라진다고 생각하면 안 된다. 체중이동과 타이밍은 어떤 컨디션이라도 똑같다. 다른 것은 요트가 도는 스피드와 바람의 힘 뿐이다. 우리는 그것에 맞추기만 하면 된다.

크루가 트래피즈를 사용하지 않는 경풍의 컨디션. 힐의 밸런스는 플랫이나 약한 힐 경향. 스키퍼는 크루와 달라붙는 정도로 앞쪽에 앉는다.

스키퍼는 「태킹」이라고 소리를 치면 그 자세로 요트의 속도에 맞추면서 틸러를 민다. 이 시점에서의 틸러는 도는 각도의 반 정도의 느낌으로 꺾는 것이 핵심이다. 결코 단숨에 틸러를 꺾지 말 것.

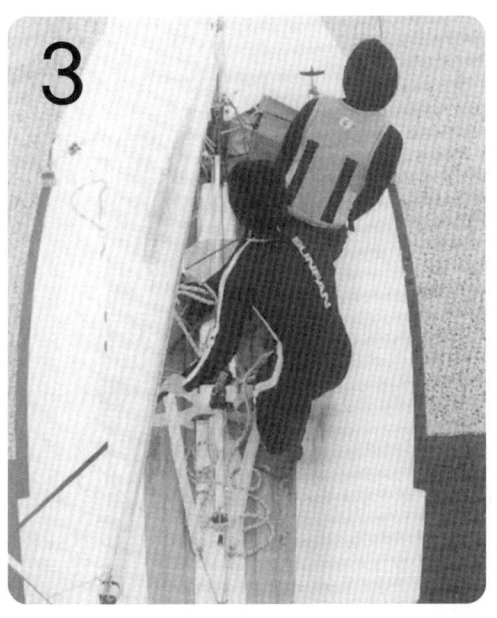

지브세일에 뒷바람이 들어오는 것과 동시에 스키퍼와 크루는 조금 엉덩이를 든다. 이 시점에서는 요트는 완전히 플랫 힐이 되어 있어야 한다.

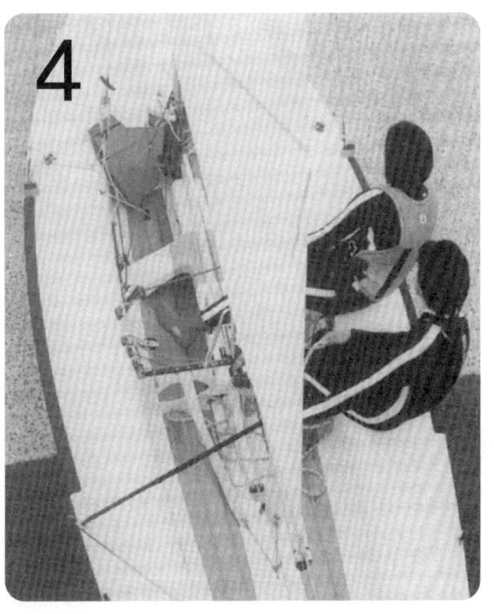

지브세일에 뒷바람이 들어오는 것과 동시에 스키퍼와 크루는 조금 엉덩이를 내린다. 여기서 크루는 새로 당기는 지브 시트를 잡고 무릎 옆에 붙이면서 역지브가 될 때 지브 시트의 캠을 푼다.

크루는 붐을 넘길 때 상반신부터 먼저 바람 오는 쪽으로 향하는 이미지가 중요하다. 지브 시트는 팔로 당기지 말고 몸의 이동으로 당기는 이미지. 이 때 단숨에 힐을 일으켜 세우면 요트가 정지하니까 스키퍼는 앉지 말고 서있는 상태로 상황을 본다.

돌 태킹의 때와 같은 요령으로 남은 힐을 조금씩 일으키는 마음으로 덱에 앉는다. 크루의 지브 시트를 잡은 손은 무릎 가까운 낮은 위치에 놓는다. 미풍의 태킹과 기본적으로는 똑같다는 것을 알 수 있을 것이다.

강풍

바쁜 마음을 자제하고 붐이 돌아갈 때를 기다린다

미풍~경풍 때의 태킹은 스키퍼의 행동이 중요했지만 트래피즈를 사용하는 중~강풍의 태킹은 크루의 행동이 아주 중요하다. 동작이 커지는 만큼 실수 할 때도 많아지니까 초보 크루에 있어서는 가장 프레셔가 되는 장면이기도 하다. 그런 프레셔 때문인가 미~경풍 때의 태킹은 잘 할 수 있는 사람이라도 강풍 때가 되면 뒤죽박죽한 타이밍으로 체중이동 하는 사람이 많다. 특히 붐이 돌아오기 전에 조급해서 체중이동을 해버리는 경우가 많다. 트래피즈 링을 풀거나 지브를 교체하거나 크루가 해야 할 일이 너무 많아서 타이밍에 소홀이 되는 것 같이, 원활하게 체중이동 할 비결은 행동을 선도하는 마음으로 다음에 해야 할 순서를 눈으로 확인 할 일이다.
① 바우 ② 새로운 지브 시트 ③ 푸는 지브 시트와 지브 세일 ④ 손잡이 ⑤ 센터 보드를 차는 발 ⑥ 손잡이를 건다. 이런 일련의 행동을 할 수 있으면 강풍 때의 속도에 익숙해집니다.

스키퍼가 「태킹」이라고 소리를 치면 크루는 캠을 건 채로 지브 시트에서 손을 놓는다. 시트를 콕핏에 던져 넣으면 얽히는 위험성이 있으니 펴있는 상태로 덱 위에 낙하시키는 느낌으로 한다.

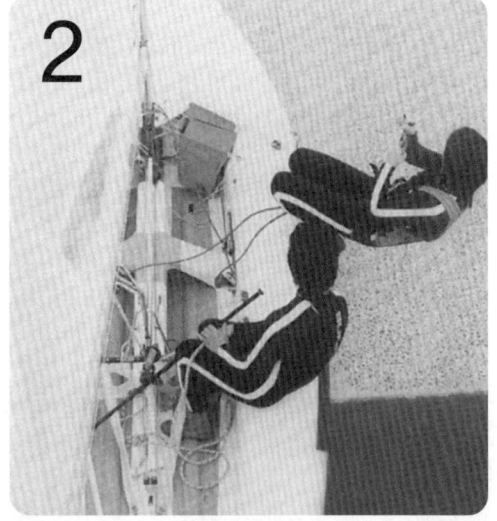

요트가 돌기 시작해서 몸을 웅크려도 오버 힐하지 않은 상태가 되면 무릎을 구부리면서 앞쪽 손으로 손잡이를 잡고, 뒤쪽 손으로 링을 풀고 나서 건웨일(Gunwale)을 잡고 뒤쪽 발부터 덱에 들어가면 새로운 지브 시트를 보고 붙잡는다.

• 바우(Bow) : 선수(船首)   • 건웨일(Gunwale) : 뱃전의 위 끝.

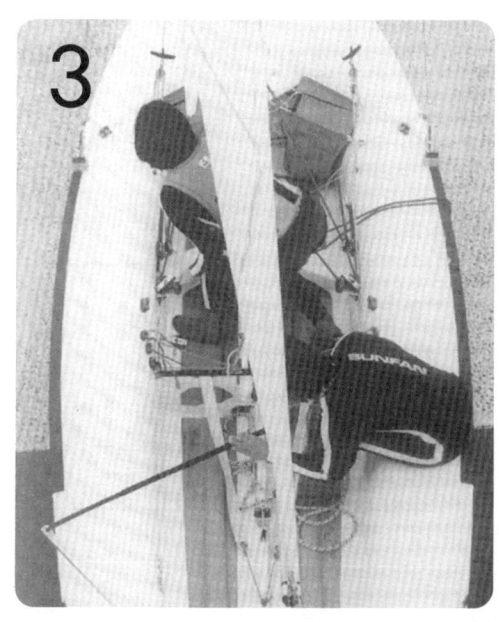

붐이 돌아오는 것과 동시에 반대쪽 덱으로 이동한다. 크루는 이 때 지브 시트의 캠을 풀면서 손잡이를 확인하고 잡으러 간다. 스키퍼는 이 때 틸러를 조금 짧게 다시 잡으면 되돌리기가 쉽다.

새로운 지브 시트는 몸의 이동에 따라 당기면서 뱃전을 잡던지 아니면 덱 위에 놓고 몸을 받쳐서 손잡이를 잡으면 센터보드를 뒤쪽 발로 차면서 트래피즈에 나간다.

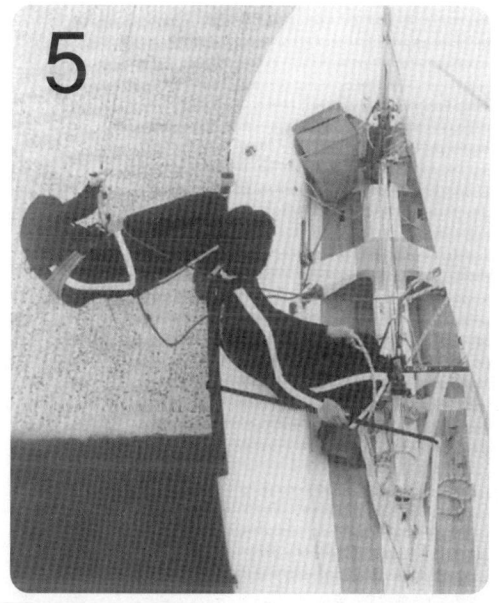

얼마 정도 힐이 안정이 되면 트래피즈 링을 건다. 크루의 몸 자세가 완전히 준비가 될 때까지 스키퍼는 메인 시트를 완전히 끌어들이는 것을 기다린다. 이 때 요트의 힐을 일정하게 유지하는 것이 최우선이다.

링을 걸고 몸 자세의 준비가 되면 크루는 지브 시트를 완전한 위치까지 끌어당긴다. 스키퍼도 정확한 메인 트림을 시작한다.

- 메인 트림(Main trim) : 주 돛을 조절 하는 것

강풍에서의 태킹의 실제

중풍이상의 풍속에 있어서의 태킹은 극단적으로 회전하지 않고, 힐을 수평으로 한 채 체중이동을 한다. 의식상으로는 미~경풍의 태킹처럼 체중을 실은 채로 타이밍을 잡지만, 실제 보트의 움직임은 연속사진을 보면 알 수 있는 것처럼 바르게 수평을 유지하고 있는 것을 알 수 있다.

2. 트래피즈를 사용한 태킹

진자(흔들이)같은 일련의 행동이 목표

트래피즈를 사용한 태킹은 말 할 것도 없이 하나하나의 과정의 쌓임으로 이루어지고 있지만 최종적으로는 하나의 흐름으로써 습득을 해야 한다. 그렇게 하기 위해 느닷없이 태킹을 연습하지 말고 이 연속사진에서 보여주는 「바른 폼」과 눈으로 보는 순서를 확실히 기억하여 정확하게 움직일 수 있을 때까지 이미지 트레이닝을 하자. 이 이미지가 만들어지면 다 된 것이다. 나머지는 그것을 바다 위에서 재현 할 뿐이다. 뱃전에서 뱃전으로 진자(흔들이)처럼 원활하게 이동하는 나의 모습을 이미지 할 것.

풀 트라페징의 상태. 타수가 「태킹」이라고 소리를 칠 때까지 바른 자세를 유지함

「태킹」이라는 소리를 들으면 우선 지브 시트에서 손을 놓는다. 콕핏에 던지면 얽히는 경우가 있으므로 그냥 밑으로 떨어뜨린다. 양쪽 지브 시트 위치는 눈으로 확인해 놓는다.

• 트라페징(Trapezing) : 균형을 잡는 것.

요트가 러핑하는데 따라 힐 하는 힘이 약해지기 때문에 무릎을 구부리고 힐을 일정하게 유지한다. 이 때 뒤쪽 손으로 링을 풀 준비를 한다.

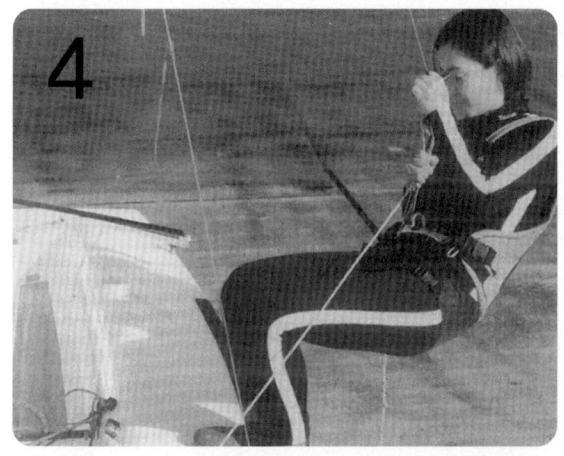

트래피즈 링을 풀고 요트의 회전에 맞추어서 무릎을 구부리고 안에 들어간다. 이때 팔을 옆구리에 붙이는 것이 포인트다.

손잡이를 잡은 손은 팔을 옆구리에 붙인채 균형을 잡는다. 이때 완전히 수평이 될 때까지 콕핏에 들어가지 않고 견딘다. 여기서 견디지 못하고 힐 한채 안에 들어가면 태킹은 완전히 실패한다.

• 러핑(Luffing) : 바람이 불어오는 쪽을 향해 코스를 바꾸는 것. 러프 하는 것.

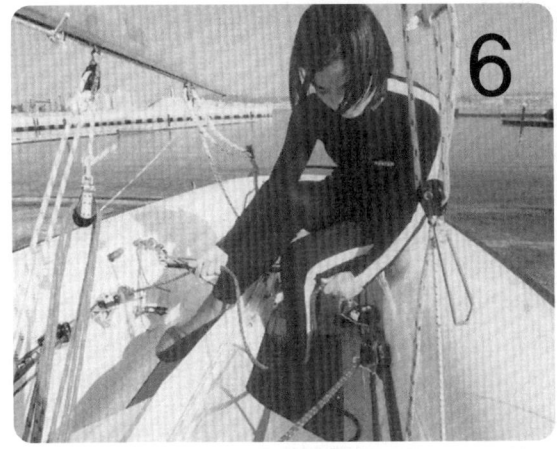

뒤쪽 손으로 뱃전을 잡고 뒷발부터 슬라이딩하면서 덱 또는 콕핏에 들어간다. 동시에 새로운 지브 시트를 눈으로 보고 잡는다. 뒤쪽 발은 직접 센터보드를 넘어 반대쪽으로 여기서는 몸전체를 앞으로 뒤트는 것이 포인트다. 이렇게 해야 반대쪽으로 이동하기가 쉽다.

붐 밑으로 해서 반대쪽으로 가는 동시에 사용했던 지브 시트를 보면서 캠에서 풀고, 눈은 손잡이를 보고 잡을 준비을 한다. 새로운 지브 시트를 잡을려고 하는 손과 팔은 옆구리에 붙여 놓는다.

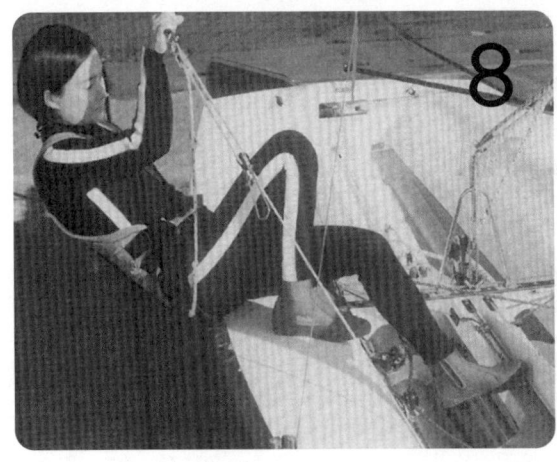

팔의 힘이 아니고 체중이동으로 지브 시트를 당기면서 뱃전을 잡거나 손을 덱에 놓고 앞쪽 손은 손잡이를 잡고 트래피즈 자세로 나간다. 이 때 눈으로 보면서 뒤쪽 발로는 센터보드를 차는 느낌으로 한숨에 나간다. 힐이 심하게 되고나서는 트래피즈로 나가기가 어려우니까, 트래피즈로 나갈 타이밍이 중요하다.

• 붐(Boom) : 돛의 하단을 고정시키는 수평봉.

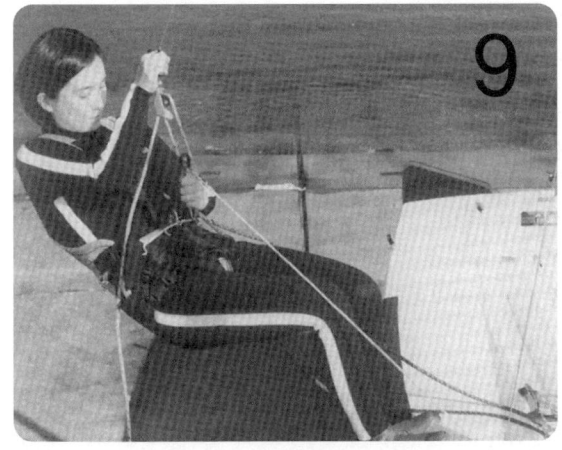

지브 시트는 완전히 당기기 전에 클리트해서 하네스에 링을 건다. 다만 이것은 힐이 안전한 상태가 될 때이다. 오버 힐 하는 상태라면 링을 걸지 않고 몸을 펴서 요트의 균형을 잡는다.

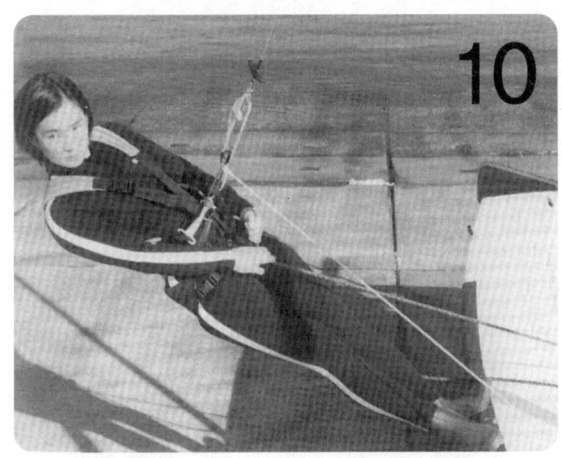

링을 걸어서 완전히 트래피즈 자세의 준비가 되면 지브 시트를 100% 당긴다. 태킹 직후는 배의 속도가 느리니 너무 지브 시트를 당기면 배가 정지하는 원인이 된다.

• 클리트(Cleat) : 시트나 헤일야드를 묶는 부품.

멋진 태킹을 위한 4가지 Point

Point ❶ 트래피즈 링은 완전히 풀 것

태킹의 실패중에 제일 많은 것은 트래피즈 링이 풀리지 않고 바람 받는 쪽에 남는 일이다. 중풍이상이면 그대로 배가 전복되는 큰 실수다. 익숙해지면 트래피즈 링을 잡고 허리를 띄우면서 돌리면 풀 수 있지만, 초보 때는 사진과 같이 확실하게 풀고 나서 콕핏으로 들어가는 것이 좋다. 특히 어저스터를 짧게 하는 경우 풀기가 어려우니까 조심해야 된다. 앞쪽 손으로 손잡이를 잡고 뒤쪽 손으로 링의 위쪽을 잡는다. 이 때 팔을 옆구리에 붙이고 몸무게를 받친다.

손으로 풀지 말고 허리를 띄우면서 링을 푼다.

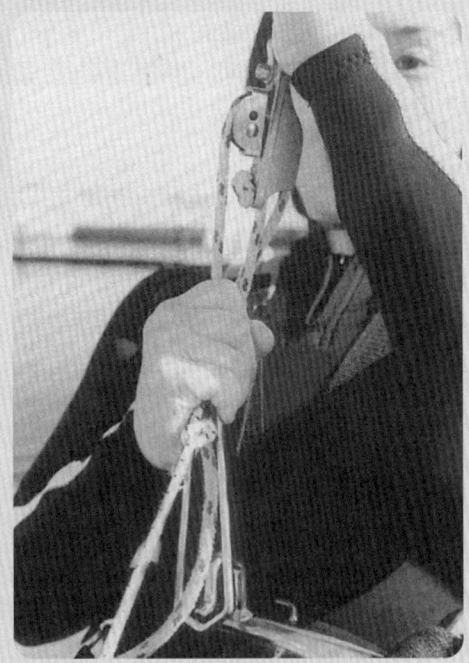
이 상태에서 콕핏에 슬라이딩 한다.

Point ❷ 붐을 넘고 나서는 손잡이를 찾을 것

이 때 제일 중요한 것은 배의 균형이다. 혹시 지브 시트를 잡지 못해 지브가 시버했다고 해도 우선 새로운 덱에서 기울어진 배의 균형을 잡는 것이 우선이다. 그래서 붐을 넘으면 제일 먼저 찾을 것은 트래피즈·그립, 몸은 시선이 향하는 방향으로 가려고 하므로 그립에 헤딩할 정도로 다가가서 재빨리 그리고 확실히 그립을 잡는다. 새로운 지브 시트는 눈으로 보고 확인하면 잡을 수 있을 것이다.

Point ❸ 지브 시트는 몸 전체로 당길 것

지브 시트는 트래피즈로 나갈 몸의 움직임에 맞추어서 당기는 것이 비결이다. 지브 시트를 잡은 뒤쪽 팔은 옆구리에 붙이고 허리 위치에 고정한 채 나가면 자동적으로 시트를 당길 수 있을 것이다. 반대로 손만으로 시트를 당기려고 하면 트래피즈로 나가기가 늦어 오버힐이 되버린다. 그리고 팔과 옆구리가 벌어져서 손의 위치가 높아서 캠을 걸 수가 없어 필요 없는 힘을 쓰게 된다.

• 시버(Shiver) : 세일이 바람을 받지 않는 상태.

Point 4 센터보드를 차고 나갈 것

앞쪽 손으로 손잡이를 잡으면 뒤쪽 발로 센터보드를 미는 감각으로 밖으로 나간다. 그 때 뒤쪽 손을 덱에 짚고 상반신을 받치면 안정된 자세를 잡을 수가 있다.

밖으로 내미는 타이밍이 늦으면 힐이 커져서 나가기가 힘들어진다. 뒤쪽 발로 차는 동시에 앞쪽 발을 한숨에 뱃전까지 이동시키는 것이 비결이다.

지브 시트를 당기면서 밖으로 나간다. 이 때 손잡이를 잡는 팔은 펴있는 상태 힐이 안정될 때까지 이 자세로 견디면서 재빨리 링을 건다. 이들 동작이 한 흐름으로 습득될 때까지 연습한다.

- 센터보드(Center Board) : 배의 복원성과 바람에 의하여 옆으로 밀리는 현상, 리웨이를 방지하기 위해 용골밑으로 내리는 평판의 구조물.

3. 스키퍼의 태킹

틸러 조작보다 보디액션이 중요하다

    타수가 태킹할 때 저지르기 쉬운 실수는 틸러 조작만 신경이 쓰여 체중이동이 소홀해지는 것이다. 이것은 틸러 조작과 보디 액션을 따로 따로 생각하기 때문에 생기는 실수다. 다음 연속사진에서 눈여겨봐야 되는 것은 보디 액션과 틸러조작이 완전히 일체화가 되고 있는 것과 눈으로 보는 순서가 중요시 되는 점이다. 극단적으로 말하면 틸러 조작 따위는 하지 않는다. 바른 타이밍으로 바른 자세로 체중이동만 하면 틸러 조작은 완료되어 있다는 것으로 봐야 된다. 손만으로 틸러 조작을 하는 장면은 제일 먼저 하는 러핑 뿐이고 나머지는 다 몸 움직임에 따라 틸러 조작이 자동적으로 이루어지는 것이다. 또 틸러 조작은 반 쯤 밀고 / 밀고 / 반 쯤 당기고 / 당겨서 되돌리고, 이렇게 4단계로 되어 있는 것도 포인트다. 결코 밀고 / 당겨서 되돌리는 것 만은 아니다. 자동차 운전을 예를 들어본다. 커브를 돌 때 핸들을 조금씩 돌리면 속도를 유지하면서 돌 수 있지만, 단숨에 핸들을 돌리면 차는 옆으로 넘어지거나 반대방향으로 돌아버린다. 또 한가지 중요한 것은 사진하고는 관계가 없지만 크루의 움직임에 맞추어 틸러를 조작하는 것. 독단적으로 행동하다가 실수하면 크루의 탓으로 돌리면 안 된다. 크루는 스키퍼의 움직임이 보이지 않으니까 스키퍼가 크루에 맞추어야 한다(맞추어 줄 필요가 있나).

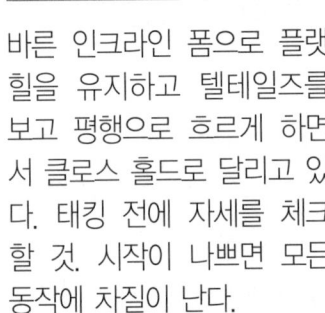

바른 인크라인 폼으로 플랫 힐을 유지하고 텔테일즈를 보고 평행으로 흐르게 하면서 클로스 홀드로 달리고 있다. 태킹 전에 자세를 체크할 것. 시작이 나쁘면 모든 동작에 차질이 난다.

요트의 움직임에 맞추어 천천히 틸러를 민다. 틸러는 처음부터 크게 돌리는 것이 아니고 조금씩 조금씩 돌리는 것이 중요하다. 이 시점에서는 틸러의 끝은 바람 받는 쪽 덱의 중앙에 위치한다. 메인 시트는 캠에서 풀어 놓는다. 눈으로는 지브 세일과 바우 끝의 움직임을 본다.

• 텔테일즈(Telltales) : 돛 풍비(風飛), 풍향포. p31 참조.

3

지브 세일에 뒤바람이 들어오는 직전에 조금 엉덩이를 뜨게 한다. 강풍시는 이렇게까지 엉덩이를 들지 않지만 이 동작은 태킹의 타이밍을 잡는 것이 중요하기 때문에 「일단 엉덩이를 뜨게 한다」라는 마음을 가지는 것이 중요하다.

4

지브에 뒤바람이 들어오는 것과 동시에 뜨게 한 엉덩이를 약한 뒤쪽으로 내린다. 롤 태킹처럼 언힐해서 붐을 되돌리는 마음으로 이 때 약간 앞쪽을 향해 다시 앉아서 앞쪽이 잘 보이게 하고 크루의 움직임을 보면서 타이밍을 잡는다.

5

엉덩이를 내리면 곧 붐이 돌아오니까 다시 선다. 다가오는 붐에서 눈을 때지 말고 확실하게 돌려 비켜야 한다. 사진 4~5에 걸쳐서 틸러를 돌리는 폭이 최대가 된다. 그러나 틸러의 끝은 덱엔드에서 나올까 말까 할 정도다.

6

붐을 돌려 비키면 익스텐션을 조금 짧게 잡고 팔을 옆구리에 붙이고 일어서면서 다음으로 발을 밟는 위치를 눈으로 본다. 포인트는 트래블러 렐의 뒤쪽 마지막에 엉덩이를 내린 위치에서 옆이 아니라 비스듬히 앞쪽으로 일어섬에 따라 틸러가 조금 되돌아온다.

• 트래블러(Traveller) : 메인 시트 리더를 슬라이딩 시키는 장치. 바람에 대한 세일의 각도를 트랙 길이 내에서 조절하는 피팅.

7

발을 내딛으면 이 발에 몸 무게 전체를 싣고 틸러를 잡은 손은 무릎 옆에 팔은 옆구리에 붙인 채 앞으로 발돋움하는 것 같이 허리를 뒤틀면서 일어선다. 이렇게 하는 것으로 틸러가 자연스럽게 중앙에 되돌아오는 것을 알 것이다.

8

사진을 보면 갑자기 크게 움직인 것 같이 보이지만 사진 7의 상태에서 내딛은 발을 축으로 몸을 90°회전한 것 뿐이다. 이 단순한 동작으로 틸러는 중앙에 돌아간다. 손으로 억지로 틸러를 돌리지 말고 끝까지 몸을 쓰고 돌린다.

9

틸러와 시트를 바꿔 쥐고나선(다음 쪽에서 설명) 그대로 허리를 내린다. 이 때 요트의 힐 상태와 바람 세기를 생각하며 조금씩 힐이 없어지도록 몸무게를 조종하는 것이 포인트다. 눈으로는 텔테일을 보고 평행이 되도록 집중한다.

10

힐이 안정되면 앞쪽 손에서 뒤쪽 손으로 틸러를 바꿔 가지고(뒤쪽 손으로 가지고 있었으면 그대로) 메인 세일을 조절한다.

틸러와 시트를 바꿔 드는 방법

틸러와 시트를 바꿔 들 때 틸러가 움직이거나 시트가 나와서 잘 안되는 사람이 많지만 바른 폼으로 태킹하기만 하면 이것보다 쉬운 일이 없다. 앞의 연속사진 8의 상태를 확대 한 것이 이 두 장의 사진이다. 틸러를 허리 옆에서 떼지 말고 몸을 돌리면 자연적으로 시트를 잡은 손이 틸러 가까이 오게 된다. 나머지는 엄지로 메인 시트를 잡고 손가락 네 개로 틸러를 잡고 틸러를 잡았던 손을 풀고 앞으로 돌려서 시트를 잡으면 된다.

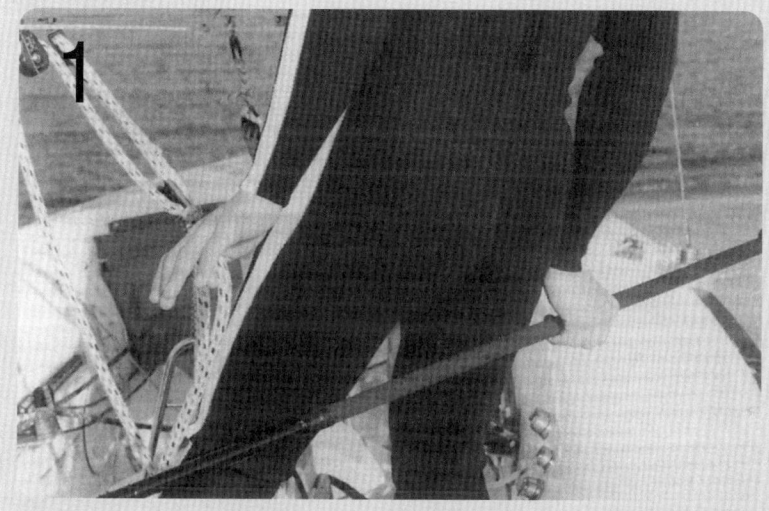

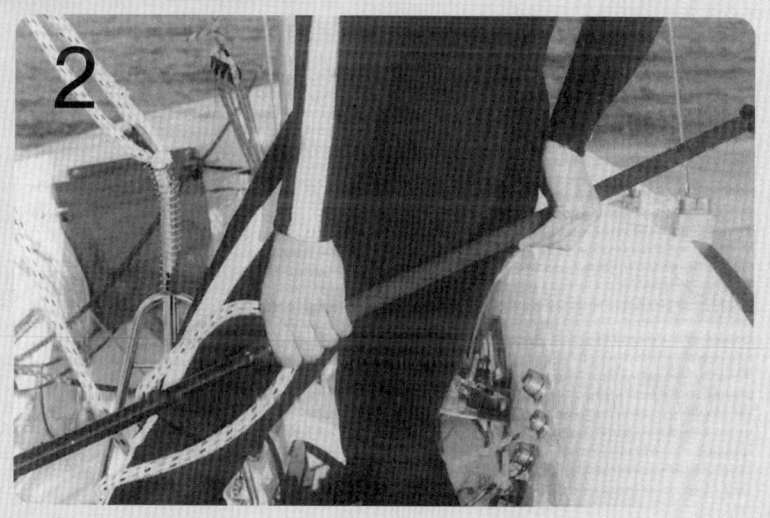

틸러를 바꿔 잡는 방법

미~경풍 때는 틸러를 바꿔 잡는 것은 쉽지만 강풍 때는 꽤 어렵다. 바뀌어 있는 사이에 틸러가 움직이거나 서둘러 틸러에서 손을 뗄 사람도 있지만, 이 연속사진 처럼 하면 문제가 없다. 보면 별 것 아닌 동작이라서 실제 해보고 습득 할 것.

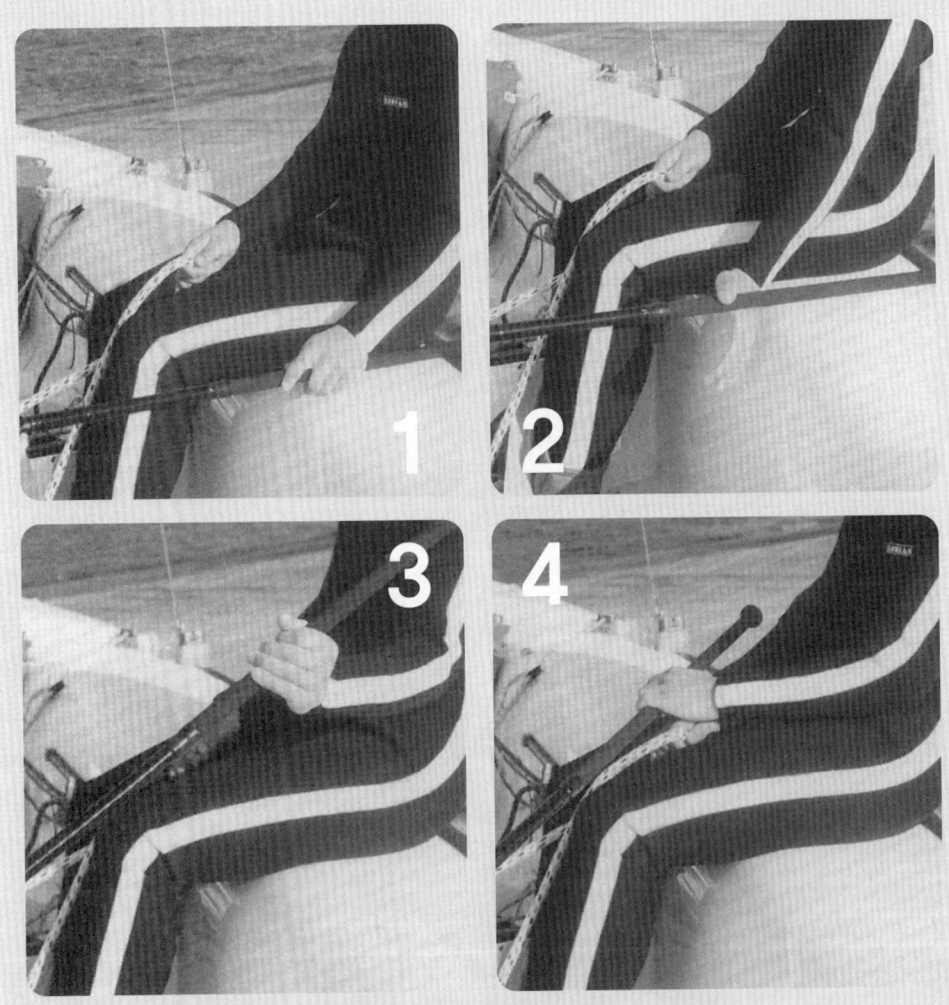

중풍이상시의 태킹은 요트를 수평으로 유지하면서 이동한다

III 자이빙(Jibing)

자이빙의 습득은
복잡한 순서를 외우는 것부터 시작한다.

　자이빙은 태킹과 같이 풍측(윈드 Axis)를 넘는 방향 전환이고 세일(붐)을 교체하는 것이다. 태킹과의 차이는 바람 가는 방향으로 진행한다는 점이다. 순풍 때의 방향전환인 자이빙의 경우, 타이밍을 실수해도 태킹처럼 보트 스피드는 떨어지지 않는다. 자이빙에서 제일 무서운 실수는 균형을 잃은 캡사이즈(Capsize)다. 캡사이즈까지 안가도, 힐 균형을 크게 잃으면 **순풍이**라고 해도 요트의 속도는 떨어진다. 그래서 균형을 잃는 가능성이 거의 없는 미~경풍 때는 자이빙은 아주 간단한 동작이다. 다만 중~경풍 때면 다르다. 어떤 경우에는 올림픽·세일러라도 **캡사이즈** 해버리는 장면이 바로 자이빙이다. 경풍 때에 완벽하게 자이빙을 할 수 있다고 해도 안심하면 안 된다. 반대로 바람이 분다고 해서 무서워 흠칫하며 붐을 돌려도 잘 되는 일이 아니다. 확실하게 순서를 외우고

「올림픽·세일러라도 캡사이즈 하는 것이다」라고 크게 마음을 먹고, 몇 번이나 도전하는 수 밖에는 「강풍시의 자이빙」을 체득할 방법이 없다. 또 스핀이 있는 클래스는 스핀폴을 갈아 끼우거나 즈이커 조종 등 크루가 해야 할 일이 태킹보다 비교가 안 될 정도로 많다. 이것들은 다 순서가 있다. 정해져 있는 일을 정해져 있는 순서로 소화하는 것이 우선이다. 이런 복잡한 순서는 먼저 시뮬레이션으로 철저히 외우고 미~경풍 때 연습을 해서 눈을 감아도 할 수 있게 되면 강풍시의 자이빙에 도전하는 것이 좋다.

• 캡사이즈(Capsize) : 배의 전복

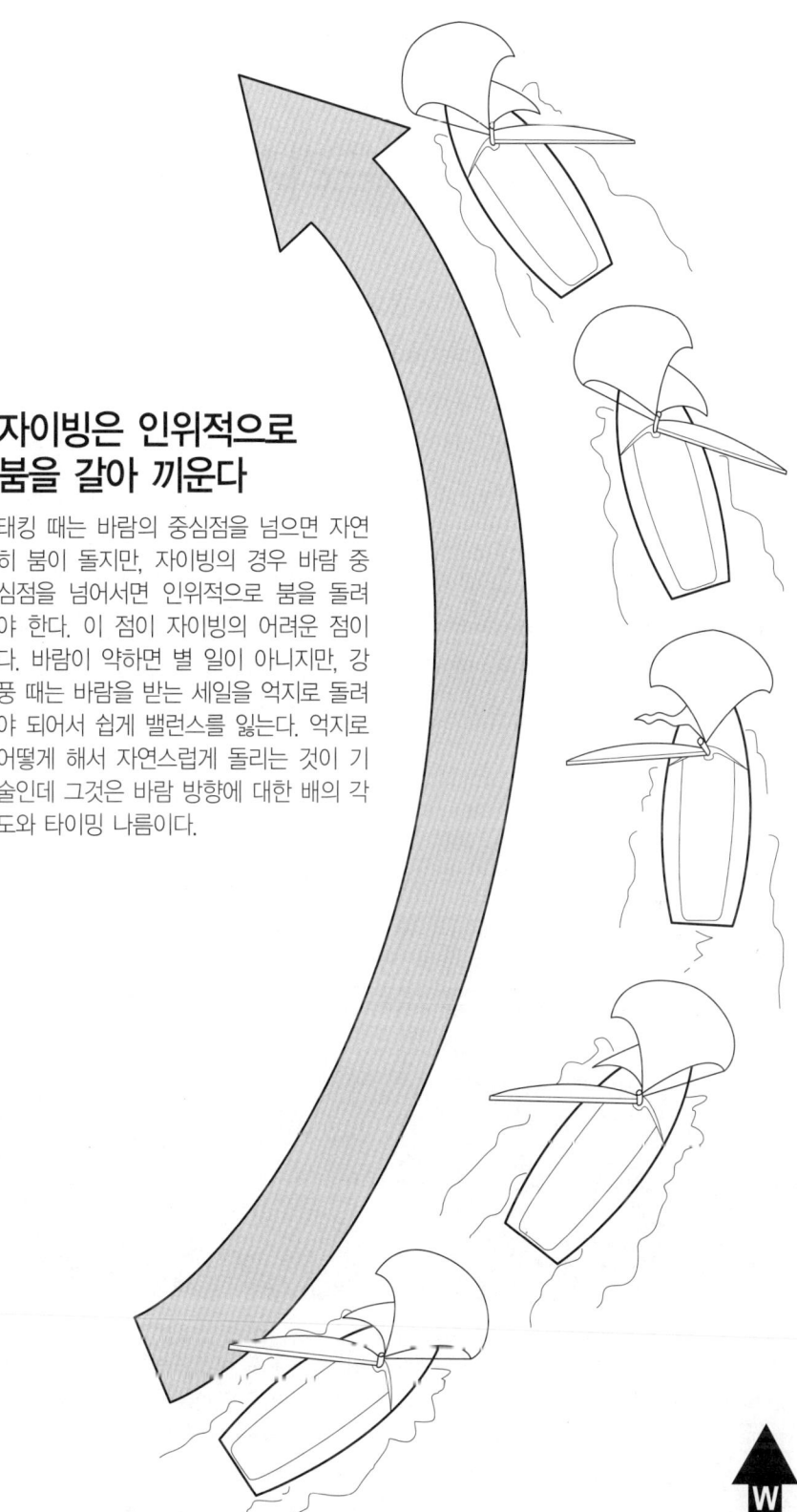

자이빙은 인위적으로 붐을 갈아 끼운다

태킹 때는 바람의 중심점을 넘으면 자연히 붐이 돌지만, 자이빙의 경우 바람 중심점을 넘어서면 인위적으로 붐을 돌려야 한다. 이 점이 자이빙의 어려운 점이다. 바람이 약하면 별 일이 아니지만, 강풍 때는 바람을 받는 세일을 억지로 돌려야 되어서 쉽게 밸런스를 잃는다. 억지로 어떻게 해서 자연스럽게 돌리는 것이 기술인데 그것은 바람 방향에 대한 배의 각도와 타이밍 나름이다.

스피네커를 찌부러 뜨리지 않는 자이빙

자이빙은 순서의 동작이라고 논했지만 우선 해상에서의 연속사진을 보고 자이빙의 전체이미지를 파악한다. 여기서 주목해야 할 것은 힐 앵글(Angel)태킹과 다르고 힐의 진폭이 극히 적다는 것을 알 수 있을 것이다. 초미풍의 경우는 붐이 쉽게 되돌아오도록「롤 자이빙」이라고 극단적인 힐을 할 때도 있지만 그 이외는 어떤 컨디션의 경우에도 되도록 롤링(옆질)를 억제하는 것이 기본이다. 다음은 스피네커를 주목한다. 이 연속사진을 보면 처음부터 끝까지 스핀은 예쁘게 부풀어 있다. 붐을 되돌리기 전·후 배의 힐, 언힐의 각도에도 조심 할 것. 이것이 당신이 목표로하는 자이빙의 최종도달점이다. 스핀을 오므라지지 않도록 자이빙을 할 수 있으면 제구실을 하게 되는 것이다. 스핀이 오므라지지 않는 포인트는 자이빙후의 배의 균형과 각도다. 적당한 각도를 유지하면 자연스럽게 바람이 들어와서 스핀은 스스로 부풀란다. 학생 스키퍼 중 후배 크루에게「스핀을 잘 해라」라고 큰 소리를 치는 사람도 있지만 스핀이 오므라드는 이유의 80%는 스키퍼의 책임이라는 것을 잘 모르기 때문이다. 그런데「적당한 각

자이빙이라고 소리를 치면 크루는 즈이커를 풀고 가이(바람 가는 쪽의 스핀시트)를 직접 잡고 조절한다. 스키퍼는 지브 시트를 반대 쪽에 갈아 펴서 바람 오는 쪽의 스핀 시트의 늘어짐을 조절해서 캠에 건다.

스키퍼는 사이드 스테이 마스트 톱을 보면서 조금씩 틸러를 돌린다. 크루는 배 회전에 맞추어서 스핀이 부풀린 상태를 유지하면서 바람의 각도에 맞추어서 가이를 당긴다.

- 스피네커(Spinnaker) : 순풍용에 사용되는 가벼운 천의 큰 삼각형의 돛.
- 가이(Guy) : 스피네커를 당기는 밧줄

사이드 스테이·마스트 톱이 바람의 중심을 넘으면 드디어 자이빙이다. 스키퍼는 틸러를 조금 짧게 다시 잡고 크루는 붐이 머리위로 지나가기 위해 앉는 위치를 조금 뒤쪽으로 옮긴다. 이 때 배를 돌리기 위해 조금 언힐한다.

스키퍼는 엉덩이를 뒤쪽으로 옮기면서 붐을 한 숨에 되돌리지만, 이 때는 팔의 힘으로 당기지 말고 어깨로 당기는 기분으로 하고 상반신 전체의 몸무게를 뒤쪽으로 이동시키면서 생기는 힘을 이용하여 붐을 되돌리는 것이 포인트다. 크루는 붐이 머리위를 지나갈 때는 붐을 잘 볼 것

붐이 센터라인을 넘자마자 스키퍼는 틸러를 반대 방향으로 돌리고 배의 각도를 적당하게 유지한다. 다만 강풍시는 센터라인을 넘기 전에 틸러를 반대 방향으로 돌려야 한다. 두 사람은 몸의 균형을 낮게 유지하여 붐이 되돌려진 뒤의 배 상태 위해 준비한다.

스키퍼는 붐을 되돌리자마자 틸러를 양 무릎 사이에 끼우고, 먼저 새로운 가이를 잡으면 바람이 가는 쪽의 스핀 시트를 잡는다. 양손으로 스핀 시트를 트림하는데 윈드 베인도 계속본다. 크루는 붐이 되돌려진 뒤에도 스핀을 살펴보고 그 후에 해야 할 트림은 스키퍼에게 맡긴다.

• 윈드 베인(Wind Vane) : 풍향계

도」인데 이것은 보트에서 촬영했기 때문에 시점이 일정하지 않아 이 사진에서 「적당한 각도」를 구하는 것이 어렵다. 또 풍속 등 컨디션에 따라 각도도 변화하기 때문에 연습으로 습득하는 것이 제일 빠른 길이다. 자이빙 준비부터 완료할 때까지 스키퍼는 결코 풍향과 배의 각도에서 눈을 떼면 안 된다. 무슨 동작을 하고 있으면 눈을 뗄 때가 많으니까 항상 의식을 할 것.

크루는 스핀 시트를 건네면 우선 바람이 오는 쪽의 트위커를 끝까지 당긴다. 이 때 스키퍼가 조금 가이를 느긋하게 하면 스핀폴의 각도를 적당히 유지할수 있다.

크루가 스핀폴을 교체하는 동안 스키퍼는 바람의 균형과 스핀트림에 집중하다. 스핀트림은 시트조종 뿐만 아니라 배의 각도도 조절하면서 트림할 것.

스키퍼는 크루가 폴을 교체 해서 오기 전에 가이를 캠에 고정시키고 크루가 덱에 앉을 때 스핀시트를 건넨다. 균형을 유지하도록 둘이 호흡을 맞추어 앉는다.

자이빙 완료. 크루는 스핀을 바로 트림한다. 스키퍼는 톱배튼이 되돌려졌는지 배의 각도가 적당한지 체크한다. 물론 자세도 체크할 것.

• 톱배튼(Top Batten) : 세일의 리치를 효율적으로 유지하기 위해 사용되는 판모양의 막대기

 # 멋진 자이빙을 위한 3 Point

Point ❶ 틸러를 양다리로 끼우는 자세는 스키의 직활강 처럼

크루가 스핀 폴을 교체 하는 동안 스키퍼는 스핀 트림과 균형 양쪽을 혼자 조절해야 된다. 두사람이 센터라인에 위치하기 때문에 배는 대단히 불안전하고 스키퍼는 양다리로 틸러를 끼우고 있어서 다리를 벌릴 수도 없다. 이 불안정한 장면에서 균형을 유지하는 포인트는 무릎을 구부리고 엉덩이를 낮추고 무릎으로 틸러를 컨트롤 할 것. 구체적으로 말하면 다리는 안쪽에 힘을 주면서 벌리고 동시에 앞 뒤로도 벌리면 전후좌우로 배가 흔들어도 대처 할 수 있다. 옆에서 보면 마치 스키를 탈 때 직활강 같은 폼이다.

중풍이하
무릎을 구부리면서도 상반신은 수직을 유지하는 것으로 균형 감각을 살릴 수 있다. 다리를 조금 앞뒤로 벌리면 전 후 균형도 잡기가 쉬워지고 틸러 조작도 수월해진다.

중풍~강풍
중풍이상이고 파도 컨디션이 안 좋을 때는 되도록 무게 중심을 낮게 하여 급한 힐·언힐과 롤링에 대응 할 수 있는 자세를 유지한다.

Point ❷ 붐이 되돌려 질 때 틸러를 반대방향으로 돌린다

앞에서 (강풍속에서) 자이빙의 어려움은 바람 받는 세일을 억지로 (인위적으로) 되돌리는 것이 라고 말을 했지만 방법에 따라서는 (태킹처럼) 틸러조작만으로 돌릴 수도 있다.

메인 시트에서 손을 놓고 러닝(뒤에서 바람을 받아서 가는 상태)해서 베어(요트를 바람 가는 쪽에 방향 전환함)를 하면 자연스럽게 붐은 돌아간다. 이것을 내추럴 자이빙 또는 와일드 자이빙이라고 한다. 다만 이 방법이면 자이빙 완료후 배의 각도가 쿼터부터 어범이 되니 강풍의 경우에는 붐이 되돌려진 순간에 옆에서 부는 바람을 받아 그대로 오버힐해서 최악의 경우에는 캡사이즈한다.

이러한 자이빙은 「와일드 자이빙」이라고 나쁜 자이빙의 전형이다. 그러나 이런 「자연스럽게 돌린다」라는 요소는 보통 자이빙에서도 이용하고 있다. 강풍의 경우 팔(상반신)의 힘으로는 쉽게 붐을 돌릴 수가 없다. 그래서 틸러를 조금 크게 돌리는 것으로 와일드 자이빙과 비슷한 상태를 만들어서 붐을 되돌릴 수 있는 계기를 만든다. 다만 틸러를 그대로 놓아두면 진짜 와일드 자이빙이 되어버린다. 그래서 붐이 되돌려 지려고 할 때 틸러를 반대방향으로 재빨리 돌리는 것으로 붐이 완전히 되돌리기 전, 배를 정상적인 러닝의 방향까지 돌려준다.

마치 자동차 경주에서 자주 보는 드리프트 주행의 Counter·Steering과 비슷하다. 핸들을 크게 돌려서 차방향을 변화시키는 계기를 만든 뒤에 도는 방향과 반대쪽으로 핸들을 돌리는 것으로 뒤쪽이 깨끗하게 슬라이드하여 회전하지 않고 코너를 달려서 지나가는 방법은 그대로 자이빙 때의 붐을 반대방향으로 돌리는 것과 같은 원리다.

붐이 되돌려지기 시작한다고 생각되면 재빨리 틸러를 반대방향으로 돌리고 세일이 바람으로 불룩해지기 전에 배를 바른 러닝 방향으로 향하게 한다. 비결은 바람이 약하면 약할수록 천천히 틸러를 조작하고 바람이 강하면 강할수록 틸러를 빨리 돌린다.

러닝에서의 베어

세일에 뒤바람이 돌아올 때까지 베어 할 필요가 없고, 그 전에 배어하면 조금 붐이 돌아갈 기회를 만들 수 있다.

와일드 자이빙

틸러를 그대로 놓아 두면 자이빙 후에 갑자기 옆에서 바람을 받고 크게 힐 하여 속도가 정지하게 된다. 세일이 바다에 잠기고 캡사이즈가 된다. 붐 펀치도 조심 할 것.

Point ❸ 스피드를 타면 붐은 가볍게 된다

 앞쪽에서 설명한 틸러를 반대방향으로 돌리는 것은 조그만한 힘으로 붐을 돌리는 하나의 방법인데 여기서는 또 다른 한 가지 붐을 쉽게 돌리는 방법을 소개하겠다.
 왜 미~경풍시의 자이빙이 쉬우냐하면, 세일이 받는 풍압이 적어서 붐을 쉽게 조작할 수 있기 때문이다. 그러면 강풍시라도 세일이 받는 풍압이 줄어들면 조그만한 힘으로 붐을 돌릴 수 있게 될 것이다. 경풍시에 그런 일을 할 수는 없을 것이라고 생각할 것이다. 그러나 할 수 있다. 러닝은 순풍이다(러닝은 바람 가는 방향으로 간다). 그래서 바람과 같은 속도로 달리면 풍압이 0(Zero)이 된다. 그렇게까지 못 달려도 풍속이 변하지 않고 배의 속도가 증가하면 그만큼 세일이 받는 풍압이 줄어든다.
 구체적으로 말하면 순풍에서 서핑이나 빠른 속도로 배를 운행하고 있을때, 세일이 받는 풍압은 감소한다. 즉 강풍時의 자이빙은 파도 타기 할 때랑 펌핑해서 플레이닝 시작하는 상태로 하면 마치 경~중풍때 처럼 붐을 돌릴 수 있다는 것이다. 이렇게 말하면 조금 지나친 말일지는 모르겠지만 이해해야 될 것은 강풍시의 자이빙이 어렵다는 것은 붐이 받는 힘이 크기 때문이라서 속도가 나기 어렵다라는 것은 아니다.
 초보자는 그 속도감에 위축되기 쉽지만 그것은 반대다. 강풍시의 자이빙은 속도가 나면 날수로 안정되고 쉽게 할 수 있다. 바람이 세면 위축되어 몸이 움직이지 않고 생각 할 힘도 없이 마음도 약해지지만 반대로 「절대 지지 않을 거다」라는 강한 마음으로 도전 하는 것이 중요하다. 다만 속도가 날수록 조그만한 틸러 조작으로 배 균형이 크게 변하니까 틸러 조작은 신중하고 한편으로 섬세하게 해야 한다.

파도를 타서 스피드가 날 때는 붐에 걸리는 힘이 경감된다.

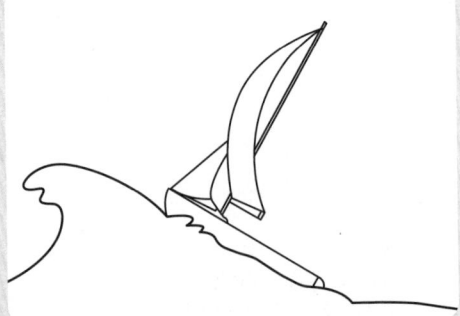

파도를 타지 못해서 스피드가 떨어질 때, 붐은 믿기지 않을 정도로 무거워진다.

- 펌핑(Pumping) : 배를 빨리 가게하려는 일.
- 플레이닝(Planning) : 활주상태로 범주하는 일

자이빙 시뮬레이션 Skipper(스키퍼)편

우선 자이빙을 준비하기위해 사이드 스테이의 윈드 베인과 마스트톱의 윈드 베인을 보고 완전한 러닝이라는 것을 확인한다. 지브 시트를 반대쪽으로 펴서 바람 가는 쪽에 스핀시트의 늘어지는 것을 걷어서 캠에 건다.

틸러를 조금씩 돌린다. 이때는 눈으로 사이드 스테이의 윈드 베인과 마스트톱의 윈드 베인을 본다.

틸러를 짧게 다시 잡고 바람 중심점을 넘어도 더 베어(Bear)하여 다음의 러닝코스 각도까지 간다. 이 때 허리의 위치를 뒤로 옮기는 것으로 정면을 보고 붐 밑으로 지나갈 준비를 한다.

덱 앞쪽에 앉은 상태에서 붐을 한숨에 돌린다. 이때 팔의 힘이 아니고 어깨로 당기는 마음으로 상반신 전체의 몸무게를 뒤쪽에 이동시키는 것으로 생기는 힘을 이용해서 붐을 돌리는 것이 포인트다.

- 윈드 베인(Wind Vane) : 풍향계
- 베어(Bear) : 진로를 風下방향으로 돌리다.

붐이 되돌려지자마자 일어서서 틸러를 양 무릎 사이에 끼우고 양손으로 스핀시트를 잡으러 간다. 동시에 하기에는 어려우니까 먼저 새로운 가이를 잡고 바람 가는 쪽의 스핀시트를 잡는다. 이때는 둘이 일어서 있으니 불안전한 상태라서 되도록 자세를 낮게 유지한다. 시선은 윈드 베인을 보면서 바우(선단)도 본다.

다리를 조금 앞뒤로 벌리고 양쪽 무릎으로 틸러를 컨트롤한다. 크루가 폴을 교체하는 동안 시트 조작과 틸러를 조작하여 스핀을 오므라지지 않도록 트림하면서 새로운 가이를 캠(cam)에 걸어서 윈드 베인도 체크한다.

폴의 교환이 완료되면 스핀시트를 크루에게 건네면서 둘이 동시에 균형을 잡으며 스키퍼는 앞으로 발을 들여놓는 감각으로 덱에 앉는다. 스핀을 끝까지 오므라지지 않도록 주의하면서 크루에 건넨다.

자이빙 완료. 균형이 안정된 다음 트워커가 시트에 간섭않고 있는시, 톱배턴은 되돌려졌는지, 뱅(Bang)이 센터에 걸려 있지 않는가, 나의 자세는 올바른가 여러가지를 체크할 것.

• 톱배튼(Top Batten) : 세일의 리치를 효율적으로 유지하기 위해 사용되는 판모양의 막대기

자이빙 시뮬레이션 Crew(크루)편

　스핀이 있는 클래스에서 자이빙하는 것은 크루로서는 제일 바쁜 장면이다. 서두에서 설명했듯이 우선 순서를 확실히 외우는 것이다. 자이빙에서 중요한 것은 스피드보다 확실성이다. 서두를 필요는 없다. 이 일련의 사진을 보고 몸을 움직이는 방법 뿐 아니라 눈길에도 주목할 것, 그리고 스핀폴을 조작할 때의 방법과 순서도 중요한 포인트다.

러닝 때의 기본 자세. 팔을 옆구리에 붙이고 상반신은 스핀이 잘 보이도록 조금 뒤쪽 밖으로 기울린다. 앞 발은 센터 케이스위에 놓는다.

스키퍼가 "자이빙 준비"라고 말하면 우선 트위커를 풀고 가이(바람 오는 쪽의 시트)를 직접 잡는다. 그 후에 스핀을 바람 오는 쪽으로 돌리니까 되도록 앞쪽을 잡는 것이 포인트다. 또 허리를 앞으로 돌려서 시야를 확보하면서 붐 밑으로 지나갈 준비를 한다.

• 트위커(Tweaker) : 스핀의 풍압중심을 낮추거나, 리치부의 시트를 리드하기 위한 블록(Block) 장치.

스키퍼가 하나, 둘, 셋하면서 붐을 돌린다. 허리를 뒤로 옮긴 것은 붐 앞쪽에는 붐뱅(Boom bang)이 있어 지나가기가 어려우므로 되도록 뒤쪽에서 붐 밑으로 지나가기 위해서이다. 뒤쪽 발을 센터 케이스의 반대 쪽을 밟으면서 눈으로 붐을 보고, 상체는 붐과 직각으로 지나도록 한다. 이동 중에도 스핀 컨트롤을 잊지 말 것.

붐이 지나가면 센터 케이스를 중심으로 양 발을 놓은 채 앞 쪽(마스트)을 향해서 일어선다. 이 때 눈으로 스핀을 본다. 스핀 시트는 스키퍼가 잡을 때까지 크루가 계속 컨트롤한다. 시트를 직접 스키퍼에게 건네는 방법도 있지만 그렇게 하면 크루가 앞으로 가는 것이 늦으지게되므로 스키퍼는 스스로 손 앞에 있는 시트를 잡는 것이 좋다.

스키퍼가 "됐다"라고 말하자마자 스핀 폴의 교환을 시작한다. 한 손으로 가이를 잡고(당기면 스핀이 오므라지니까 손을 대는 정도) 한 손으로 마스트에서 폴을 푼다. 이 때 폴의 반대 쪽 시트도 동시에 풀지 않으면 폴을 내밀 때 스핀이 무너지게 된다. 폴을 잡는 손과 팔의 각도에 주목 할 것.

- 붐 뱅(Boom Bang) : 붐의 지지위치를 조절하기 위한 장치.
- 붐(Boom) : 마스트에 지지되어 메인 세일 풋 부분을 받치는 스파.

마스트에서 폴이 풀리면 폴을 가이쪽에 가까이 장치한다. 가이를 폴에 끌어당기려고 하면 스핀이 오므라드니 조심할 것. 사진 5단계에서 폴 반대의 엔드 시트를 풀지 못한 경우 이 단계에서 확실하게 풀어놓는다. 잡고 있는 양손의 위치에 주목 할 것.

가이를 확실하게 달고 반대의 엔드 시트도 풀었다는 것을 확인하고 폴을 한숨에 밀어낸다. 이 때 포인트는 되도록 큰 스트록(Stroke)으로 밀어내는 것.
이 시점에서 뒤쪽 손은 이미 폴의 중앙부분을 잡고 있어야 한다. 작은 스트록으로 폴을 조작하면 시간도 걸리고 톱핑 리프트랑 가이가(에프터 가이) 빠지거나 필요 없는 트러블이 생길 가능성이 있다.

폴의 중앙부분을 잡은 손을 힘껏 앞으로 내민다. 또 한쪽 손은 폴 엔드의 끝자락의 금속 부분을 잡는다. 내미는 방향은 포어 스테이와 사이드 스테이의 중간 각도로 스핀의 크루를 목표로 한다. 초보자는 옆으로 내밀려고 하지만 옆으로 내밀면 큰 힘이 필요하다. 끝까지 눈길을 크루에 두면 자연스럽게 폴을 앞으로 내밀수가 있을 것이다.

- 톱핑 리프트(Topping Lift) : 스핀폴 설치시 폴의 상부를 지지하거나 붐을 잡아주는 줄.

폴을 완전히 내밀고 나서 처음 눈길을 마스트 쪽으로 옮긴다. 폴을 내미는 방향이 맞아도 강풍시에는 꽤나 힘이 필요할 때도 있으니 상반신의 힘을 확실하게 폴에 싣고 양손으로 확실하게 내미는 것이 포인트다. 좀처럼 내밀지 못하는 경우 이 사진과 같이 위쪽 방향으로 내밀고 나서 마스트 엔드를 위쪽으로 끌어올리면 잘 될 것이다.

마스트의 Eyestrap에 폴을 설치한다. 양손은 밑에서 붙이는 요령으로한다. 크루가 폴을 교환하는 동안 배는 상당히 불안전한 상태라서 강풍시에는 하반신으로 마스트에 밀착시키는 감각으로 신체를 지지하고, 밸런스가 깨지지 않도록 조심할 것. 배가 크게 밸런스가 깨지는 경우 폴교환을 중단하더라도 먼저 밸런스를 잡기 위해 노력하는 등 임기응변의 대응이 필요하다.

폴교환이 완료되면 트위커를 당긴다. 순풍 ~ 강풍시에는 스핀을 안정시키기 위해 폴교환 전에(사진 5단계) 트위커를 당기는 것이 좋다.

• 가이(Guy) : 스피네커를 당기는 밧줄

트위커를 끝까지 당기고 나서 트위커 뒤쪽에서 가이를 잡는다. 미~경풍시에는 직접 가이를 손으로 잡는 것이 미묘한 컨트롤이 가능해지니까 전혀 트위커를 안 쓰는 방법도 있다.

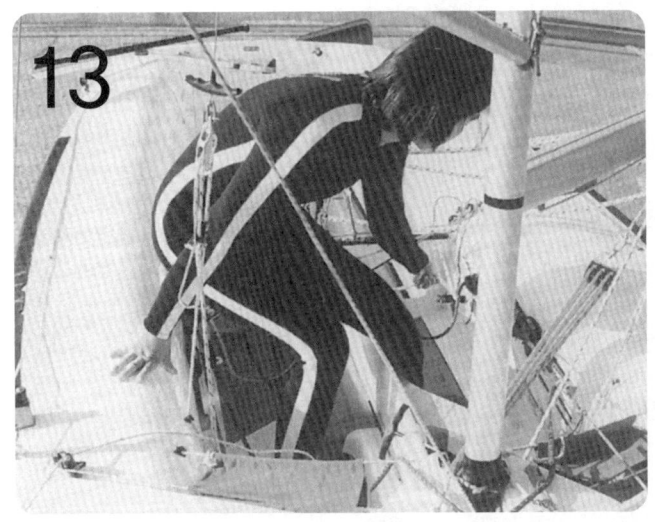

스키퍼의 움직임에 따라 덱에 앉으면서 바람 가는 쪽의 캠을 걸면 스핀 시트를 가지러 간다. 또는 스키퍼한테 직접 받는다. 이 때 둘이 동시에 움직이기 때문에 밸런스 깨지기가 쉽다. 결코 멋대로 완전히 주저앉지 말 것.

자이빙 완료, 스핀트림에 신경을 집중하자. 자이빙의 동작은 서두르지 말고 확실한 순서, 잡는 방법을 마스터하는 것이 숙달의 가장 빠른 길이다.

One Point Advice

스핀을 오므라들지 않게 하는 비결

　손목을 돌려서 열고 스핀 폴을 위 아래로 흔들어서 푼다. 자이빙 동작 중에 제일 스피네이커가 오므라질 때는 붐을 되돌린 직후, 이것은 바람에 대한 배의 각도에 문제가 있기 때문이고, 여기서 스핀이 오므라지는 것은 스키퍼의 책임이다. 그 다음의 오므라지는 경우가 스핀 폴을 교환 할 때이다. 여기서 스핀이 오므라지는 일은 100% 크루의 책임이다. 이것은 스핀 폴을 마스트에서 뗄 때, 동시에 스핀 시트를 뗄 수 없을 때 일어나는 트러블이다. 스핀 폴의 패럿 버크(양단에 부착하는 금속 도구)는 하나의 로프로 연결되어 있어서 사진처럼 손목을 돌리는 것으로 양쪽 패럿 버크를「열림」상태로 만들 수 있다. 그러나 열리기만 하면 스핀 시트가 자동적으로 빠지지는 않는다. 패럿 버크는 위쪽이 열려 있으니까 스핀 폴의 끝을 밑으로 재빨리 움직이는 것으로 스핀 시트가 빠진다.

　즉, 마스트에서 스핀 폴을 떼면 사진처럼 손목을 돌린 채 (양쪽 패럿 버크를 열린 채) 그림과 같이 스핀 폴을 위쪽으로 흔들면 반대 끝은 밑으로 흔들리게 되어서 스핀 시트가 빠지게 되는 것이다. 익숙해지면 이들은 한 동작으로 확실하게 할 수 있지만 초보 때는 시트가 확실하게 빠진 것을 확인하고 나서 폴을 교환하는게 좋다. 몇 번이나 말하지만 자이빙은 빨리 서두르는 것보다 확실하게 하는 것이 우선이다.

스핀 폴은 톱핑의 훅을 지점으로 하는 천평칭(天平秤 : 저울의 하나)같은 것이니까 한 쪽 끝이 밑으로 움직이기 위해서는 반대 끝은 위로 움직이어야 한다.

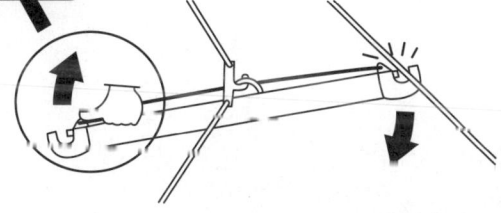

- 패럿 버크(Parrot beak) : 스피네커 폴(Pole) 선단의 시트나 가이를 끼는 장치.
- 스피네커 폴(Spinnaker pole) : 스피네커를 내미는 봉

Ⅳ 스피네커(Spinnaker)

1. 스피네커 업

스핀 업 할 때 중요한 것은 철저한 준비와 적절한 절차다. 미묘한 타이밍이랑 큰 보디 액션을 필요하지 않는 장면이라서 초보자라도 바람의 강약 관계 없이 철저히 준비하고 적절한 절차에 따르면 숙달자(상급자)를 무색케 할 스핀 업을 할 수 있다. 우선 준비인데 스피네커가 올바르게 스핀 Bag에 수납되어 있는지 확인한다. 꼬여 있거나 시트가 얽혀 있으면 아무리 적절하게 절차를 따른다해도 스핀 업은 성공하지 않는다. 스핀 업하기 전에 우선 스피네커의 피크가 헤일야드에 붙어 있는지 스핀 시트의 상태를 확인해 놓는 것이 중요하다.

순서는 이하의 연속사진으로 자세히 해설하겠지만 순서 이전에 중요한 것은 바람에 대한 요트의 각도다. 경기의 경우 등, 어빔이랑 리칭 상태로 스핀 업하는 선수도 있지만 그 상태에서 바람이 불어오면 상당히 위험하다. 익숙해 질 때까지는 반드시 러닝에 가까운 상태까지 베어하고 나서 스핀 업을 할 것.

클로스 홀드에서 베어 웨이. 이 때 크루는 끝까지 트래피즈를 취하고 요트를 수평으로 유지하는 것이 중요. 스키퍼는 뱅를 늦춰 놓는다.

- 스피네커(Spinnaker) : 요트의 주 돛 반대쪽에 치는 큰 삼각형 돛.
- 헤일야드(Halyard) : 돛을 끌어올리고 내리는 데 사용하는 줄(와이어).

베어 웨이가 완료하면 크루는 즉시 콕핏에 슬라이딩하여 바람 가는 쪽의 트위커가 프리가 되어 있는 것을 확인하면서 스핀 헤일야드의 피크를 뗄 준비를 한다.

피크를 떼면 크루는 스핀 폴을 잡는다. 피크를 떼면 스키퍼는 스핀 헤일야드를 끌어올려도 괜찮지만 강풍시에는 폴세트가 끝난 다음에 하는 것이 좋다.

폴 세트를 기다리고 스핀을 전개히는 방법으로 한다. 크루가 폴을 붙이는 동안 윈드 베인을 러닝 각도로 유지하면서 스키퍼는 센터보드의 4분의 3 정도(어빔 때는 반) 올려 놓는다.

폴세트가 완료되면 스키퍼는 틸러를 양 무릎사이에 끼고 스핀 헤일야드를 단숨에 끌어올린나. 천천히 당기지 말고 단숨에 끝까지 당기는 것이 포인트다.

• 피크(Peak) : 스피네커나 메인 세일의 꼭대기 부분.

스키퍼가 헤일야드를 끌어올리는 것과 동시에 크루는 가이(바람 오는 쪽의 스핀 시트)를 끌어들인다. 바람 가는 쪽의 스핀 시트는 가이를 완전히 끌어들인 다음에 잡는다.

이 때 스핀 폴(Spin pole)이 자기 앞으로 따라 올 때가 있으니 그런 경우는 왼손으로 밀고 돌려준다. 크루는 가이를 포어 스테이와 사이드 스테이의 반 정도 위치까지 당겨서 세트하고 그동안 스키퍼는 여유가 있으면 바람 가는 쪽의 스핀 시트를 조절해서 스핀이 바람을 받고 불룩해지는 것을 도울 것.

가이를 끌어들이고 바람 가는 쪽 스핀 시트를 잡으면 크루는 밸런스를 잡으면서 덱에 앉는다. 이 때까지 스키퍼는 항상 윈드 베인에 신경쓰고 요트를 러닝의 각도를 유지 해야 된다.

크루가 앉는 것과 동시에 스키퍼도 바람 가는 쪽 덱에 앉는다. 덱에 앉을 때는 둘의 호흡을 맞추어 천천히 요트가 흔들리지 않도록 조심 한다.

프리로 달릴때 크루의 인크라인 폼은 이렇게

스피네커 업때 크루가 할 일

    스피네커 업때 해야 할 일은 스키퍼가 20% 크루가 80%이다. 스키퍼는 요트의 각도를 유지할 것. 헤일야드를 끌어올리는 일 정도다. 스핀 업 성공의 열쇠는 크루가 가지고 있다. 앞에서 말했지만 스핀 업은 철저히 준비하고 확실하게 절차를 따르면 누구나 할 수 있다. 그러나 레이스에서는 다른 배보다 빨리 3번째 세일을 전개 할 수 있을까가 승부다. 순서와 준비를 확실하게 외우고 라이벌에게 차이를 내기위해 스핀 업을 빨리 할 수 있도록 연습해야 한다.

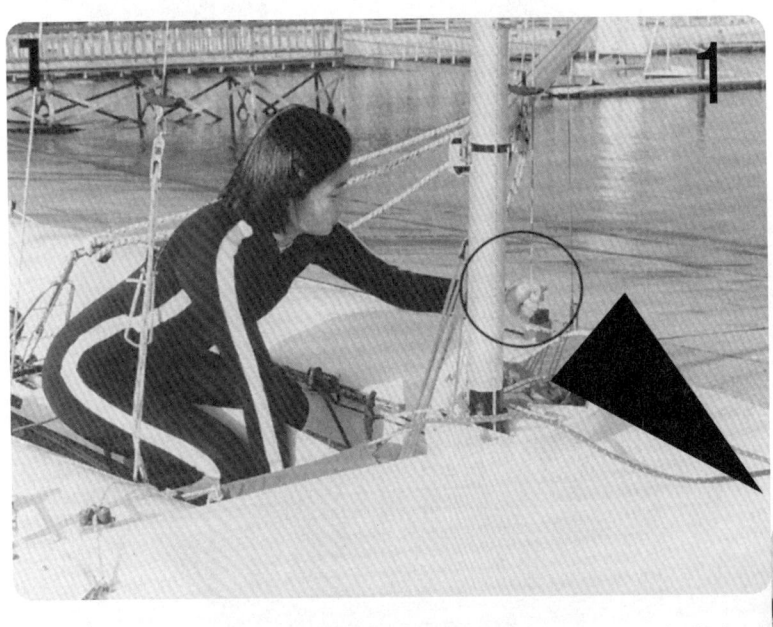

트래피즈하고 나서 콕핏에 오면 우선 스핀 헤일야드의 훅을 푼다. 이 때 바람 가는 쪽 트위커가 프리가 되어 있는지 확인해야 되는데 이 두가지를 동시에 할 방법을 소개한다. 헤일야드의 훅을 풀 때 오른쪽 사진처럼 헤일야드와 트위커를 같이 잡고 끌어당기면 트위커와 헤일야드를 동시에 프리로 만들 수 있다.

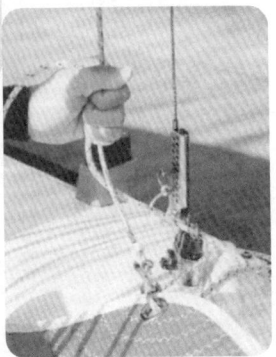

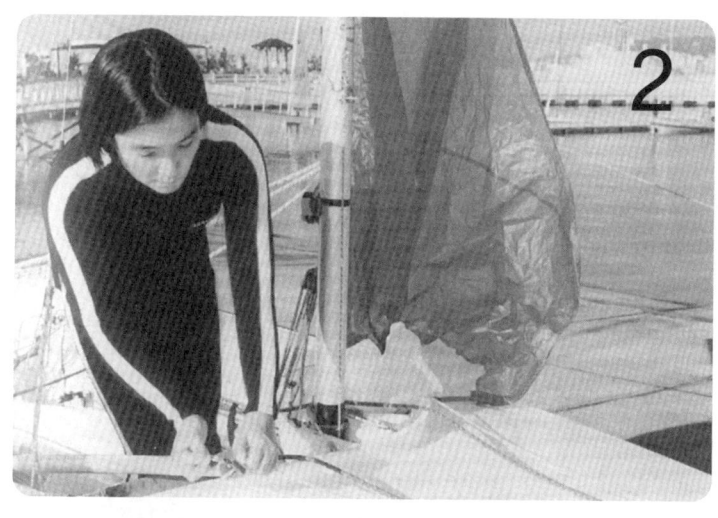

바우 덱의 앞쪽에서 가이 시트를 잡고 폴 끝의 패럿 버크에 셋팅 한다. 폴 중간을 잡지 말고 끝을 잡는 것이 확실하게 세트하는 포인트다.

스핀 폴을 팔과 옆구리 사이에 끼어서 중앙의 아이(eye)에 톱핑의 훅을 단다. 이 때 폴이 비틀어지고 있는지 확인 할 것.

바람 가는 쪽(왼쪽)손으로 폴을 내밀고 바람 오는 쪽(오른쪽) 손을 패럿 버크 밑으로 대어서 마스트 아이에 설치한다. 큰 스트록으로 내미는 것이 포인트다.

• 바우(Bow) : 선수. 선수 방향.
• 패럿 버크(Parrot beak) : 스피네커 폴(Pole) 선단의 시트나 가이를 끼는 장치.

러닝 상태라면 한 손으로도 설치할 수 있지만 강풍의 어빔때는 꽤 강한 힘을 필요로하는 경우가 있으니, 마지막은 양손으로 확실하게 마스트에 설치한다.

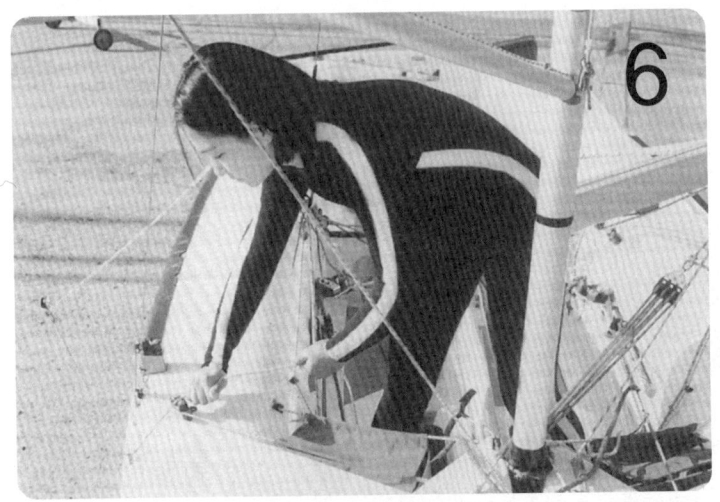

폴 설치를 완료하고 나서 즉시 바람 오는 쪽 트워커를 끝까지 당긴다. 미풍시 트위커가 필요 없을 때는 직접 가이(Guy)를 잡고 트림해도 좋다.

트위커를 당기고 스핀폴이 포어 스테이와 사이드 스테이의 중간 위치가 되도록 가이를 캠에 세트한다. 이 시점에서는 정확한 위치가 아니라도 된다. 가이에 대강 러닝 위치를 표시해 놓으면 편리하다.

- 어빔(Abeam) : 정횡 보트에 대한 직각

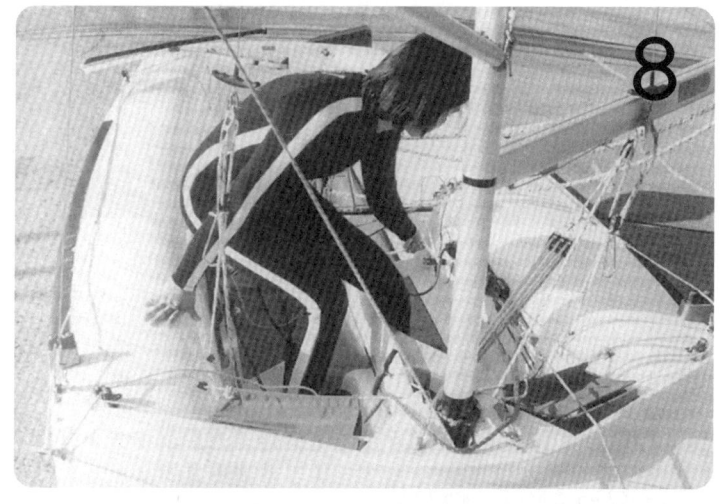

바람 가는 쪽 스핀 시트를 캠에서 (스키퍼가 트림하고 있으면) 직접 받는다. 밸런스를 잃지 않도록 천천히 덱에 앉는다.

가이를 조정하여 스핀 트림 태세를 위해 준비한다. 바람 오는 쪽의 어깨를 열어서 인크라인 폼으로 가이의 조정은 연날리기 하는 요령으로 하여 상반신 전체로 밸런스를 잡는다.

2. 스피네커 다운

스피네커를 마크(Mark)직전에 내리기 위해

스피네커를 그냥 내리는 것은 아무것도 아니다. 그러나 경기 때에는 다가오는 시기라는 한계가 존재한다. 아무리 끝까지 스피네커를 조작할 수 있었다 해도 스핀의 수납을 실패해서 마크를 지나가 버리면 본전도 못 찾는다. 연습할 때는 되도록 순서를 확실하게 외우고 재빨리 할 수 있는 기술을 닦는다. 경기 때에는 두사람 기량을 생각하여 스피네커 할 타이밍을 생각해야 한다. 경기 때 스피네커 다운의 비결은 「느림과 빠름」이다. 이하의 연속사진에서는 ①에서 ④까지는 「느림」이다.

크루가 폴을 떼고 있는 동안 스키퍼가 스피네커를 트림하고 있으니 서두르지 않아도 된다. 그러나 사진 ⑤~⑦는 「빠름」이다. 이 때는 스핀이 오무라지는 상태라서 여유롭게 하면 안된다. 익숙해 질 때까지는 스핀 다운이라고 들으면 처음부터 끝까지 서두르는 경우가 많지만 「처음에는 진정하게 하고 한 번 스핀을 잡으면 단숨에 해버린다.」라는 자신의 리듬을 가지는 것이 숙달의 첫 걸음이 될 것이다.

크루가 타이밍을 보고 스키퍼에게 스핀 시트를 건넨다. 스키퍼는 윈드 베인을 확인해 놓는다.

• 스피네커(Spinnaker) : 요트의 주 돛 반대쪽에 치는 큰 삼각형 돛

크루가 스핀폴을 떼러가는 동시에 스키퍼는 틸러를 양무릎 사이에 끼고 트림하는 자세를 잡는다. 항상 윈드 베인을 확인한다.

크루가 스핀폴을 콕핏에 수납한다. 그 동안 스키퍼는 스핀을 트림하는데 시트로 트림하면서 틸러도 각도를 조절하는 것으로 스피네커를 안정시킨다. 그런데도 항상 윈드 베인을 확인 한다.

크루는 가이를 잡고 스피네커를 끌어당긴다. 이때 배가 너무 베어하면 스피네커가 멀리 날아가니까 가이를 잡을 수 없을 때도 있으니 스키퍼는 끝까지 배의 각도를 조심 할 것.

여기서부터 스피드업 한다. 크루는 스피네커의 풋 부분을 모으면 「네」라고 말하여 스키퍼는 헤일야드의 캠을 꺾는다.

• 헤일야드(Halyard) : 돛을 끌어올리고 내리는 데 사용하는 줄(와이어).

크루는 큰 동작으로 스피네커를 Bag에 수납한다. 이 때 바람가는 쪽의 스핀시트가 펴진 상태라면 수납하기가 어려우니까 스키퍼는 가이를 당기고 시트를 앞으로 보내고 스핀시트를 느슨해지도록 한다.

크루가 스핀을 거의 수납하면 스키퍼는 스핀 시트랑 가이를 정리해서 센터 보드를 내린다.

크루가 스핀 헤일야드를 훅에 걸면 마크 위치에 맞추어서 러핑한다.

크루는 지브의 러프와 텔테일을 보고 조절하면서 약간 힐 상태를 유지하면서 트래피즈로 나간다.

- 러핑(Luffing) : 바람이 불어오는 쪽을 향해 코스를 바꾸는 것. 러프 하는 것.
- 러프(Luff) : 세일의 전변, 스테이나 마스트를 그루브에 끼워지는 부분.

스피네커 다운때 크루가 할 일

앞에서 스핀 다운에서는 크루의 「느림과 빠름」이 중요하다고 말했지만 스핀 다운때 크루 동작의 포인트는 가이를 잡고나서 피크를 훅에 걸때까지의 시간을 어떻게 단축하는가에 있다. 그것을 위해서는 작은 동작으로 조금씩 내리는 것보다 큰 동작으로 내리는 것이 보다 효율적이다. 다만 아무리 빨리하더라도 스핀을 찢으면 안된다. 특히 어빔에 가까운 상태에서 스핀을 내려야 할 경우 스핀이 바람 때문에 마스트에 달라붙으니까 톱핑의 훅으로 스핀이 파손될 가능성이 높다. 또 풋부분을 아무렇게나 모으면 시트와 가이가 얽혀서 다음에 스핀 업 할 때에는 제대로 펴지지 않는다. 「냉정하면서도 서두른다」이런 고도한 정신 컨트롤(Mental Control)이 요구되는 장면이 스핀 다운이다. 크루의 솜씨를 보여주는 장면이다.

러닝때의 기본자세. 크루는 자기가 타이밍을 맞추어 「스핀 다운」를 스키퍼에게 신고한다.

스핀 시트를 스키퍼에게 건네면 폴을 마스트에서 뗀다. 이때 위 사진과 같이 바람 가는 쪽 손(오른쪽 손)을 사용하는 것으로 최소한의 움직임으로 할 수 있고, 동시에 쉽게 가이를 뗄 수 있다. 폴을 뗄 때 잡는 방법은 이렇게 패럿 버크쪽에 새끼손가락이 온다. 번갈아 펼 때(자이빙)하고는 잡는 방법이 다르니까 조심할 것.

폴에서 톱핑 훅을 뗀다. 사진의 폴 각도와 잡는 방법을 볼 것. 이 때 폴을 비틀어 돌리면 금방 훅이 떼진다.

 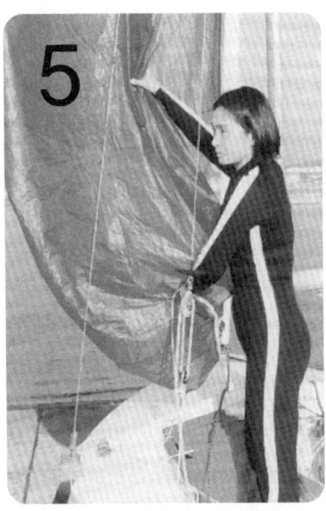 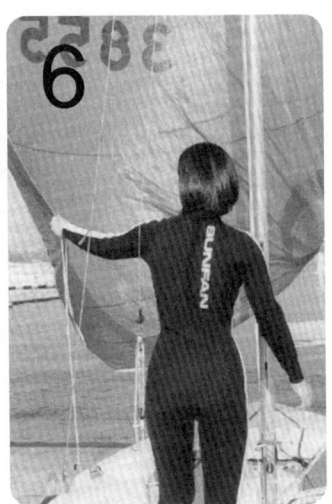

4. 떼 스핀 폴은 스타보드쪽의 콕핏에 수납, 서둘러서 지브 시트 위에 수납하면 클로스 홀드때 문제가 생기니까 자신의 눈으로 보고 확인 한다.

5. 여기서는 「빠름」이다. 우선 왼손으로 가이를 잡고 오른손으로 풋의 중간을 잡고 나서 단숨에 풋부분을 하나로 뭉친다.

6. 오른손으로 모아서 왼손으로 뭉친다. 이때 택과 크루만은 같이 말려들게 하지 않도록 해야 된다. 풋이 하나로 뭉쳐서 바람 오는 쪽에 있으면 스핀시트가 바우를 돌아서 바다 위에 떨어지는 일은 없다.

 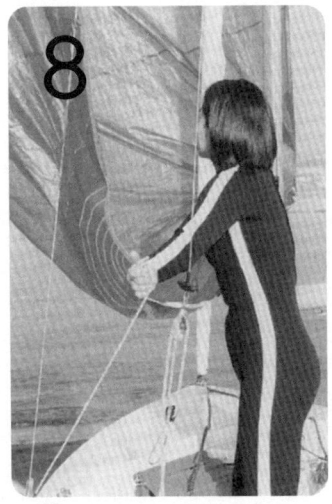 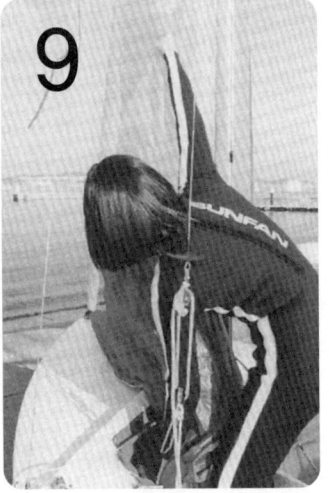

7. 뭉쳐진 풋부분은 왼손으로 잡고 오른손은 되도록 높이 들고 스피네커 위쪽을 잡는다. 이 자세가 되면 스키퍼에게 헤일야드를 꺾는 신호를 보낸다.

8. 스키퍼가 스핀 헤일야드의 캠을 꺾는 동시에 양손을 힘껏 스핀Bag안으로 깊이 넣는다. 되도록 깊이 안으로 깊이 넣는다.

9. 왼손은 스핀Bag의 스핀을 누르고 오른손은 위쪽으로 펴서 스핀의 윗부분을 잡는다.

• 스타보드(Starboard) : 우현. 요트를 선수 방향으로 향하고 있을 때 오른쪽 현.

10	11	12
오른쪽으로 잡은 스핀을 Bag안에 넣는다. 왼손은 다시 넣은 부분을 누른다.	다시 같은 요령으로 오른손만으로 스핀을 잡고 왼손은 Bag안에서 누른채 오른손만으로 내리게 하는 감각이다.	양손으로 하는 것이 빨리 할 수 있지만 한번 넣은 스피네커가 튀어나오는 일이 있으니 이런 방법이 좋을 것이다.

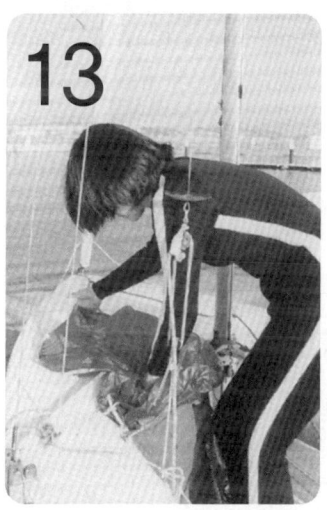 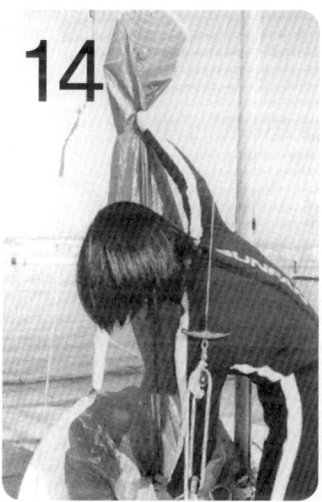 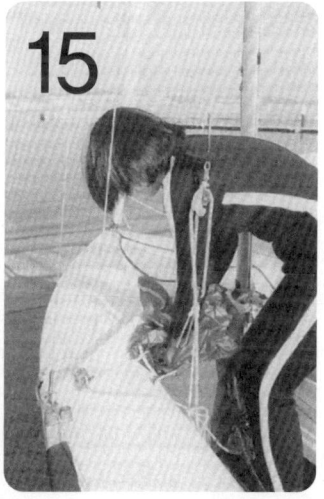

13	14	15
오른쪽 손만을 사용해도 이렇게 한번, 두번, 세번만에 스피네커 대부분을 수납 할 수 있을 것이다.	피크, 클루, 택의 3가지만 밖으로 나와 있는 상태로 정리한다. 이것 저것 모두 넣으면 된다는 식으로 하면 다음의 스핀업 할때 문제가 생긴다.	마지막에 피크의 헤일야드를 풋에 걸면 수납의 완료. 어중간하게 수납을하면 클로스 홀드를 달리는 도중에 스피네커가 나와 버리니 수납은 완벽하게 해야 된다. 하는 김에 트위커 등 시트 정리도 하는 것이 좋다.

- 피크(Peak) : 스피네커나 메인 세일의 꼭대기 부분.
- 클루(Clew) : 돛에서 택(Tack)의 반대쪽 모서리.
- 택(Tack) : 다른 풍상으로 바람을 바꾸는 것.

One Point Advice

스피네커 업 스핀을 던질 방향은 위쪽이 아니라 앞쪽이다

여기서 설명했던 것은 스피네커가 바람 가는 쪽의 스핀 bag에 수납 되어 있는 상태에서의 스핀 업이었지만 스피네커가 바람 오는 쪽에 수납 되어 있는 경우, 크루가 스피네커가 던질 필요가 있다. 이것은 Bag에 있는 상태 그대로 헤일야드를 끌어당기면 스피네커가 지브세일과 마스트 사이에 끼어 들어가게 되는 가능성이 있기 때문에 그것을 피하기 위해 크루가 Bag에서 스피네커를 끌어내어 포어 스테이 앞쪽으로 던지는 것이다. 이것은 스핀이 포어 스테이 안쪽에 들어오는 것을 방지하기 위해 하니까 위로 던질 필요가 없다. 또 스키퍼가 러닝 각도에 맞추지 않을 때 바람이 세면 포어 스테이 안쪽으로 들어오게 된다. 또 스키퍼가 러닝 각도에 맞추지 않으면 바람이 셀 때 포어 스테이 안으로 들어오게 된다.

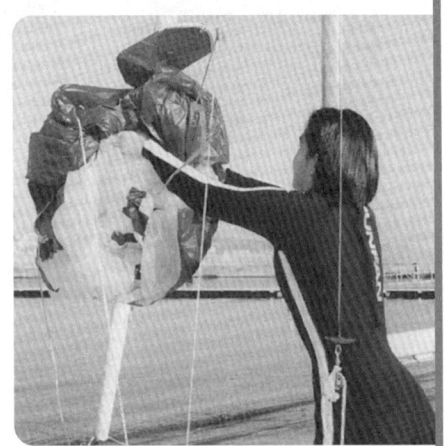

스핀을 던지는 경우 이렇게 팔을 앞으로 내는 요령으로 포어 스테이 앞으로 향해서 던진다. 위쪽에서 헤일야드가 끌어당기니까 위쪽으로 던지는 것은 의미가 없다.

스피네커 다운 톱핑 풋은 폴을 회전 시켜서 뗀다

톱핑 풋을 폴에서 떼는 일은 보통(평상)때는 어려운 일이 아니지만 흔들리는 배위에서 풋을 손으로 잡고 떼는 것은 조금 위험하다. 서둘러서 「안돼, 안돼」라고 패닉 상태가 될 수도 있다. 그래서 요령을 가르치겠다. 여기서는 생각을 바꿔서 폴에서 풋을 떼는 것이 아니라 풋에서 폴을 뗀다고 생각한다. 구체적으로는 그림과 같이 폴을 비틀듯이 돌리면 풋이 멋지게 떼진다. 돌리기만 해도 거의 한 번에 뗄 수 있지만 확실하게 하기 위해 왼손(바람 오는 쪽)을 풋 부분에 대고 돌리면 100% 성공한다. 익숙해지면 폴을 떼고 나서 콕핏에 수납 할 때까지 한 동작으로 할 수 있을 것이다.

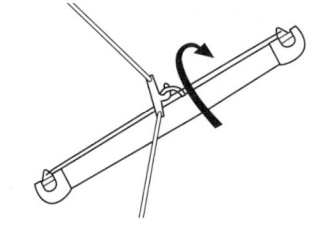

• 포어 스테이(Fore stay) : 돛대에서 선수쪽으로 연결된 돛대 지지용 와이어.

V 안전한 세일링(Safe Sailing)

안전한 세일링을 즐기려면

세일링은 일반적으로 생각하는 만큼 위험한 스포츠가 아니다. 특히 딩기의 경우 목숨을 잃는 사고는 거의 없다.

세일링에 관한 사고 (세계일주 레이스 등 특별한 경우를 제외)의 대부분은 바다를 쉽게 생각하기 때문에 생긴다. 세일링 크루즈의 가끔씩 생기는 낙수사고의 대부분은 구명조끼만 착용하기만 해도 방지 할 수 있었던 것이다. 덧붙여 말하면 세일링 크루즈 탈 때는 일반적으로 구명조끼를 착용할 습관이 정착하지 않는 반면에 딩기 세일러의 거의 100%가 바람 세기에 관계없이 구명조끼를 착용한다. 즉 딩기가 크루즈보다 안전하다고 해서 사고가 적은 것이 아니라 사람이 높은 의식을 하니까 사고를 방지한다고 말 할 수 있다.

- 딩기(Dinghy) : 소형 오픈 요트로 노를 젓거나 세일링을 하는것으로 1인승, 2인승 쌍동형이 있다.
- 크루즈(Cruiser) : 선실에 거실이나 오락시설을 가진 요트로 생활이 가능한 요트, 선저에 밸러스트를 갖추고 있어 외양항해가 가능한 요트.

1. 안전한 바람의 방향에 따라 진수위치를 결정할 것

세일링의 첫 출발이 출정이다. 쉽게 보이지만 제법 어렵다. 진수 할 때 어려운 것은 그 때마다 바람 방향이 다르다는 것이다. 항상 같은 하버를 이용하기 때문에 금방 익숙해져도 되는데 그렇게 못하는 이유는 탈 때마다 컨디션(Condition)이 변하기 때문이다. 여기서는 에노시마 요트 하버를 예로서 역풍 때의 진수에 대해서 보겠다.

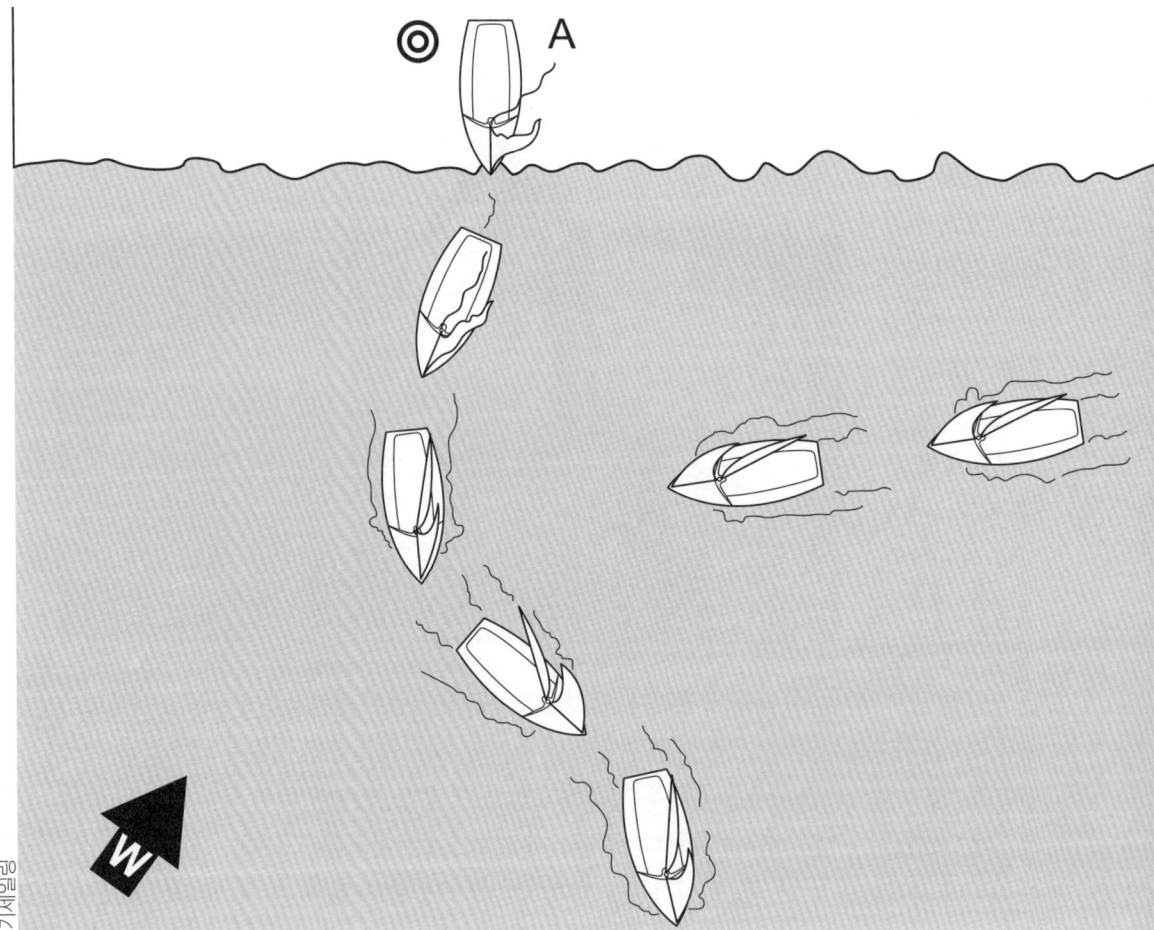

• 에노시마 요트하버 : 일본 동경올림픽때 개최된 요트 하버. 후지사와시에 있다.

한마디로 역풍이라 해도 완전한 역풍부터 어빔 가까운 역풍까지 여러가지이지만, 요컨대 그 바람 방향을 잘 이용하는 것이 중요하다. 밑의 그림과 같이 바람은 기슭에 대해서(기슭에서 보고) 약간 오른쪽으로부터 불고 있다. 이런 경우 넓은 기슭의 어디서 어떤 코스로 항해할 것인가? 실제로 바다에 가기 전에 시뮬레이트 하는 것이 중요하다.

정답부터 말하면 기슭의 오른쪽 즉 바람 오는 쪽부터 진수하고 스타보드 택으로 떠나는 (A)의 방법이 제일 확실하고 안전하다. 바람이 오른쪽부터 불고 있으니 포트 택으로 떠나려고 하면 기슭과 평행으로 달리게 되어서 다른 요트와 충돌 할 가능성이 높아진다. (B) 그래서 이런 경우 스타 보드 택으로 떠나기 시작하는 것이 전제다. 그렇다면 기슭의 왼쪽부터 떠나려고 하면 선창에 부딪치니까 택을 해야 한다. (C) 아침에는 하버(harbour)가 복잡하기 때문에 되도록 빨리 하버를 탈출 하는 것이 좋다.

(A)의 방법을 구체적으로 말하면「바람 부는 쪽 기슭에서 떠나서 바람과 반대방향으로 달린다.」라는 것이다. 이것이 역풍(어빔까지)때의 기슭을 떠나는 방법이다.

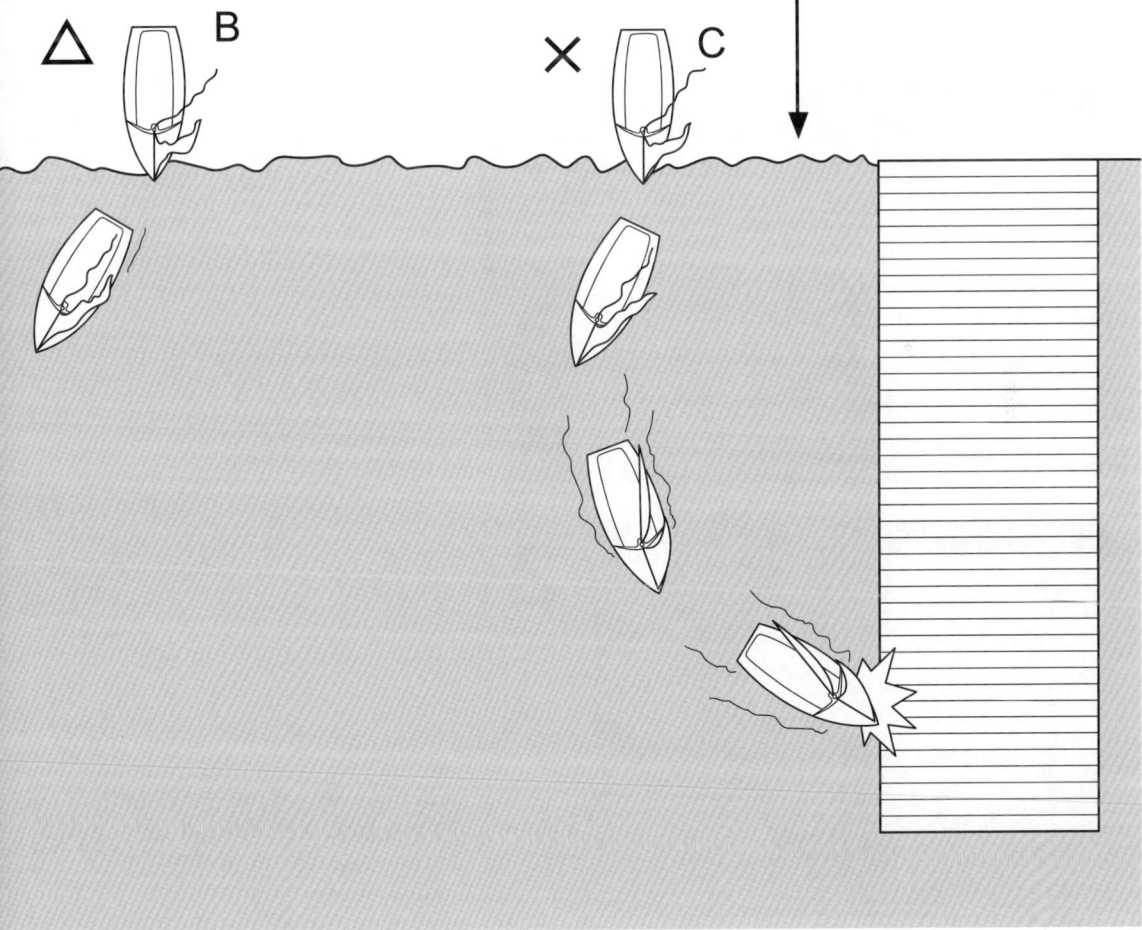

- 어빔(Abeam) : 정횡 보트에 대한 직각
- 스타보드 택(Starboard tack) : 세일링 중 스키퍼, 크루가 우현에 앉은 상태, 돛이 우현에서 바람을 받아 좌현에 세일이 펴진 상태.
- 포트 택(Port tack) : 포트쪽에서 세일에 바람을 받아 범주하는 것.

기슭(Slope)에서 진수

　기슭에서 떠날때 적어도 무릎까지 젖을 각오로 도전 할 것, 젖는 것을 싫어하면 안전하고 확실한 출발을 못한다.

　여기서는 역풍시의 기슭을 떠날 때를 연속사진으로 설명하겠지만, 여기서 중요한 것은 항상 배를 바람의 오고가는 쪽을 향하게 하는 것이다. 하버 근처에서는 바람의 방향이 일정하지 않아서 바람이 오고 가는 쪽으로 향하게 했다 하더라도 갑자기 옆에서 바람을 받아 육상에서 캡사이즈하는 위험성도 크다. 육지 위에 있다 해도 항상 바람의 방향을 조심해야 된다. 또 하버에서는 붐 뱅를 느슨하게 해놓을 것.

스턴까지 완전히 보트를 띄운 다음에 Cradle를 빼낸다. 이때 크루는 바람이 오는 쪽의 사이드 스테이를 잡고 보트를 받친다.

스키퍼는 빼낸 Cradle를 기슭(Slope)보다 위쪽 방해되지 않는 위치(Cradle 놓는 자리가 있으면 지정의 자리)로 옮긴다.

- Cradle : 선가(船架)
- 스턴(Stern) : 선체 뒤쪽 부분. 선미(船尾).
- 스테이(Stay) : 돛대를 선체에 고정시키는 데 사용되는 줄.

스키퍼가 Cradle를 옮기는 동안 크루는 사이드 스테이를 잡고 기다린다. 이때 항상 배를 바람이 오고 가는 방향으로 유지하지 않으면 바람 때문에 보트에 끌릴 때가 있으니 조심해야 된다.

스키퍼가 트랜섬을 확실히 받치고 크루가 먼저 탄다. 이때도 보트를 바람이 오고가는 방향으로 향하게 한다.

먼저 탄 크루는 3분의 1정도 센터보드를 내린다. 스키퍼는 보트를 가볍게 밀면서 탄다 이때 처음으로 배를 클로즈방향으로 향하게 한다.

• 트랜섬(Transom) : 선미판

스키퍼가 타면 크루는 지브와 메인 세일을 조정하여 스키퍼는 러더를 내린 상태로 안전한 위치까지 보트를 달리게 한다.

안전한 위치까지 나아가면 크루는 센터보드를 완전히 내리고 스키퍼는 러더를 내려서 고정시킨다. 그 동안 주위를 보는 사람은 크루다. 다른 보트가 어디에 있는지 신경 쓰고 위험한 일이 있으면 스키퍼에게 알려준다.

러더를 완전히 내리고 나서는 신속히 하버 밖으로 나간다. 언제까지나 하버 안에서 어슬렁거리고 있으면 다른 요트에게 방해가 되어 위험하다. 하버 밖으로 나가면 러더가 내려졌는지 다시 확인한다.

• 러더(Rudder) : 키, 방향타.

순풍때의 진수

바람 가는 쪽 기슭에서 뒤에서부터 진수한다.

여기까지 설명한 내용은 모두 역풍때의 진수방법이다. 그러면 순풍때는 어떻게 다른 것인가? 쉽게 말하면 바다에 입수할 각도가 180도 다르다는 것이다. 순풍 때는 역풍 때처럼 앞에서 입수 하려고 하면 세일이 바람 받아서 불룩해진다. 역풍이나 옆에서 불어오는 바람과 달리 순풍은 바람을 빠져나가게 할 수가 없어서 상당히 위험하다.

그래서 순풍때는 그림과 같이 입수한다.

나머지는 역풍과 같이 어떤 코스로 진수 할 것인가를 시뮬레이트하고 나서 보트를 타는데 여기

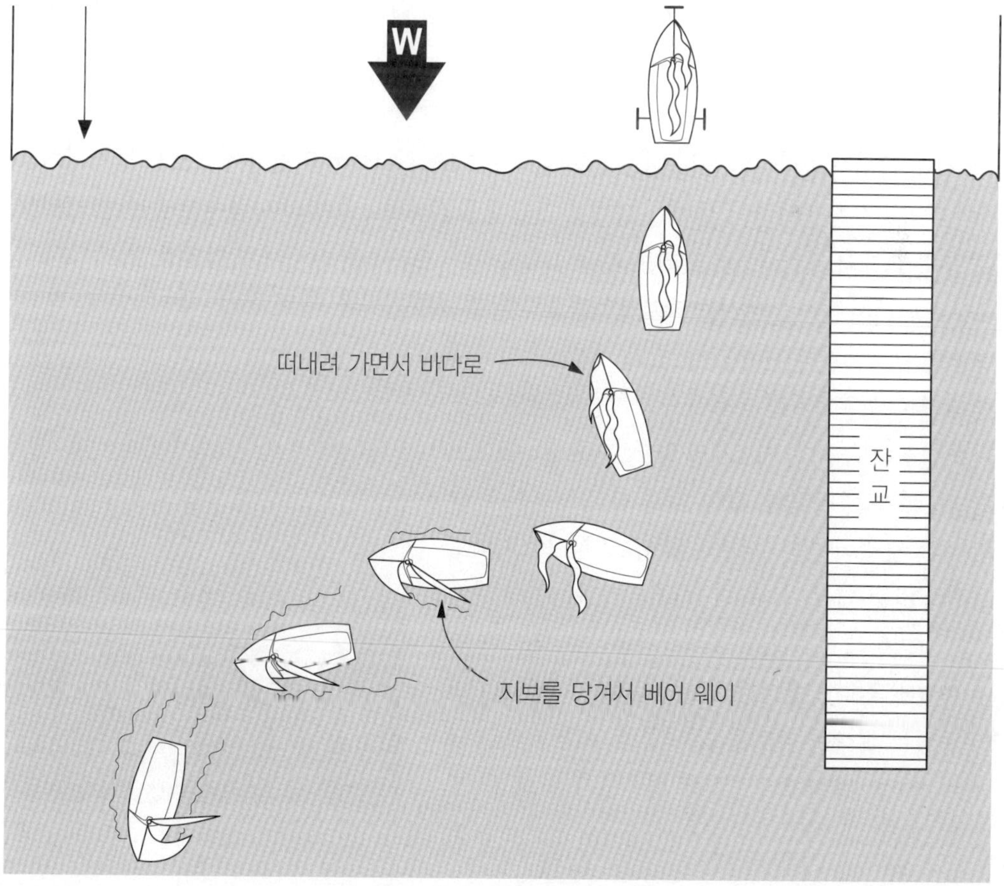

서 역풍과 다른 것은 순풍때는 되도록 바람가는 쪽에서 진수하는 것이 좋다는 점이다. 순풍때는 자이빙해서 방향전환을 하게되니 바람가는 쪽에서 나가면 쓸데없는 자이빙을 안해도 된다.

착안
지브세일로 달리는 기술

비행기는 이륙보다 착륙하는 것이 어렵다고 한다. 요트도 마찬가지다. 왜 착안이 어려운가 하면 요트는 정지할 수가 없는 것이니까. 세일이 시버하고 있어도 요트는 조금씩 앞으로 나아가고 있으니 완전히 정지시킬 수가 없다.

그런데도 클로스 홀드랑 어빔의 바람방향이면 세일을 시버시키는 것으로 감속할 수 있지만 러닝의 경우 더 이상 붐을 내지 못하는 상태이기 때문에 세일을 시버할 수 없다. 러닝상태에서 세일을 시버시키기 위해서는 적어도 어빔까지 러핑할 필요가 있다. 그러나 러핑하면 언제까지도 하버에 돌아갈 수 없다. 어떻게 하면 좋을까?

바람이 약해서 얼마 정도 기술이 있는 사람이면 기슭 직전에서 러핑해서 보트를 정지시키는 착안도 가능하지만 바람이 셀 때는 그대로 기슭에 돌진하거나 주변의 사람에게 충돌 할 위험성도 있다. 그래서 지브세일로 달리는 기술이 필요하다. 오른쪽의 그림과 같이 하버 밖에서 메인세일을 내려서 하버 안에서는 지브세일만으로 달리는 방법이다. 지브세일은 붐이 없으니까 러닝상태라도 완전히 시버할 수 있다. "지브세일만으로 달릴 수 있는가?" 라고 불안을 가지는 사람도 있겠지만 안심해도 좋다. 지브세일 만으로 클로스 홀드도 러닝도 충분히 달릴 수 있다. 다만 클로스 홀드로 달릴 때는 요령이 있다. 사진과 같이 크루도 스키퍼도 앞쪽에 타는 것이 기본이다. 이것은 CE와 CR의 관계(156~157쪽)에 따른 것인데 평상시와 같은 위치에 타고 클로스 홀드로 달리려고 하면 보트는 어빔보다 바람이 오는 쪽에는 향하지 않는다. 이 지브만으로 달리는 방법은 돌발적인 강풍에 대응하기 위해서라도

• 시버(Shiver) : 돛을 (바람 부는 쪽으로 돌려) 펄럭이게 하다.

비상사태 테크닉으로 유효함으로 기회가 있을 때마다 연습하는 것이 좋다.

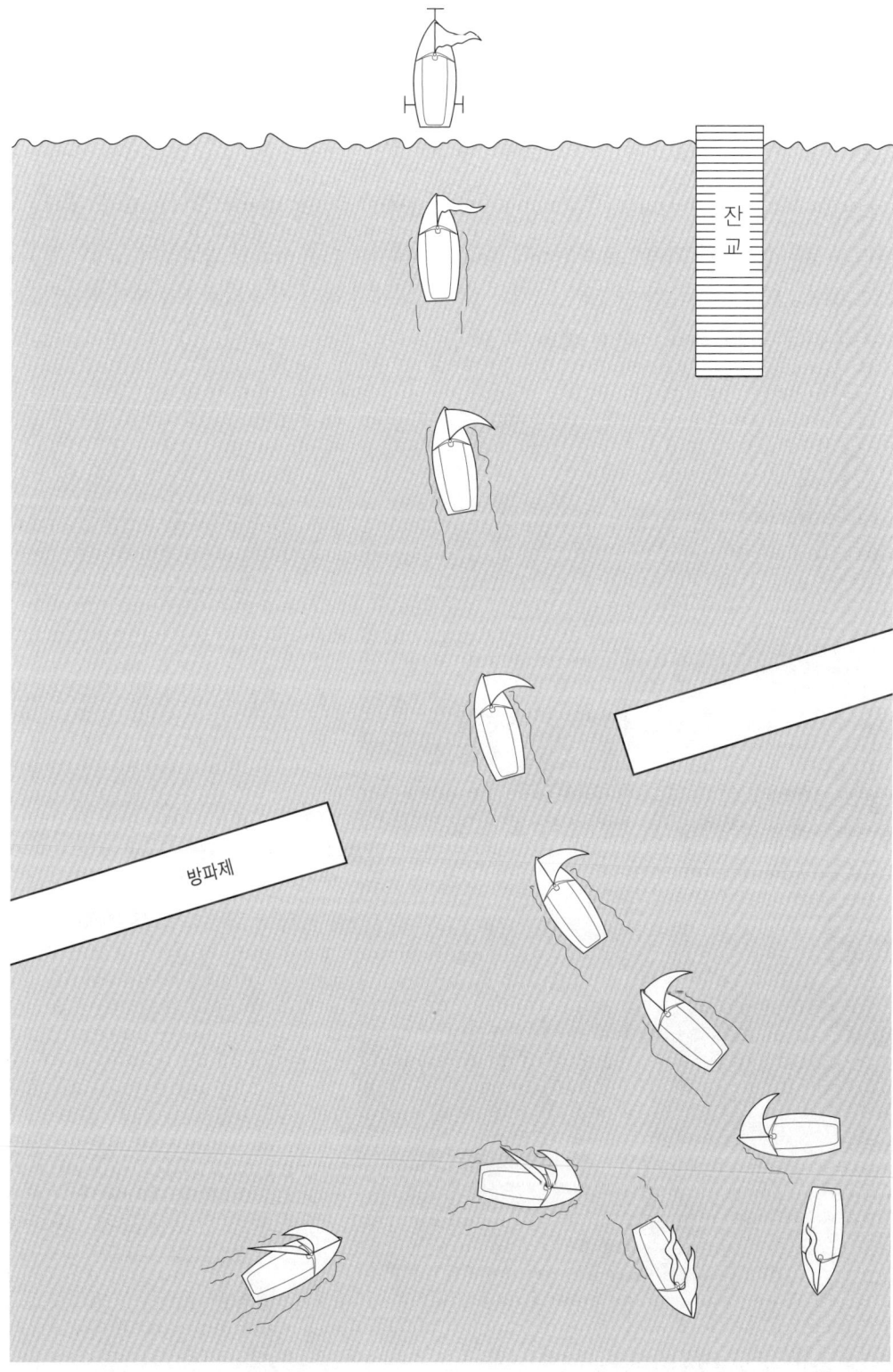

지브 세일로 하버에 돌아간다

여기서는 100쪽에서 설명한 지브세일만으로 하버까지 착안할 방법을 보기로 한다. 지브로 달리는 것은 강풍시에 저속으로 안전하게 달리기 위해서는 아주 유효한 방법인데 요령이 잡힐 때까지는 보트 컨트롤이 잘 안 된다. 그래서 실제 하버에서 하기 전에 넓은 장소에서 연습하고 완전히 습득을 해야 된다.(사진은 에노시마 하버)

러닝각도로 접근하는 모습.

이대로 풀세일로 하버에 접안하는 것이 위험하다고 판단하여 메인 세일을 내리기 위해서 바람이 오는 위치에 세운다.

• 러닝(Running) : 뒤에서 바람을 받아 범주하는 상태. 순풍.

메인 세일은 크루가 내린다. 스키퍼는 붐의 끝이 안 떨어지도록 받친다.

피크에서 헤일야드를 뗀다. 내려놓은 메인 세일은 방해가 되지 않도록 정리한다.

메인 세일을 내리는 동안 바람으로 흘러갔기 때문에 하버에는 어빔각도로 어프로지(Approach)한다.

- 피크(Peak) : 스피네커나 메인 세일의 꼭대기 부분.
- 헤일야드(Halyard) : 돛을 끌어올리고 내리는 데 사용하는 줄(와이어).

스키퍼는 되도록 앞에 타고 크루는 윈드 베인, 텔테일에 맞추어 트림한다. 너무 당기지 말것.

기슭이 가까워지면 크루는 지브를 반만 시버하고 센터보드를 조금씩 올리고, 스키퍼는 러더를 반만 올린다. 클로스 홀드로 착안할 경우 기슭에서 5~6m지점에서 단숨에 올린다.

기슭에서 5~6m지점에 오면 센터보드를 다 올리고, 크루는 바우 덱에 가서 바다 깊이가 무릎정도가 되면 보트에서 내린다. 이때는 기슭에서 3m지점이다.

크루는 사이드 스테이를 잡고 스키퍼가 내리기 쉬운 각도로 보트를 이동시킨다. 지브 시트의 캠은 풀어 놓는다.

내리면 스키퍼는 Cradle를 가지로 간다. 기슭은 미끄러지기 쉬우니까 조심할 것.

바우를 기슭 쪽으로 향하게 하고 나서 Cradle로 끌어당긴다. 메인 세일을 내려놓았으니 러닝상태라도 보트를 끌어당길 수 있다.

2. 안전하고 확실한 「캡사이즈」 처리방법

요트가 전복되었다라고 들리면 어쩐지 큰일난 것 같이 느껴진다. 그러나 딩기의 세계에서는 아무것도 아닌 항상 있는 일이다. 요트용어로 전복을 캡사이즈라고 한다. 결코 가라앉지 않으니 걱정 안해도 된다.

물론 캡사이즈는 안하는게 좋지만 어떤 상황에서도 확실하게 캡사이즈를 처리 할 수 있는 것이 세일러의 조건이다. 캡사이즈를 자신있게 처리할 수 있어야 강풍시에도 겁이 없이 요트를 탈 수 있을 것이다. 캡사이즈 처리 요령은 한 방에 끌어 올리는 것이다. 캡사이즈를 처리하는 것은 체력을 소모하기 때문에 2~3번 반복하면 지쳐버린다. 그래서 여기서는 크루가 스키퍼 위치에서 풋벨트에 발을 거는 방법을 소개하겠다.

일반적인 방법, 크루가 물속에서 포어 스테이를 잡는 법은 크루가 포어 스테이에서 손을 떼거나 스키퍼가 타는 타이밍을 놓치면 몇 번이나 캡사이즈를 반복하게 되기 때문이다. 여기서 소개하는 방법은 크루가 추와 같은 역할이 되기 때문에 한 번에 올리는 확률을 높일 수 있다. 그리고 보트가 일어났을 때에 둘이 배위에 있기 때문에 솜씨 있게 다시 달릴 수 있다.

구멍이 나지 않는 한 딩기는 가라앉는 일이 없다. 캡사이즈 상태가 되면 서두르지 말고 결코 보트에서 떨어지지 않을 것. 자기 힘으로 보트를 일으키기가 어려우면 보텀위에 올라가서 구조를 기다려야 한다. 헤엄치기에 자신이 있다 하더라도 결코 보트에서 떨어지면 안된다.

완전 캡사이즈 상태.
우선 여기서 옆 캡사이즈 상태로 해야 된다. 둘이서 센터 보트를 잡고 온 몸으로 밑으로 당긴다.

- 캡사이즈(Capsize) : 배의 전복.
- 보텀(Bottom) : 선저
- 포어 스테이(Fore stay) : 돛대에서 선수쪽으로 연결된 돛대 지지용 와이어.

반동을 이용하지 않아도 천천히 온몸으로 센터보드를 당기면 보트는 옆으로 일어선다. 이때 바람은 육지에서 불어서 두사람은 바람이 가는 쪽에 있다.

일어서려고 할 때 한명은 센터보드 위에 탄다. 타이밍을 놓치면 올라갈 수가 없으니, 조금 일찍 올라가는 것이 요령이다.

겨우 옆 캡사이즈 상태이다. 이 상태를 유지하면서 붐 뱅, 커닝햄, 메인 시트, 지브 시트를 껨에시 풀이시 프리상대로 한다. 콕핏 안에 있는 로프, 스피네커 등을 정리한다.

- 붐뱅(Boom Bang) : 붐의 지지위치를 조절하기 위한 장치.
- 커닝햄(Cunningham) : 세일 깊이를 전방으로 이동시키는 장치.

콕핏을 정리하고 나서 1명은 스키퍼의 위치에서 풋벨트에 발을 걸어서 틸러를 미는 요령으로 잡아 세일링 하는 중과 같은 자세로 기다린다.

마스트 톱이 물속에서 빠지면 보트는 단숨에 복원한다. 재빨리 건웨일에 뒤쪽 발을 걸어서 콕핏에 탈 준비를 한다. 이때 앞쪽 발을 걸어 놓으면 탔을 때 몸이 뒤쪽으로 향하게 되니까 반드시 뒤쪽 발로 한다.

마지막은 센터보드를 차는 요령으로 콕핏으로 이동한다. 크루는 풋벨트를 걸어 놓은 채 보트가 일어날 때까지 기다린다.

보트가 일어나기 시작한다. 이때 서둘러서 콕핏에 들어가면 보트가 다시 캡사이즈 상태로 되어버린다. 사진처럼 건웨일에 걸쳐 앉아서 상황을 본다.

메인 세일 쪽에 크루가 있기 때문에 보트는 천천히 일어난다. 또 크루가 틸러를 잡고 있으니 일어나고 나서는 금방 보트 조종을 할 수 있다.

보트가 일어나면 붐이 흔들리니 둘은 머리를 숙이고 대응한다. 틸러를 잡은 크루는 보트를 바람 오는 쪽으로 향하게 하면서 둘이서 콕핏 안에 있는 시트가 얽혀져 있는지 다시 확인 한다.

One Point Advice

옆 캡사이즈 상태를 유지하기 위해

당연한 것이지만 캡사이즈 하기전에 요트는 세일링 중이였을 것이다. "나는 시트, 로프를 정리하고 나서 캡사이즈 하겠다."라는 사람이 거의 없을 것이다. 캡사이즈한 보트의 콕핏은 시트랑 로프가 세일링 중과 같아서 흩어져 있을 것이다.

이들 콕핏의 정리는 모두 옆 캡사이즈 상태 때에 한다. 우선 스피네커가 펴진 상태라면 스핀 헤일야드를 떼어서 스핀을 Bag에 수납한다. 한번 완전히 캡사이즈를 하면 스피네커가 스프레더 등에 얽힐 때도 있으니 소중히 떼어 낸다.

스핀 폴도 떼어 내는데, 떼고 나서 그대로면 흘러가니까 패럿 버크를 어딘가 시트에 붙여놓는다. 메인 시트와 지브 시트는 완전히 프리로 한다. 또 뱅도 완전히 떼어내야 한다.

이것들은 파도 속에서 해야 되니 꽤 (상당히)힘든 작업이지만 여기서 하는 정리는 만전을 기해야 된다. 스핀이 얽혀서 내릴 수 없는 상태라면 모처럼 보트를 일으키는데도 다시 달릴 수 없다.

크루가 작업을 하기 좋게 센터 보드 위에 있는 스키퍼는 옆 캡사이즈 상태를 안전하게 유지할 필요가 있다. 왼쪽 사진처럼 마스트 톱이 수면에 닿을락 말락하게 컨트롤해야 된다. 이 상태를 유지하지 못하면 보트는 다시 완전히 캡사이즈 하거나 정리 못한 채 일어나게 된다.

• 패럿 버크(Parrot beak) : 스피네커 폴(Pole) 선단의 시트나 가이를 끼는 장치.

3. 세일러의 옷차림

지금도 세일링은 여름만의 스포츠라고 생각하는 사람이 많지만 최근 10년 사이에 웨어류는 소재·디자인과 더불어 눈부시게 진보를 했다. 연안에서는 한 겨울이라도 추위를 느끼지 않고 세일링을 즐길 수 있게 되었다.

세일링에 있어서 옷차림의 제 1조건은 「젖어도 되는 옷」이다. 이것은 「젖어도 빨면 된다」라는 「젖어도 된다」가 아니고 물에 젖어도 혹은 바다에 빠져도 추위를 느끼지 않는 즉, 체온을 빼앗기지 않는 옷차림이다는 뜻이다.

다음 조건은 "움직이기 쉬운 복장" 딩기 세일링은 격렬한 운동이다. 그 위에 결코 넓지 않는 콕핏이나 덱을 때로는 무리한 자세로 돌아 다녀야 되니 움직이기 어려운 복장이면 그것만이라도 지친다. 또 젖어도 움직이기가 쉬운 복장이어야 한다. 스포츠 웨어 등은 건조한 상태면 움직이기 좋지만 한 번 젖어버리면 무거워지고 움직이기 어려워져서 안 좋다.

웨트 슈트

웨트 슈트의 특징
웨트는 젖으니까 웨트다

가끔 잘못 알고 있는 사람이 있는데 웨트슈트는 젖지 않는 옷이 아니다. 그 이름대로 물에 젖으니까 웨트가 되고 몸에 접촉하는 부분의 수분이 체온으로 상승해서 체온이 저하되는 것을 막는 것이 웨트 슈트의 기본기능이다. 최근에는 쉽게 젖지 않는 소재의 웨트 슈트도 있지만 기본적으로 웨트 슈트를 입어도 몸은 젖는다는 것을 알아야 된다. 웨트 슈트의 좋은 점은 움직이기가 좋다는 것이다. 몸에 피트(Fit)된 실루엣이라서 의장에 걸리지 않는다. 그리고 웨트 소재에 탄력성이 있어 완충제가 되니까 세일러의 몸을 방호하는 기능도 있으니 딩기 세일러에게는 적당한 옷차림이다.

웨트 슈트를 고르는 방법
주문제작(Order Made)을 권한다

웨트 슈트의 좋은 점은 아까도 말했지만 움직이기 좋다는 것이다. 그래서 사이즈가 맞지 않는 것을 골라서 움직이기가 어려워지면 소용이 없다. 평균적인 사이즈를 입는 사람이면 기성품을 입어보고 골라도 되지만, 움직이기 좋은 옷을 추구하면 주문 제작을 권한다.

그것을 입으면 몸에 잘 맞고 움직이기에 너무 좋아서 감동을 받을 정도이다. 원래 웨트 슈트

• 웨트 슈트(Wet Suit) : 세일러들이 입는 고무옷.

는 주문 제작이 기본이기 때문에 적절한 가격으로 만들 수 있다. Marine Shop에 가면 웨트 슈트를 만든 제조회사의 카드가 있으니 자기의 사이즈를 쓰기만 하면 된다. 물론 색상도 선택됩니다. 앞에서 말했지만 웨트 슈트는 겹쳐 입을 수가 없기 때문에 계절에 따라 몇 가지의 웨트 슈트를 준비할 수 밖에 없다. 웨트 슈트는 종류가 4가지 있다.

Full 슈트 - 긴 팔 / 긴 바지, Segal(시걸) - 반팔 / 반바지, Long Jhon(존) - 노슬리브 / 긴 바지, Short Jhon - 노슬리브 / 반바지, 물론 피부가 노출 되지 않는 것이 보온력이 좋다.

Long Jone이나 Short Jone 등 노슬리브 Type은 원래 Paddling때 팔을 크게 움직이는 서핑용으로 개발 된 것이기 때문에 격렬한 크루워크라도 팔이 잘 움직이니까 팔이 쉽게 피곤해지지 않지만 보온성은 떨어진다.

웨트의 언더 웨어

웨트슈트 밑에 T-셔츠를 입는 사람이 있지만 그것은 웨트 슈트의 보온성이 반감된다. 웨트 슈트와 피부사이에 있는 면이 물을 흡수해서 몸을 차갑게 하기 때문이다.

웨트 슈트 밑에는 면이나 흡수성이 있는 옷을 입으면 안된다. 수영복 위에 바로 웨트 슈트를 입는 것이 기본이다. 요즘은 Lash Guard라는 제품이 인기가 있다. 이것은 원래 서퍼용으로 만든 웨트와 피부의 마찰 방지용인데 흡수성이 거의 없는 소재라서 물에 젖어도 건조한 상태의 촉감을 유지하므로 인기다. 여름이면 Lash Guard만으로 세일링하는 사람도 있다.

드라이 슈트

{ 드라이 슈트의 특징
물에 전혀 젖지 않는다

80년대 전반에 등장한 드라이 슈트는 당시 요트 세계에 충격을 주었다. 아무튼 물에 빠져도 캡사이즈해도 전혀 젖지 않기 때문에 획기적인 것이다. 드라이 슈트의 등장은 세일러에게 시즌 오프라는 개념을 없앴다고 말 할 수 있다. 드라이 슈트의 특징은 보온성이다. 드라이 슈트의 소재에는 보온성이 없지만 몸이 직접 젖지 않는다는 것만으로도 압도적으로 보온력을 확보하고 있다고 말할 수 있다. 또 옷에 여유가 있기 때문에 언더웨어나 이너웨어 등 겹쳐서 입으면 기온에 따라 조절할 수 있다. 완전무결 같이 보이는 드라이 슈트지만 결점이 있는가? 그것은 구멍이 나면 끝이다. 어딘가에 걸려 천에 구멍이 나면 끝이다. "젖지 않는다."라는 점에서 보온성을 발휘하는 드라이 슈트라서 물이 스며들게 되면 그냥 윈드 Break다. 이 드라이와 웨트 양쪽의 약점을 보충하는 웨트 드라이라는 제품도 있다.

{ 드라이 슈트 고르는 방법
기능이 우선이면 투피스 타입

드라이 슈트에는 크게 나누어서 원피스 타입와 투피스 타입이 있다. 원피스 타입은 입을때

• 드라이 슈트(Dry Suit) : 세일러 등이 입는 고무옷(소재가 Wet와 다름).

이용하는 지퍼가 등에 있지만 몸이 굳은 사람이라면 혼자서 지퍼를 올릴 수 없을 때가 있다. 또 이 지퍼도 튼튼하기 때문에 상반신이 움직일 때마다 불편한 점도 있다. 이 지퍼를 없애기 위해 개발 된 것이 투피스 타입이다. 트라우저스(Trousers)와 풀오버(Pullover)로 나누어져 있기 때문에 비옷을 입는 것과 같다. 등에 지퍼도 없으니 편하지만 가격이 원피스보다 비싸다.

바깥쪽은 물에는 젖지 않는 드라이 슈트지만 땀으로 인해 생기는 내부의 물기는 막을 수가 없다. 초기의 드라이 슈트는 PVC 등 방수소재였기 때문에 더운 날에 드라이 슈트를 입으면 물에 젖은것과 같이 옷이 땀으로 젖었다. 요즘은 고어텍스(Gore-Tex) 등을 사용하게 되는데 소재도 확인해서 구입할 것.

드라이 슈트 이너웨어
신소재는 목숨을 지킨다

드라이 슈트의 좋은점은 "이너웨어를 자유롭게 고를수 있는 것이다"라고 말했지만 여기서도 웨트와 마찬가지로 면소재는 피하는 것이 좋다. 겨울철 추울때에도 세일링 중에는 땀이 많이 생긴다.

고어텍스 소재의 드라이 슈트를 입고 있으면 내부의 수분은 자동적으로 밖으로 배출되지만 그 기능은 언더웨어나 이너웨어의 소재 나름이다.

결론을 말하면 맨 밑에 있는 언더웨어는 흡수성 없는 소재를 고른다. 그것만으로 춥게 느낄 때는 프리스를 겹쳐 입는다. 이들의 소재는 땀을 밖으로 옮기는 성질이 있으니 조금 땀이 나와도 피부는 보송보송하다. 이니웨어 밖으로 니온 수분은 고어텍스로 인하여 다시 밖으로 배출 된다는 것이다.

이들 신소재의 인어웨어는 혹시 드라이 슈트가 찢어져서 해수가 진입해도 최저한도의 보온성이 있기 때문에 안전성 면에서도 유효하다.

세일링 글로브

세일링 글로브의 역할

장갑이라고 하면 방한이란 이미지가 있지만 세일링 글로브의 주요 역할은 피부보호다. 힘써 시트를 당기거나 밀때 피부에 큰 부담을 준다. 아직 익숙해지지 않은 초보자의 부드러운

손이 해수로 인해 물렁해지면 그 피부는 금방 벗겨진다.

시트랑 틸러의 미묘한 감각을 느끼기 위해 장갑을 쓰지 않는 세일러도 있다. 매일 같이 바다로 나가는 세일러라면 오랫동안 세일링했으니까 조금씩 손의 피부는 강해져서 장갑이 필요없게 되지만 일주일에 한 번 정도 세일링해도 손의 피부는 두꺼워지지 않는다.

세일링 글로브의 소재는 손바닥 부분은 천연가죽이 대부분이다. 이것은 마찰열에 강하다는 것과 젖어도 잡는 감각이 약해지지 않는다는 이유지만 오래가지 못한다는 단점도 있다. 그렇지만 아직 천연가죽보다 좋은 소재가 없어서 세일링 글로브는 소모품이라고 생각하고 사는 것이 좋다.

장갑 손등 쪽은 보온성이 높은 웨트 소재랑 통기성이 좋은 메시랑 여러가지가 있다. 계절이나 취향에 맞추어서 고르면 된다. 또 세일링 글로브는 탱탱한 로프를 잡기 위한 것이기 때문에 일반 장갑보다 손에 잘 맞는가를 생각하고 고른다. 공간이 있는 글로브는 시트를 잡으면 휘어진다.

세일링 부츠

세일링 부츠의 역할

마린 스포츠라고 하면 서핑처럼 맨 발로 즐긴다는 이미지가 있지만 딩기 세일링 할때는 맨발은 안된다. 호주랑 뉴질랜드에 있는 세일러들은 맨발로 세일링하는 사람도 있지만 다치고 싶지 않으면 세일링 부츠를 신는 것이 좋다.

일반 운동화를 세일링할 때에 신는 사람도 있지만 되도록 전용 부츠를 구입 하는 것이 좋다. 운동화는 젖으면 물기 때문에 무거워지고 벗겨지기 쉽다.

세일링 부츠의 고르는 방법

트래피즈를 사용하는 크루의 경우 발바닥이 두꺼운 것이 좋다. 발바닥이 얇은 부츠는 콕핏안에서 이물질을 밟으면 다칠 경우가 있다. 스키퍼는 주로 풋벨트를 사용하기 때문에 풋벨트가 닿이는 부분이 보강되어 있는 것이 좋다.

하여튼 어떤 동작을 해도 벗겨지지 않는 것이 중요하다. 수중에서 헤엄치는 일도 생각해서 발에 맞는 것을 선택할 것.

트래피즈 하네스

{ 트래피즈 하네스를 고르는 방법

트래피즈를 이용하기 위해서는 크루가 트래피즈 하네스를 착용해야 된다. 트래피즈 하네스에는 크게 두 가지 타입이 있다. 사진처럼 벨트나 로프로 졸라매는 것과 완전히 주문하여 만드는데 여자용 수영복처럼 착용하는 것이 있다.

주문해서 만드는 트래피즈 하네스는 일부 메이커에서 한정적으로 제작되고 있으니 졸라매는 타입이 일반적이다. 이 타입은 자기에게 맞게끔 졸라매면 되니까 사이즈에 신경을 쓰지 않아도 된다.

{ 트래피즈 하네스의 입는 법

하네스 벨트는 손가락이 들어가지 않을 정도로 단단하게 매는 것이 원칙이다.

어깨의 벨트도 조금 등이 구부정해지는 정도까지 매는게 좋다. 이 정도 되어야 트래피즈 할 때 등이 바로 펴진다. 편하게 매면 트래피즈 할 때 상반신의 무게를 하네스에 실을 수가 없어서 복근을 쓰게 되어 지친다.

• 하네스(Harness) : 고정물에 몸을 묶기 위한 멜방.

Life Jacket

{ Life Jacket의 역할

Life Jacket = 구명조끼 글자 그대로 바다에 나가면 이것이 나의 생명을 지킨다. 헤엄치는 것에 대단히 자신이 있다 해도 바다에 나갈 때는 꼭 착용해야 된다. 세일링 크루즈에 비해서 세일링 딩기가 사망사고가 적은 이유는 딩기 세일러의 Life Jacket 착용율이 높기 때문이다. 해마다 일어나는 세일링 크루즈의 낙수사망 사고는 Life Jacket을 착용했었다면 방지할 수 있었던 것이다. Life Jacket을 착용한 채로 낙수할 때 목 윗부분이 수면위로 오는 정도의 부력이 있어야 된다. 시판되어 있는 것은 거의 충분히 부력이 있지만 그들 중에는 Life Jacket처럼 보이지만 보조적 구명조끼도 있으니 조심 할 것.

{ Life Jacket 고르는 법

'Life Jacket이니까 뜨면 된다' 라는 것은 아니다. 딩기 세일링의 경우 항상 착용하기 때문에 부력 다음으로 중요한 것은 기능성이다. Life Jacket는 모든 마린 스포츠용으로 개발 되어 있어서 세일링용 뿐만 아니라 제트스키용, 카약용 등 여러가지 디자인과 종류가 있으니 좋아하는 것을 선택 할 수가 있다. 사진처럼 비교적으로 얇고 몸에 맞는 것이 좋다. 크루는 사진처럼 하네스 위에 입어야 되니 훅이 보이도록 기장이 짧은 타입을 선택하는 것이 좋다.

기본적인 로프 묶는 방법

세일러로서 로프 묶는 방법은 갖추어야 할 지식이다. 이들은 머리로 외우는 것이 아니라 손으로 외우는 것이다. 1~2m 로프를 준비하고 몇 번이나 연습을 반복하여 눈을 감아도 할 수 있을 때까지 연습해라. 로프 묶는 방법은 수 많은 변형이 있지만 우선 이하의 소개하는 방법을 외우면 세일링 하는데 지장이 없을 것이다.

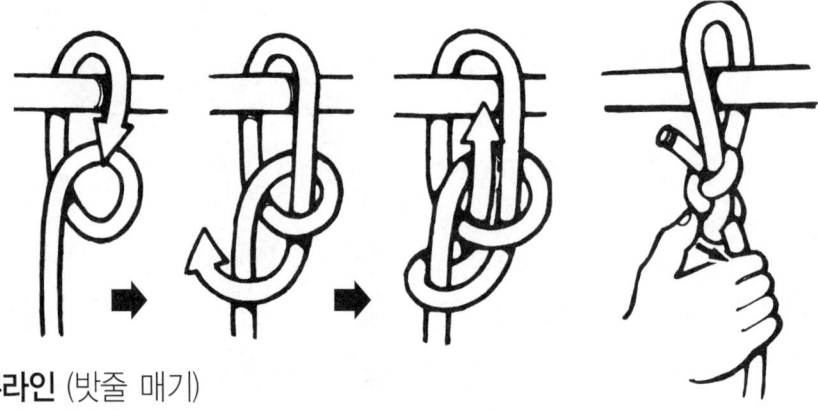

바우라인 (밧줄 매기)

요트뿐만 아니라 가장 용도가 많은 묶는 법. 꼭 외우는게 좋다. 앵커, 시트를 세일에 연결할 때 로프와 로프를 맬 때도 사용한다. 힘껏 묶어도 오른쪽 그림과 같이 묶은 데를 내리면 쉽게 풀린다.

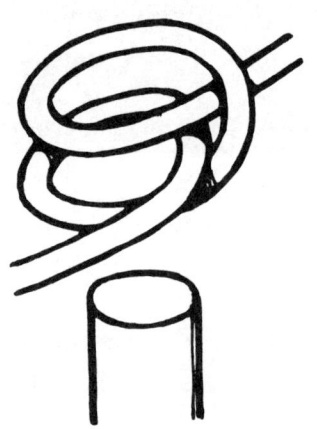

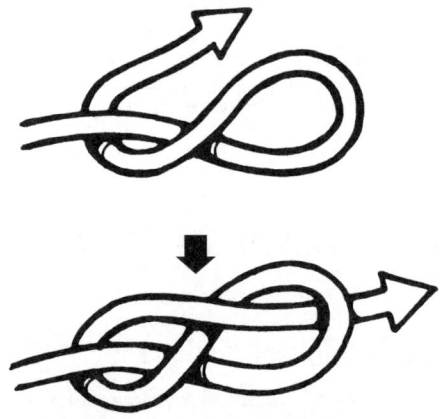

글로브 히치

spar를 합칠 때나 물가의 말뚝에 로프를 묶을 때 쓰인다. 계류시에 이 방법을 쓰면 너무 꿋꿋하게 묶게 되니까 오랫동안 계류할 때는 바우라인이나 하프 히치를 쓰는 것이 좋다.

8자 매듭

로프 끝에 매듭을 만들어서 불록이나 아이에서 풀지 않도록 한다. 8자 매듭은 얼마나 세게 묶었더라도 풀기가 쉽다.

하프 히치 (투 하프 히치)

로프를 물가의 말뚝 등에 묶을 때 쓴다. 한번만 감는 하프히치도 괜찮지만 오른쪽과 같이 두 번 감는 것이 탄탄하면서도 풀기도 좋다.

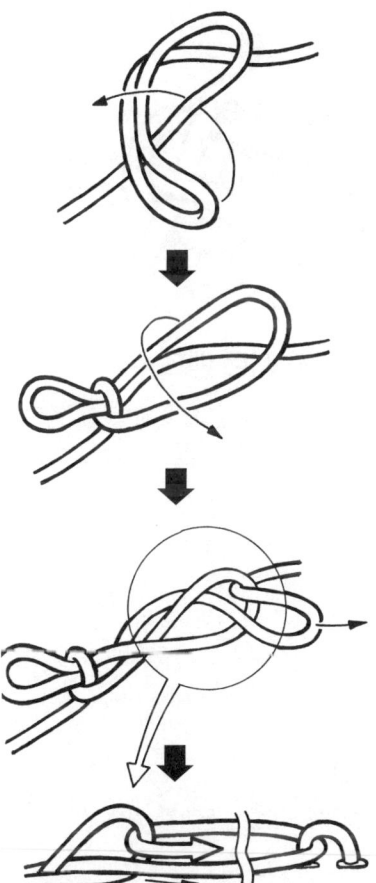

피셔맨스 매기

앵커를 묶을 때 쓴다. 바우라인 만으로는 로프가 비벼지니까 이렇게 하는 것이 안전하다.

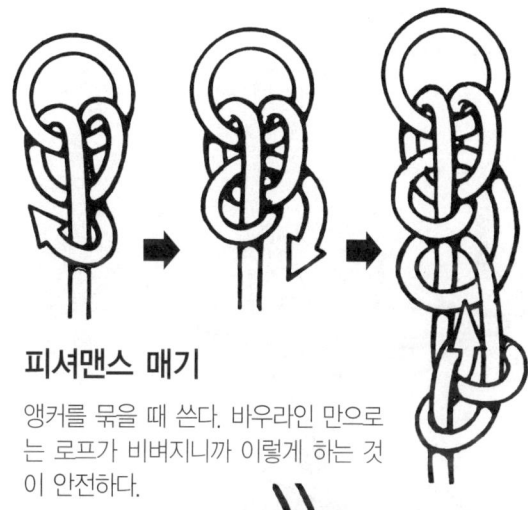

하네스 루프

헤일야드의 샤클을 일단 고정하기 위해 쓰는 방법. 요트에서는 많이 사용하시 않는다.

왜거너스 히치

운송회사가 트럭의 짐칸의 짐을 고정하기 위해 쓰는 방법

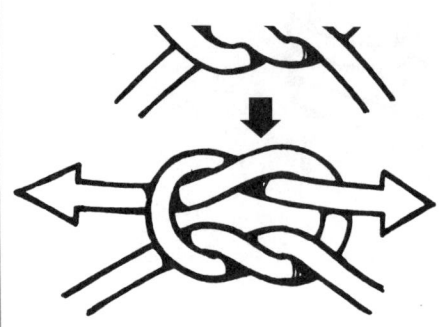

스퀘어 매기

로프를 맬 때 물건을 묶을 때 쓴다. 시트 밴드와 비슷하다. 로프 굵기가 같을 때 쓴다.

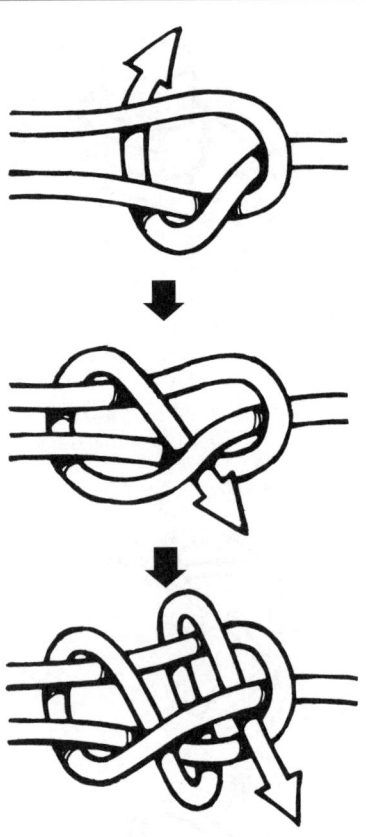

시트 밴드, 더블 시트 밴드

로프와 로프를 묶을 때 쓴다. 특히 로프 굵기가 다른 경우에 쓴다. 굵은쪽 로프에 고리를 만들고 거기에 가는 로프를 감아서 묶는다. 더블(Double)이 확실하다.

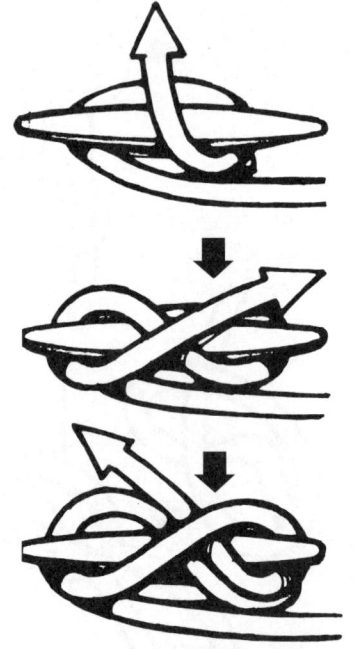

클리트에 로프 묶기

헤일야드의 샤클(Shackle) 등 임시로 묶을 때 쓴다. 샤클을 떼면 자연히 풀려서 요트에서는 그다지 사용하지 않는다.

Whipping

로프 끝이 풀리는 것을 방지하기 위해 가는 실로 감는다.

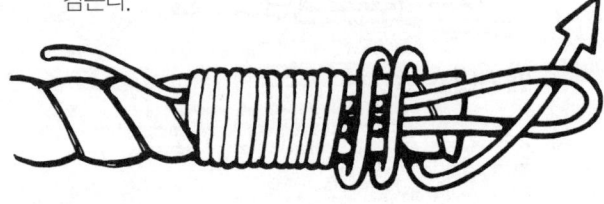

코일 매기

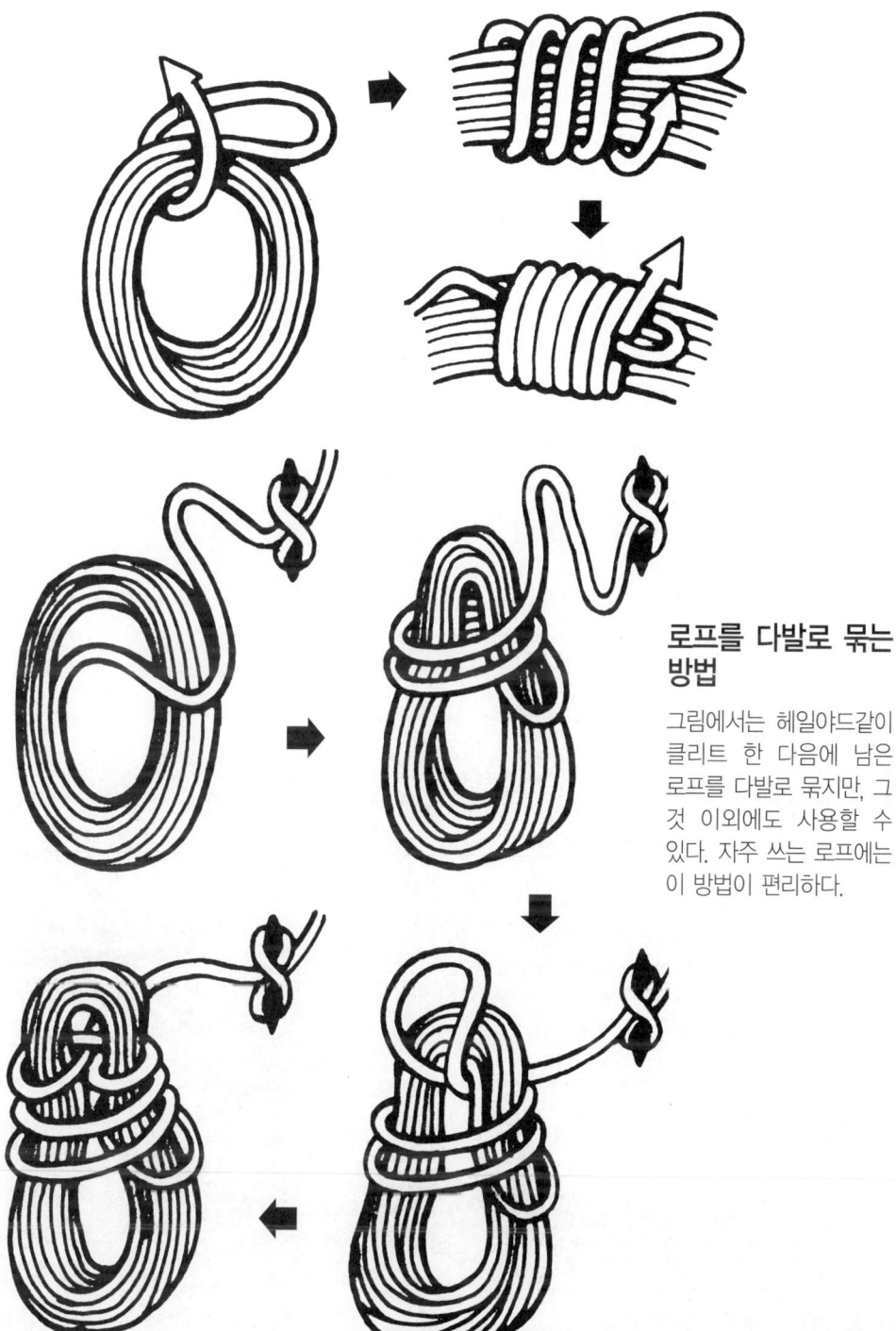

로프를 다발로 묶는 방법

그림에서는 헤일야드같이 클리트 한 다음에 남은 로프를 다발로 묶지만, 그것 이외에도 사용할 수 있다. 자주 쓰는 로프에는 이 방법이 편리하다.

제2장
요트의 장

Dinghy Sailing

세일링은 요트를 사용하는 스포츠다. 물론 주인공은 세일러인 인간이지만 요트라는 도구를 어떻게 능숙하게 사용하는가가 승부가 되는 것이다. 경주이면 "보다 빨리", 크루징이면 "보다 안전하게" 요트를 조종하기 위해서는 우선 요트라는 도구의 특성을 알아야 한다. 여기서는 요트의 각 명칭부터 요트가 진행하는 원리까지 알아보기로 한다.

I 요트의 각부 명칭과 역할

우선 요트의 각부 명칭부터 알아본다. 영국에서 생긴 요트는 용어가 거의 영어다. 마스트 세일과 같은 일반적으로 자주 듣는 말도 있지만 전혀 들은 적이 없는 용어도 있다. 한마디로 요트의 각부 명칭이라 해도 요트에는 선체, 세일 등 여러 파트의 복합체로서 이루어지고 있으니, 느닷없이 용어를 나열해도 외우기가 어렵다. 여기서는 요트를 몇가지 파트로 나누어서 파트 별로 각부 명칭을 알아보기로 한다.

1. 선체의 명칭

요트는 헐과 덱으로 되어있다

요트의 선체는 헐과 덱으로 구성되어있다. 이 두 가지는 조선과정에서도 따로 만들고 나서, 헐과 덱을 바르고 붙이면 완성하게 된다. 헐은 때때로 덱을 포함하는 선체 전체로서의 의미로 사용할 때도 있다. 선저(배의 바닥)를 의미하는 보텀이라는 말이 있는데 헐은 선체(하부) 전체를 가리키는 것에 대해서 보텀은 진정한 선저, 수면에 닿는 자리를 가리키는 말이다.

덱과 헐의 성합부분을 건웨일이라고 한다. 470급의 경우 보트를 맨손으로 잡아 올릴 수 있는 형상이 되어 있으니 보트를 운반하기 위한 것이라고 생각하는 사람도 있지만 원래는 접합부를 강화시키기 위해 그런 형태가 되어 있다. 덱의 움푹 들어가는 부분이 콕핏이다. 세일링시에 크

• Hull : 선체
• Deck : 갑판

루나 스키퍼가 타는 곳이다. 헐의 뒤쪽 부분, 자동차라면 Tail부분을 트랜섬이라고 한다. 최근의 High Perfomance 딩기에서는 트랜섬없는 오픈 트랜섬 타입 딩기도 있다. 딩기에서는 별로 쓰지 않는 말이지만 헐의 옆 부분을 가리키는 말이 미드쉽(Mid Ship)이고 글자 그대로 보트의 중심부를 가리키는 말이다.

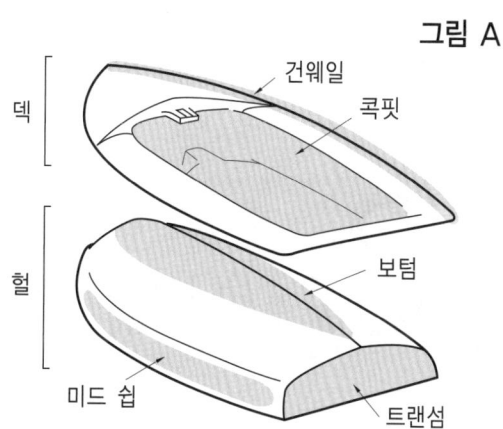

그림 A

2. 방향의 명칭

방향의 명칭, 요트의 전후좌우

배에는 우현과 좌현이 있는데 요트에서는 우현을 스타 보드, 좌현을 포트라고 부른다. 좌우는 보트가 진행하는 방향에 따라 결정되는데 바다 위에서는 크루가 반드시 앞으로 보고 있지 않아서 스타 보드, 포트라고 하면 혼동이 되지 않는 이유로 생긴 말이다.

다만 세일링중의 좌·우를 표현하는 말은 바람 오는 쪽, 바람 가는 쪽이라고 부르는 것이 일반적이다. 요트의 경우 세일링하는 한 반드시 바람 오는 쪽(받는 쪽)과 바람이 가는 쪽으로 나누어지니까 크루에 대한 지시는 "조금 더 바람 오는 쪽으로 와"라는 표현이 된다. "더 오른쪽으로"라면 어느 쪽으로 움직이면 되는지 모르게 된다. 요트 앞 뒤는 바우와 스턴이라고 한다.

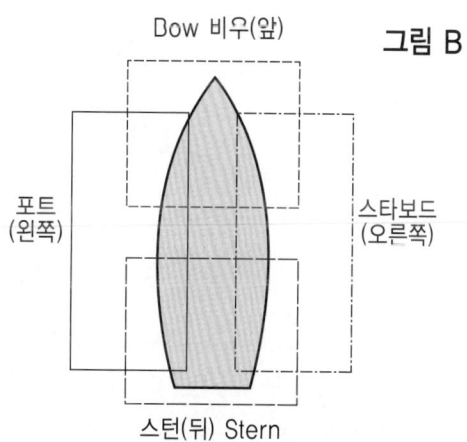

그림 B

세일링 중 스키퍼가 크루에 대해서(주로 체중이동을) 지시 할 경우, 앞 뒤는 "바우와 스턴" 좌우는 "풍상, 풍하"라고 한다.

3. 세일의 명칭

그림 C

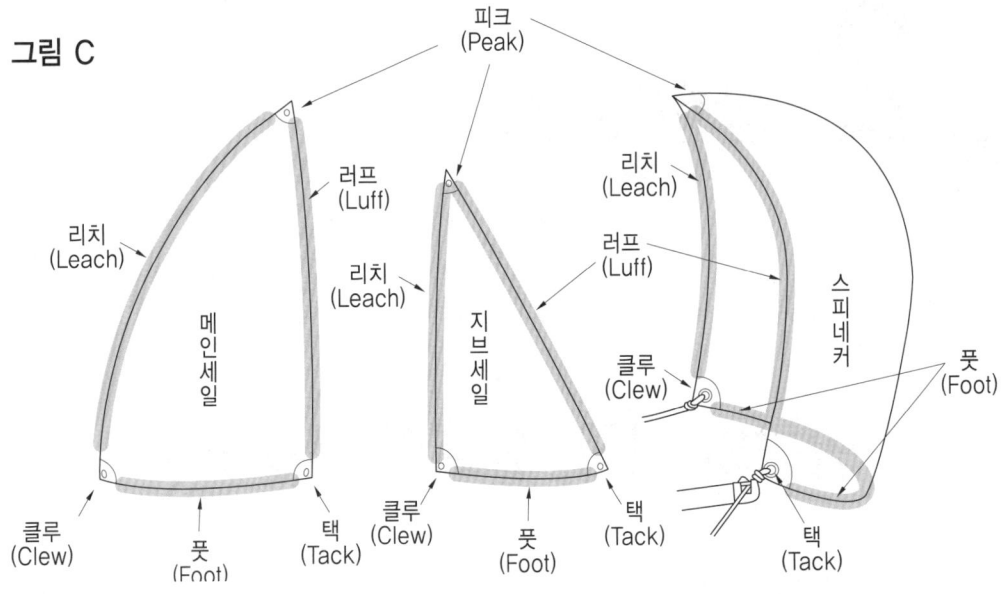

세일 - 3변의 명칭

470급에는 3종류의 세일이 있다. 마스트에 다는 제일 큰 세일을 메인 세일, 마스트 앞에 펼치는 작은 세일을 지브세일, Free 범주 때만 사용하는 얇은 세일을 스피네커라고 한다.

이 세일들은 모두 삼각형인데 세 개의 각과 세 개의 변에는 각각 이름이 있다. 우선 각인데 전개 할 때 위쪽의 각을 피크라 하고 앞쪽 마스트랑 폴에 고정 된 각을 택, 뒤쪽에 위치되는 각을 클루라고 부른다. 변은 밑변을(메인 세일에서는 붐에 고정되는 변) 풋, 앞 변을(메인 세일에서는 마스트에 고정되는 변) 러프, 뒷 변을 리치 라고 부른다.

스피네커의 경우 택과 크루 러프와 리치는 자이빙해서 폴을 교환 할때마다 바뀐다. 폴을 설치하는 모서리가 택, 그 변이 크루가 되는 것을 기억할 것. 또 메인 세일의 리치 부분에는 3개의 배튼이라는 봉이 들어 있다. 제일 위에 있는 배튼은 러프에서 리치까지 통과되어 있어서 이런 배튼을 full 배튼이라고 한다.

배튼의 역할은 리치에서 튀어나온 로치를 받치는 것이다. 실제를 보면 일목요연한데 리치는 직선이 아니다. 로치는 피크와 크루를

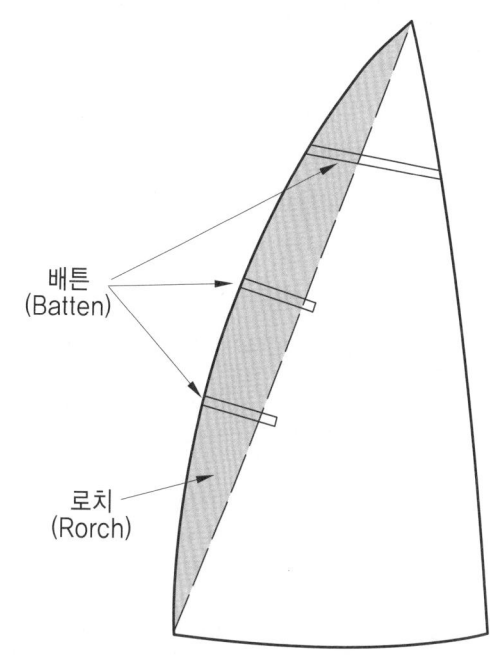

잇는 직선에서 삐져나온 부분을 가리키는 명칭인데, 이 로치는 배튼이 받치지 않으면 바람 때문에 버둥거린다. Catamaran이나 Ac Boat 로치가 큰 세일을 가지는 Class에서는 모든 배튼에게 full 배튼을 채용하고 있으니 배턴역할을 이미지 할 수 있을 것이다.

4. 리깅류의 이름

리깅(Rigging)이란 무엇인가?

선체만이면 요트이외의 어떤 배도 똑같다. 요트가 요트다운 이유는 선체 위에 있는 자랑스러운 리그가 있기 때문이다. 리그란 돛을 뜻한다. 쉽게 말하면 덱에서 위 부분 (마스트 세일 붐

등)을 가리키는 말이다. 그리고 이 리그를 받치거나 조절하거나 하는 로프, 와이어의 총칭이 리깅이다. 리깅에는 가동하는 러닝 리깅과 고정되는 Standing 리깅이 있다.

 Standing 리깅의 역할은 주로 마스트를 받치는 것. 그리고 세로로 마스트를 받치는 리깅을 스테이, 가로로 마스트를 받치는 리깅을 슈라우드라고 부르고 있다. 스테이에는 포어 스테이, 백 스테이(470급에는 없음) 등이 있다. 딩기의 경우 슈라우드를 사이드 스테이라고 부를 경우가 있는데 어느 쪽이라 하면 사이드 스테이가 일반적이다. 러닝 리깅의 대표는 헤일야드다. 헤일야드란 세일을 달 때 사용하는 와이어 또는 로프의 총칭이고, 470급에서는 메인세일을 달 메인 헤일야드, 지브세일을 달 지브 헤일야드, 스피네커를 달 스핀 헤일야드가 있다. 이들

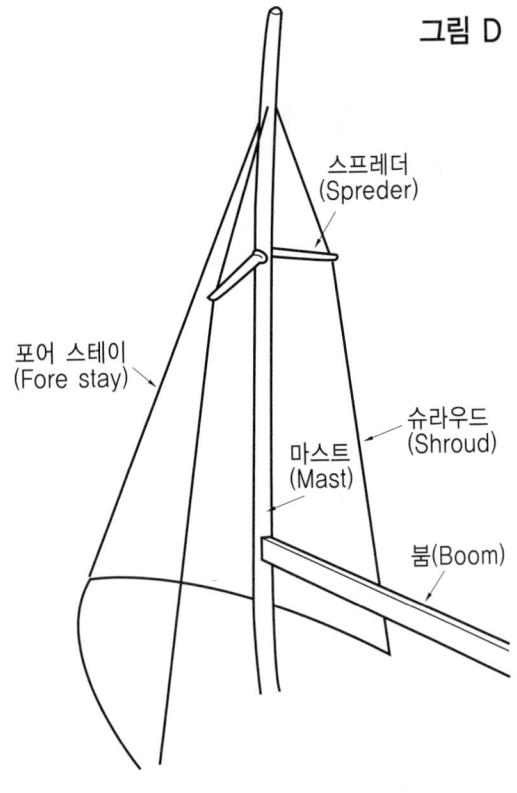

그림 D

헤일야드는 모두 마스트 내부를 통과하여 콕핏 안에 연결되어 있어서 바로 옆에서 조작 할 수가 있다.

- 리깅(Rigging) : 의장.색구
- 스프레더(Spreader) : 슈라우드를 지탱하기 위해서 돛대로부터 붙여낸 막대.
- 슈라우드(Shroud) : 돛대의 윗 부분으로부터 선체의 횡방향으로 갑판에 장치되어있는 와이어로서 돛대를 지지 함.

5. 로프류의 명칭

시트와 로프는 다르다?

    요트의 의장에는 여러 로프가 사용하게 되어 있고 각각 명칭이 있다. 여러 로프중 "시트"라고 부르는 로프가 있다. 세일 컨트롤하는 로프를 특별히 "시트"라고 불러서 구별하고 있다.
    시트를 로프와 같은 의미라고 생각해서 요트에서 사용하는 모든 로프를 "시트"라고 부르는 사람도 꽤 있지만 원래 시트는 세일의 의미로 사용하고 있으니 시트 로프를 생략해서 "시트가 되었다"라는 이야기도 있으니 다른 로프(앵커 로프)를 시트라고 부르는 것은 잘못이다.
    470급의 경우 메인 시트, 지브 시트, 스핀 시트의 3까지다. 스핀시트의 경우 스피네커를 컨트롤하는 로프는 바람 오는 쪽, 가는 쪽에 각 1개씩 합계 2개 있지만 스핀시트는 바람 가는 쪽의 로프를 말한다. 바람 오는 쪽의 로프는 "에프터 가이"가 된다. 딩기의 경우 스핀 시트와 가이는 끝이 없이 연결되어 있으니 모두 스핀 시트라고 인식해서 바람 오는 쪽 스핀 시트, 가는 쪽 스핀 시트라고 불러서 구별할 때도 있다.

정리

각부의 명칭

지금까지 파트별로 구분하였지만, 여기서는 구조체로서의 요트를 전체적으로 파악할 수 있도록 지금까지 소개했던 것도 포함하여 정리하였다.

A

1. After Guy — 스핀의 바람이 오는 쪽의 로프, 바람 오는 쪽의 스핀 시트라고도 한다.

B

2. Batten — 세일의 로치를 받치는 부품
3. Batten Pocket — 배튼을 수납하기 위해 세일에 꿰매어 있는 주머니
4. Block — 로프가 쉽게 움직이기 위한 활차
5. Bltrope — Main 세일 Luff와 Foot에 붙어있는 로프
6. Boom — Main 세일 풋을 받치는 막대기
7. Boom Vang — 붐을 밑으로 당겨서 붐이 튀어오르는 것을 방지 하는 의장
8. Bow — 선수
9. Bow Deck — 마스트보다 앞쪽 덱
10. Bow Pleat — for Stay 랑 Jib 택을 설치하는 쇠

C

11. Cam Cleat — Cam원리를 이용하여 로프를 고정하는 클리트.
12. Center Board — 리웨이를 방지하기위하여 용골 밑으로 내리는 평판의 구조물
13. Center Case — 센터 보드를 수납하는 Box
14. Chainplate — 슈라우드와 선체를 연결하는 쇠
15. Clam Cleat — 안쪽에 새겨 있는 홈을 이용하여 로프를 고정시키는 클리트.
16. Clew — 돛에서 택(Tack)의 반대쪽 모서리.
17. Cockpit — 크루가 타는 공간
18. Cunning Ham — Main 세일의 러프를 밑으로 당기는 로프.

D

19. Deck — 갑판

F

20. Foot — 세일 밑변
21. Footbelt — 크루가 하이크 아웃 할 때 발을 거는 벨트
22. Forestay — 마스트를 앞에서 받치는 리깅

G

23. Gooseneck — 마스트와 붐의 연결부분.
24. Groove — 마스트 뒤쪽 붐 위쪽 홈 여기에 세일을 통과시킨다.
25. Gud Geon — 러더의 물림쇠.

H

26. Hull — 선체

J

27. Jib Halyard — 지브 세일을 끌어당기는 줄
28. Jib Sail — 미스트 앞 for Stay에 있는 세일
29. Jib Sheet — 지브 세일를 컨트롤하는 로프
30. Jib Sheet Reader — 지브 시트를 당기는 위치를 조절하는 의장

L

31. Luff — 세일의 앞쪽 가장자리

M

32. Main Halyard — Main 세일를 끌어당기는 리깅
33. Main Sail — 마스트에 붙어있는 세일
34. Main Sheet — Mail 세일를 컨트롤하기 위한 로프
35. Mast — 돛대
36. Midship — 선체 중심부

O

37. Out Haul — Main 세일의 크루를 뒤쪽으로 당기는 로프.

P

38. Parrot Beak — 스핀 폴 양단에 있는 쇠. 앵무새의 부리하고 닮았다.
39. Peak — 세일의 꼭대기
40. Pintle — 러더의 물림쇠 중 러더 회전축이 되는 부분.

22.Forestay
60.Topping lift
56.Tack
20.Foot
18.Cunningham
50.Spin pole
38.Parrot beak
1.After guy
68.Water brake
10.Bow pleat
47.Side stay
62.Trapeze
9.Bow deck
67.Tweaker
14.Chainplate
12.Center board
13.Center case
19.deck
29.Jib sheet
26.Hull

독자들의 이해를 위해 영문으로 표기하나 주요 부분은 번역함.

24.Groove
16.Clew
31.Luff
5.Bltrope
6.Boom
41.Reach
20.Foot
56.Tack
16.Clew
24.Groove
23.Gooseneck
37.Out haul
7.Boom vang
34.Main sheet(메인시트)
30.Jib sheet reader
17.Cockpit(콕핏)
49.Spin sheet
(스핀시트)
58.Tiller(틸러)
61.Transom
(트랜섬)
43.Rudder(러더)
59.Tiller extention
(틸러 익스텐션)
44.Rudder head
(러더헤드)
55.Stern
(스턴)

제2장 요트의 장 · 135

R

41.	Reach	세일의 뒤쪽 가장자리
42.	Rigging	리그를 받치는 도구·삭구
43.	Rudder	키, 방향타.
44.	Rudder Head	따리(키, 바향타)의 위쪽부분

S

45.	Shackle	의장품의 접속에 쓰이는 부품
46.	Side Deck	선체양단의 덱
47.	Side Stay	슈라우드
48.	Spar Mast	붐 등의 총칭
49.	Spin Sheet	스핀 크루에 붙어 있는 바람 가는 쪽을 컨트롤하는 로프
50.	Spin Pole	마스트에 설치하여 스핀의 택을 받치는 Spar 스피네커 붐
51.	Spinnaker Halyard	스핀을 끌어당기는 리깅
52.	Spinnarker Free	범주 때 사용하는 포대처럼 생긴 세일
53.	Spreacler	마스트의 횡 쪽 강도를 높이기 위해 있는 받침기둥
54.	Stem	선수재 바우의 끝
55.	Stern	선체 뒤쪽 부분

T

56.	Tack	세일의 밑 부분
57.	Telltale	세일 표면에 붙어있는 실이나 테이프
58.	Tiller	러더를 컨트롤하는 막대
59.	Tiller Extention	하이크 아웃 한 채 틸러를 컨트롤하는 보조막대
60.	Topping Lift	스핀 Pole 높이를 조절하는 의장
61.	Transom	선미판
62.	Trapeze	크루가 선체 밖으로 몸을 내밀어 균형을 잡는 장비
63.	Trapeze Adjuster	Trapeze의 높이를 조절하는 시스템
64.	Trapeze Grip	Trapeze 할 때 잡는 손잡이
65.	Trapeze Ring	Trapeze 할 때 Harness의 Fook에 거는 링.
66.	Traveler	메인 시트를 당기는 방향을 컨트롤하는 장비
67.	Tweaker	에프터 가이를 당기는 방향을 바꾸는 장비

W

68.	Water Brake	파도 막이.

II. 각종 컨트롤 시스템의 구조와 역할

앞에서 본 것과 같이 두 사람이 타는 딩기라고 해도 복잡한 구조를 가지고 있다. 실은 그렇게 복잡하지 않는데, 여러 가지 컨트롤 로프가 다 콕핏 안에 있으니 보기에는 복잡한 것 같이 보인다. 그래서 각각 컨트롤 로프의 시스템을 이해하면 Facing 딩기(여기서는 470급)가 단순하면서 어떤 기능적인 구조를 가지고 있는가를 알 수 있을 것이다.

복잡하게 얽혀 보이는 컨트롤 로프의 대부분은 세일의 형상을 조절하기 위한 시스템이다. 여기서는 그들 컨트롤 시스템의 구조와 역할을 원리적인 시점에서 보기로 한다. 다만 여기서 설명하는 것은 원리해설이다. 실제 세일링 중에서는 컨디션(바람, 파도, 몸무게 등)이 다르고 보는 각도에 따라 세일 커브도 다르게 보인다. 여기서 얼마정도 지식을 얻고 나서는 세일링 중에 "이것을 당기면 진짜 그렇게 되는가?"라고 호기심을 가지고 여러 가지 당겨보는 것이 좋다. 어떤 로프를 당겨도 요트가 고장이 나는 일은 없다. 조금 속도가 늦어지는 것 뿐이다.

1. 붐뱅(Boom Vang)

혹시 붐 뱅이 없었다면

여러 컨트롤로프 중 제일 눈에 띄는 로프가 붐 뱅이다. 보시다시피 뱅은 붐을 밑으로 당기는 구조로 되어 있다. 그래서 붐 뱅의 역할은 붐을 밑으로 당긴다는 것이다. 우선 붐 뱅이 없으면 어떻게 되는가? 그림 1A를 보면 붐 뱅이 없으면 붐이 튀어오르니까 세일의 형태가 현저히 변

• 붐뱅(Boom Vang) : 붐을 돛대에 연결하는 와이어나 짧은 줄.

한다. 그러면 그림 1B를 보면 클로스 홀드의 경우 끝까지 메인시트가 붐을 밑으로 당기니까 붐 뱅이 없어도 붐이 튀어오르지 않는다. 그렇다. 붐 뱅의 제1역할은 Free 상태에서 메인시트를 늦출 때 붐이 튀어오르지 않도록 덮치는 것이다. 그러면 클로스 홀드의 경우 붐 뱅은 쓸모 없는 것인가?

클로스 홀드 일때 뱅이 비뚤어지지 않게 함

아니다. 붐 뱅의 현실적 존재의의는 Free보다 오히려 클로스 홀드할 때에 있다. 앞에서 클로스 홀드를 세일링 할 때는 메인시트를 끝까지 당기고 있으니 붐 뱅이 없어도 붐이 튀어오르지 않는다고 말을 했지만 클로스 홀드를 할 때라도 시트를 늦출 때에는 붐 뱅은 필수적인 시스템이다(그림 1A, 1B).

클로스 홀드에서 메인 시트를 늦추는 경우가 있다면 강풍으로 메인 시트를 늦추어서 바람을 놓치는 경우가 있다. 당신의 이미지는 메인 시트를 늦추는 만큼 붐이 밖으로 나가게 되어서 바람을 통과시킨다는 것이 아닌가?

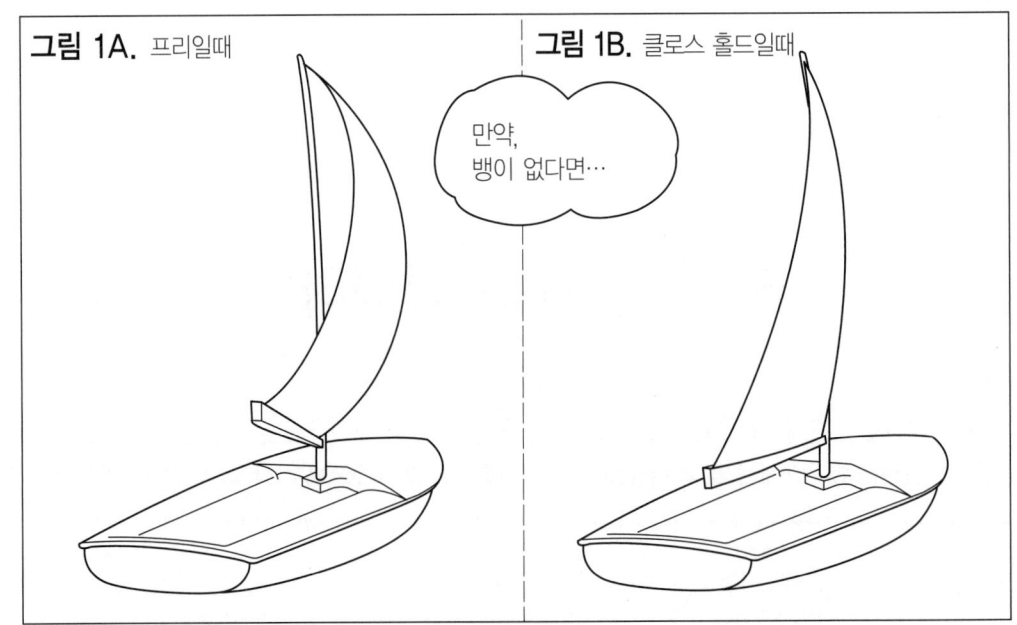

이때 혹시 붐 뱅이 없다면 메인시트를 늦추어도 붐이 밖으로 나가지 않으니까 바람이 위로 가게 된다(그림 2). 이렇게 되면 세일이 더욱더 부풀러서 Over Power가 되어 버린다. Blow(일시적 돌풍)등 때문에 메인 시트를 늦추었을 때 붐을 밖으로 내기 위해서는 즉, 붐을 평행이동 시키기 위해서는 붐 뱅이 필요하다. 이 포인트를 알고 나서 붐 뱅을 사용하는 방법을 말하면 클로스 홀드로 달릴 때 항상 뱅을 비뚤어지지 않도록 한다고 할 수 있다. 그때 컨디션마다 가장 메인시트를 당겨지는 상태로 하여 뱅이 똑바로 되게 한다. 이렇게 하면 Blow 등으로 인해 메인시트가 늦추어져도 붐은 밖으로 이동하니까 세일은 형태가 변화지 않아도 바람을 통과시킬 수 있다.

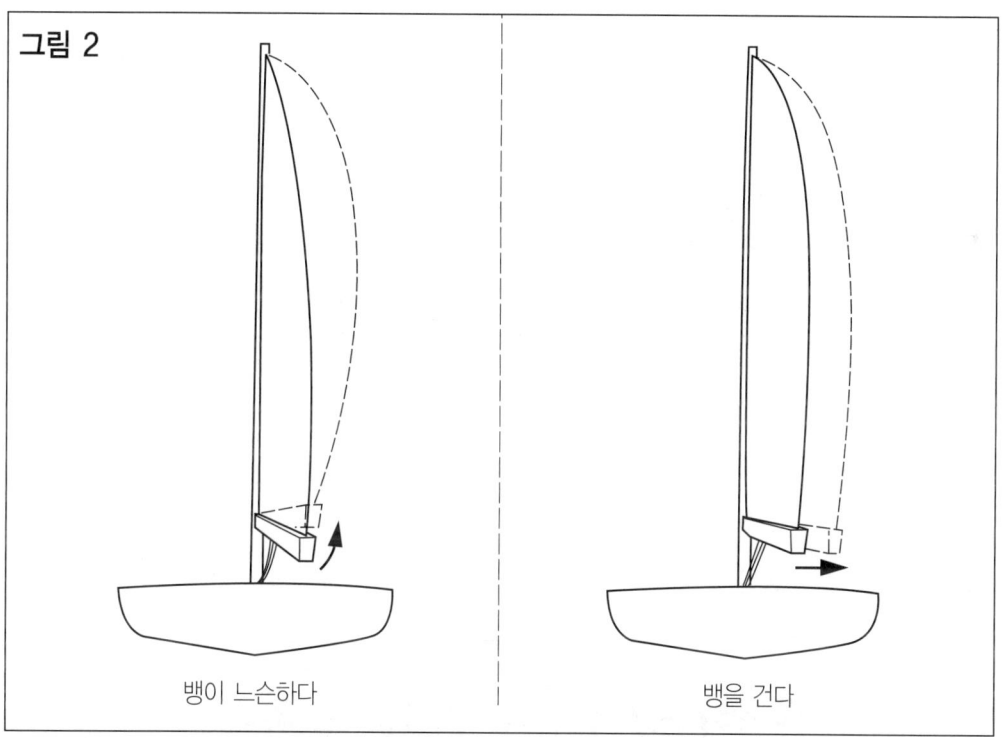

그림 2

뱅이 느슨하다   뱅을 건다

- 프리(Free) : 요트가 뒤로부터 바람을 받아 범주하는 상태
- 클로스홀드(Close Hauled) : 윈드어빔의 상태에서 붐의 키의 중앙으로 끌어당기고 동시에 키로요트를 풍상방향으로 하여 돛이 시버하는 바로앞의 상태로 달리게 하는 것.

뱅(Vang)은 세일을 편평하게 한다

앞에서 설명한 내용은 모두 "뱅은 붐이 튀어오르지 않게 하는 시스템"이었다. 그러나 현재 뱅시스템에서는 그것하고는 전혀 다른 역할도 가지고 있다. 그것은 세일의 리치 컨트롤과 마스트 밴드이다(그림 3).

오른쪽 그림 3을 보면 뱅을 당기면 붐이 앞의 밑쪽으로 내린 것과 동시에 그 반작용으로서 붐이 Goose Neck의 위치에서 마스트를 앞으로 밀게 되니까 마스트는 휘어진다. 이 작용으로 세일이 편평해진다. 또 뱅이 당겨지면 리치도 많이 당겨져서 세일이 척척 편평해진다. 이것은 그림이나 사진으로서는 설명하기가 어려워서 바람이 없는 날에 해보는 것이 좋다. 뱅을 당기면 당길수록 세일이 판자와 같이 펴지는 것을 알게 될 것이다. 붐 뱅만으로 Power 다운하기 위해서는 앞에서 설명하는 것 같이 그냥 세일의 모양을 유지하는 정도로 뱅을 당겨서도 안 된다. 더 이상 뱅을 당길 필요가 있다. 얼마 정도 당겨야 되는지는 몇 번이나 계속 해보고 감각을 잡을 수 밖에 없다.

Free할 때는 뱅을 늦춘다

앞에서 뱅의 제일 주요한 역할은 Free범주 할 때 붐이 튀어 오르는 것을 방지하기 위한 것이라고 설명 했다. 그러나 실제 세일링 할 때는 'Free할 때는 뱅을 늦춘다'가 기본이다. Free 하기 위한 시스템인데도 Free때는 늦춘다는 것은 모순적인것 같이 보이지만 확실히 이해해야 된다. 다른 말로 설명하면 '뱅은 클로스 홀드 할 때 당긴채 Free에 들어가면 너무 당기게 되어 있다' 라는 뜻이다.

특히 클로스 홀드 할 때 Power 다운할 목적으로 뱅을 당기고 있는 경우, 그 상태로 Free로 달리면 분명히 뱅은 너무 당겨져 있는 상태다. Free로 달릴 때 뱅을 너무 당기는 것으로 생기는 불편함은 몇 가지나 있다. 첫째로는 Free에서는 세일을 되도록 부풀린 상태로 되어 있는 것이 좋은데 뱅이 너무 당겨져 있는 상태라면 크게 마이너스가 된다. 또 Free에서는 붐의 덱을 바깥쪽으로 내밀면 세일링이 되니까 뱅으로 붐의 위치를 낮춘 상태라면 붐의 끝이 수면에 닿기가 쉬우니까 최악의 경우에는 캡사이즈가 되어 버린다. Free때의 뱅의 역할은 어디까지나 붐이 튀어 오르는 것을 방지하는 것이다. 다만 예외로 강풍 때의 클로즈 리치 등은 리치의 형태를 조정하기 위해 뱅을 조금 당긴 상태를 유지 하거나 파도가 높은 바다를 달릴때 등 보트를 안정 시키기 위해서 뱅을 당기는 일도 있다. 그렇지만 클로스 홀드 이상으로 당기는 일은 없으니까 마크를 돌기 직전에 뱅을 늦추는 습관을 가지는 것이 좋다.

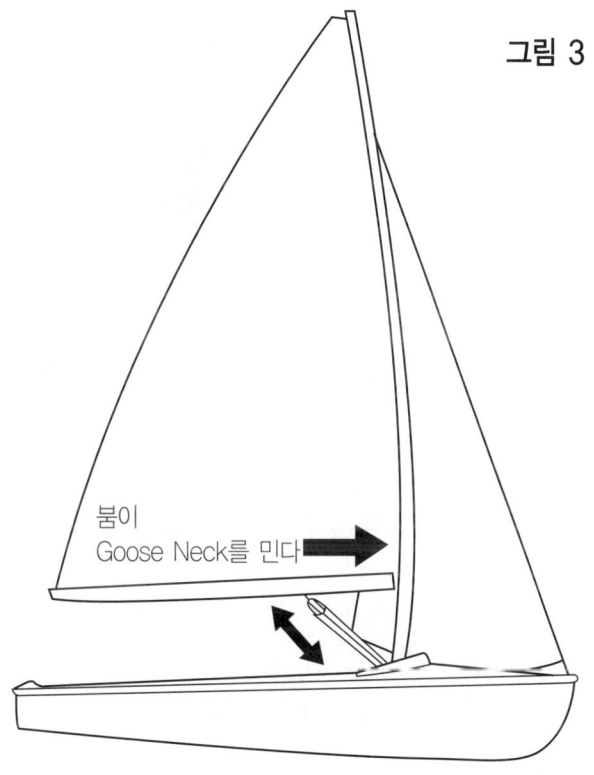

그림 3

붐이
Goose Neck를 민다

• 프리(Free) : 요트가 뒤로부터 바람을 받아 범주하는 상태

2. 메인 시트와 트레블러(Main Sheet & Traveler)

메인 시트 · 트레블러의 종류

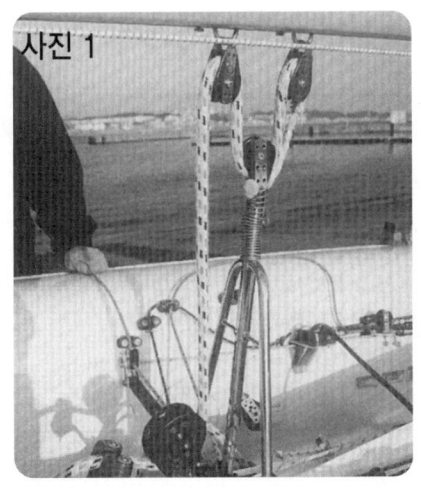

사진 1

앞에서 설명한 붐 뱅 등은 어떤 딩기라도 같은 시스템으로 되어 있는데, 이 트레블러는 같은 470급이라 해도 여러 타입의 트레블러시스템이 있다. 트레블러 시스템이 없는 딩기도 있다.

현재 470급에서 쓰여지고 있는 대표적 트레블러시스템은 스테인레스로 되어 있는 Roop Bridle를 채용한 것이다.(사진 1) 이 시스템의 특징은 Roop Bridle이 상·하, 좌·우의 가동식으로 되어 있는 것이다. 지금 나오는 트레블러시스템 중에서 제일 적당해서 이것을 예로 트레블러의 구조와 역할을 알아보기로 한다.

메인 시트를 당기는 방향을 바꾸다

앞에서 말했던 뱅은 "붐을 평행이동 시키는 시스템이다"라고 설명했지만 트레블러도 붐을 평행이동 시키기 위한 시스템이다. 붐 뱅이 주로 Free 즉, 붐을 바깥으로 내밀기 위한 시스템에

• 트레블러(Traveller) : 메인 시트 리더를 슬라이딩 시키는 장치. 바람에 대한 세일의 각도를 트랙 길이 내에서 조절하는 피팅.

대해서 트레블러는 붐을 당길 때 사용하기 위한 평행이동시스템이다. 그림 2A를 보세요. 이것은 붐 위치와 메인 시트의 장력 방향 변화를 가리키는 것이다. 이것을 보면 알다시피 메인 시트의 장력은 붐을 당길수록 아래쪽 방향으로 힘이 생긴다. 이렇게 되면 아무리 붐을 당기려고 메인 시트를 당겨도 어떤 시점에서는 붐이 밑으로만 가고 안쪽으로는 이동하지 않는다.

미풍 ~ 약풍 때는 리치가 되도록 당기지 말고 부풀게 세일을 트림해야 된다. 그러나 리치가 부푼 형상이 되도록 메인 시트를 늦추면 붐이 밖으로 나와서 빨리 달릴 수가 없

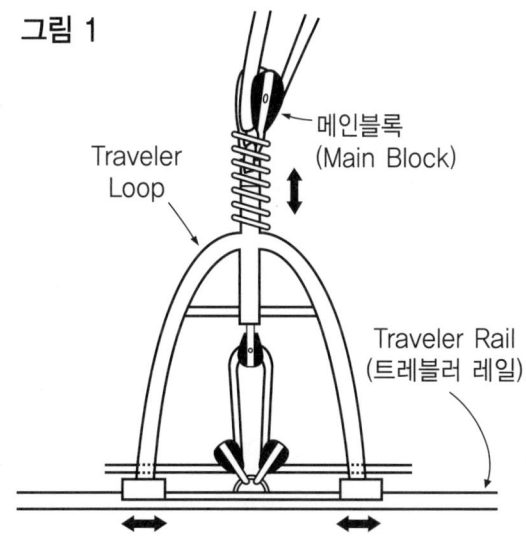
그림 1

다. 그렇지만 메인 시트를 더욱 당기면 리치가 당겨져서 붐이 밑으로 내려가기만하고 효율적으로 안쪽으로 들어오지 않는다. 그런 모순을 해결해주는 시스템이 트레블러다. 그림 2B와 같이 트레블러를 바람 오는 쪽으로 당기는 것으로 메인 시트의 각도가 변하여 메인 시트의 모양이 바뀌지 않아도 붐을 안으로 당길 수가 있다.

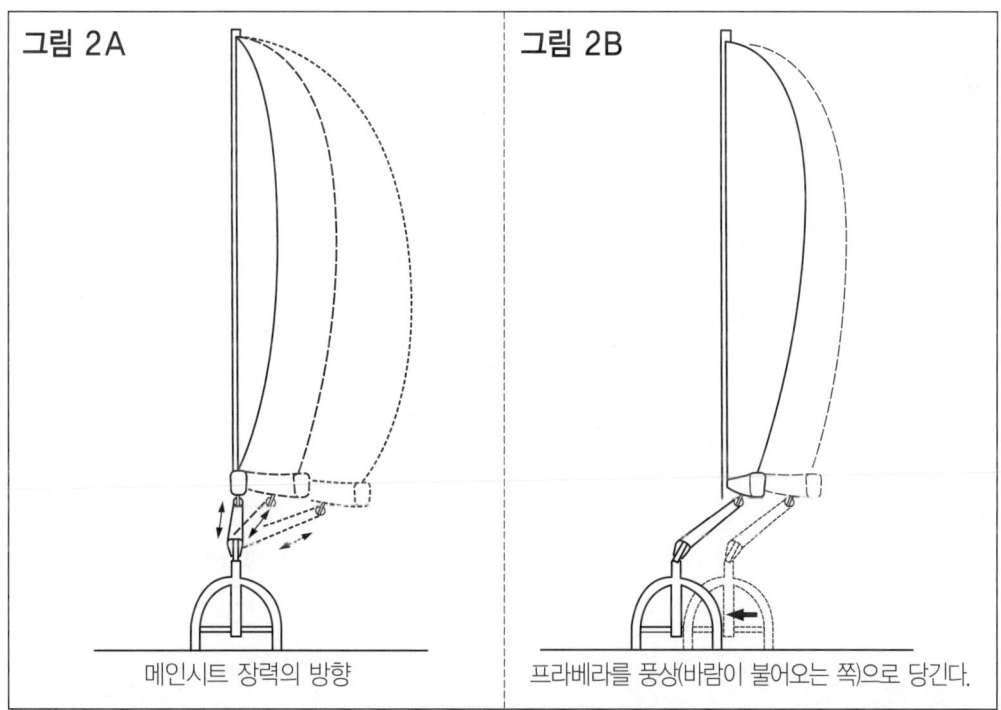

이동(Traveling)하지 않는 트레블러

트레블러라는 말은 트레블러가 트레블러레일 위를 좌우로 이동(Traveling)한다는 뜻인데 최근에 나오는 트레블러 중에는 트레블러레일 위에 고정되어 있어서 좌우로 움직이지 않고 트레블러 Loop 끝에 부착되어 있는 블록이 위·아래로 이동하는 시스템도 등장한다.

이것도 그림 2B의 시스템과 같은 목적으로 메인 시트의 각도를 변화시키는 것인데 그림 2B의 시스템이 트레블러를 좌우로 이동시킴으로서 각도를 변화시키는 것에 대해서 그림 3A 시스템은 블록을 위아래로 이동시킴으로서 각도를 변화시킨다는 점이 다르다. 그림 3A 시스템의 좋은 점은 조작이 매우 간단하다는 것이다.

그림 2B의 시스템인 경우 태킹 할때마다 트레블러의 캠을 떼어서 다시 당기는 작업이 필요한데 그림 3B의 시스템이면 태킹 할 때라도 그대로 놔두어도 괜찮다. 미풍때는 블록을 높은 위치로 하고 중풍때는 블록을 낮은 위치로 함으로써 붐위치를 바꾸지 않아도 리치를 컨트롤 할 수 있다.

이 시스템의 단점은 그림 2B의 시스템에 비해서 조작의 범위가 좁다는 것인데 세일이 가지고 있는 특성을 파악하면 트레블러를 크게 움직일 필요가 없으니까 현재 470급 세일러는 그림 3의 시스템, 아니면 그림 2B의 시스템을 중앙에 고정시키고 위아래로만 이동시키면서 대응하고 있다.

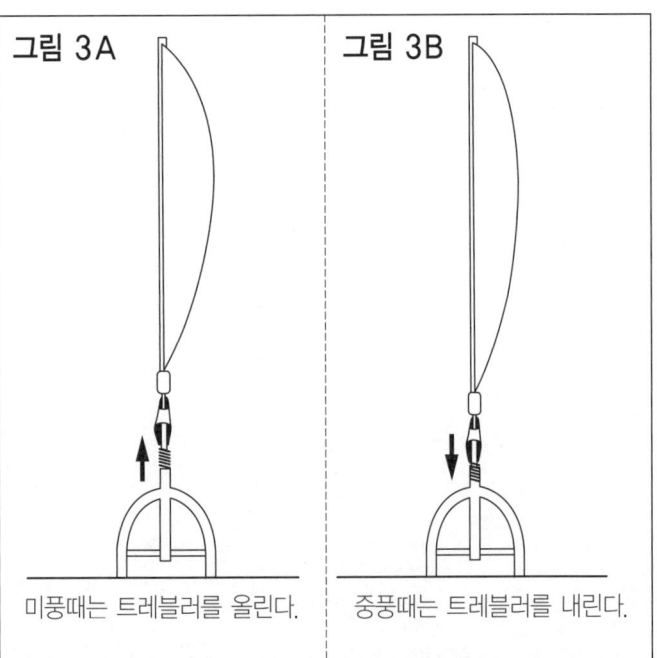

그림 3A — 미풍때는 트레블러를 올린다.
그림 3B — 중풍때는 트레블러를 내린다.

3. 아웃 홀(Out Haul)

풋의 깊이를 컨트롤 한다

아웃 홀의 역할은 원리적으로 말하면 풋의 깊이를 컨트롤하는 것이다. 당기면 당길수록 풋은 얕아지고 늦추면 깊어진다. 실제로 세일링 할 때는 아웃 홀을 조정할 때가 없지만 파도가 높아서 세일을 조정해야 될 때 풋을 깊게 할 경우도 있다.

사진 1

세일은 되도록 바깥쪽에 전개한다

아웃 홀을 쓰는 방법은 붐 끝에 붙어 있는 Black Band(사진 2)라는 검은띠 안쪽 끝까지 당겨져 있는 것이 일반적이다. Black Band는 여기보다 바깥으로 세일을 전개하면 안된다는 규칙상의 한계 점을 가리키는데 이 검은띠에 세일의 일부라도 닿으면 규칙위반이 된다. 왜 그런 규칙이 있는가 하면 세일은 바깥쪽으로 전개하는 것이 효율적이라서 그렇다.

현재 대부분의 세일은 Black Band 직전에 전개하는 것을 생각해서 디자인 되어있으니 세일을 장착할 단계에서 먼저 Black Band 직전까지 아웃 홀을 세트 하고나서 풋의 깊이는 마스트

• 아웃 홀(Out Haul) : 붐의 바깥쪽으로 돛의 클루부분을 당기기 위한 장치

쪽의 택 로프로 조절하는 것이 좋다.
 Main 세일의 택 부분은 그다지 바람 흐름의 영향이 없는 부분이기 때문에, 풋을 깊게 하고 싶으면 아웃 Haul은 그대로 하고 택 로프를 늦추는 방법이 효율적이다.

사진 2

4. 커닝햄(Cunningham)

드래프트의 위치를 변화시킨다

 정식으로는 커닝햄 홀 다른 이름으로 다운 홀이라고 한다. 메인 세일의 풋을 조절하는 아웃 홀에 대하여 러프를 조절하는 것이 커닝햄이다. 러프가 당겨질 때의 작용은 아웃 홀과 다르고 이미지 하기가 어렵지만 한마디로 드래프트(세일의 커브 제일 깊은 자리)의 위치를 앞으로 이동시키는 것이다.
 드래프트의 제일 적당한 위치는 그 때마다 상황, 세일의 특성 등 여러 가지 요인이 관여하기 때문에 한마디로 말할 수가 없다. 다만 클로스 홀드때 뱅을 당기는 경우에 리치가 당겨지니까 드래프트 위치가 밑으로 움직이는 경우가 있다. 커닝햄은 뱅으로 인해 밑으로 움직인

• 커닝햄(Cunningham) : 세일 깊이를 전방으로 이동시키는 장치.

드래프트를 앞쪽으로 되돌리는 시스템이다.

중풍이상이 되면 메인 세일의 러프 아랫부분에 주름이 생길 경우가 있는데 커닝햄은 이 주름을 없애는 시스템이라고 생각하는 사람도 있다. 물론 그것도 그렇지만 커닝햄은 원래 "드래프트" 위치를 앞으로 이동시키는 것"이라고 이해해야 된다.

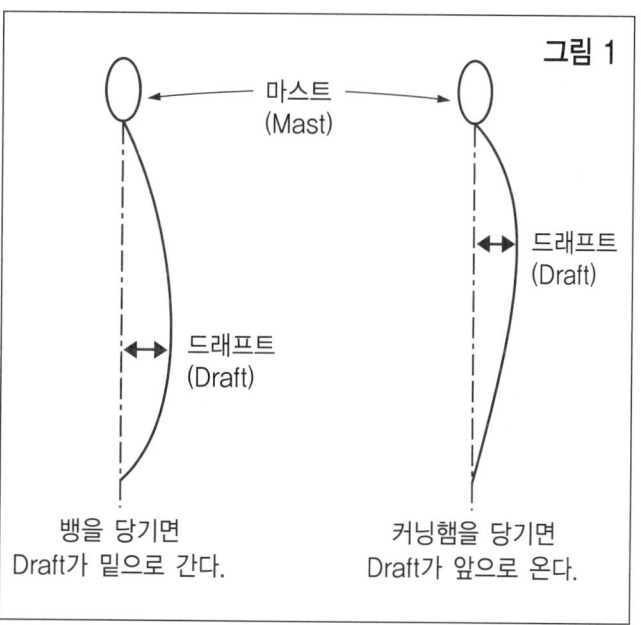

그림 1
뱅을 당기면 Draft가 밑으로 간다.
커닝햄을 당기면 Draft가 앞으로 온다.

커닝햄은 마스트를 기울게 한다

또 커닝햄의 2차적인 효과로서 마스트 밴드를 촉진시키는 것도 있다. 윈드서핑을 해 본적이 있는 사람이면 알겠지만 윈드서핑의 리그는 커닝햄을 힘차게 당김으로서 마스트 밴드를 컨트롤하는 것이 기본이다.

물론 요트의 경우는 윈드서핑처럼 당기는 경우가 없지만 커닝햄을 당기는 것으로 마스트를 기울게 하는 힘이 생긴다는 것을 알고 있는 것이 좋을 것이다. 드래프트를 앞으로 이동시키는 것도 마스트를 기울게 하는 것도 Power 다운을 위한 기술이다. 즉 주로 클로스 홀드 할때 사용하는 시스템이다. 뱅과 함께 사용하는 일이 많은데 뱅과 마찬가지로 Free가 되면 늦추어야 된다.

5. 지브 시트 리더(Jib Sheet Leader)

지브 세일의 트림을 전부 담당한다

지금까지 본 것은 모두 메인 세일에 관한 컨트롤시스템이다. 메인 세일에는 여러 가지 컨트롤 시스템이 서포트하고 있지만 지브 세일에 관해서 조정하는 컨트롤시스템은 지브 시트 리더뿐이다. 지브 세일에는 뱅도 트레블러도 없다. 그들 컨트롤시스템 대신으로 있는 시스템이 지브 시트 리더다. 지브 시트 리더의 시스템은 매우 단순한 것인데 지브 시트가 통하는 블록이 앞 뒤로 슬라이드 하는 것 뿐이다.

그 효과는 리더를 앞쪽으로 슬라이드시키면 리치는 닫혀서 세일이 불룩해진다 (사진 1). 반대로 뒤로 슬라이드 시키면 리치가 열려서 세일이 편평해진다(사진 2). 정리하면 바우에 파도가 치는 정도로 파도가 센 경우, 리더를 앞으로 슬라이드 시켜서 지브 세일을 불룩해하고 바람이 세서 오버힐 할 경우는 리더를 뒤로 슬라이드시켜서 편평하도록 한다는 것이 지브 시트 리더의 사용방법 이다. 하나의 기준으로서 지브 러프에 붙어 있는 텔테일이 위에서 아래까지 똑바로 되도록 리치를 맞추는 방법이 있다. 그러나 절대적인 위치는 없으니까 자신이 연구하는 자세가 필요하다.

사진 1. 지브 시트 리더 앞쪽

사진 2. 지브 시트 리더 뒷쪽

III 요트의 원리

 '나는 중급 이상이다'고 스스로 인식하는 세일러에 있어서 제일 관심이 있는 것은 세일의 트림이나 리그의 튜닝이나 어떻게 하면 요트가 다른 사람보다 빨리 달릴까에 있다고 한다.

 이런 세일러들이 제시하는 숫자(튜닝 데이터)나 톱 세일러라고 말하는 사람들이 하는 튜닝 방법으로 인해 자기의 주관을 가지지 못하고 숫자나 유행으로 내둘리는 사람도 적지 않다. 잘하는 사람을 따라 하는 것은 스포츠를 숙달하는 왕도이지만 표면적 데이터만을 따라해도 그들의 속도까지 따라갈 수는 없다. 톱 세일러의 튜닝 데이터는 그들의 독창적인 사고 방식을 기초로 하여 독창적인 세일링 스타일에 맞추어서 나온 숫자다. 우리가 따라야 되는 것은 독창적인 세일링을 확립하려고 하는 자세다.

 자기 머리로 생각하고 자기 생각을 세일링에 반영시키기 위해서는 요트라는 것의 기본적 원칙을 이해해야 된다. 보편적인 원칙을 확실히 이해하면 당신의 머릿속에는 새로운 아이디어가 나올 것이다. 자기 생각에 따라서 나만의 튜닝이나 세팅을 만들어 내는 것이 세일링의 즐거움이다. 다른 사람을 따라 하기만 하면 아깝다고 생각된다.

1. 요트의 전진원리

요트가 나가는 원리

바람이 요트를 밀지 않는다

요트는 바람의 힘을 추진력으로 변환시킴으로써 전진하는 것이다. 그런 것은 요트를 타본 적이 없는 사람도 알고 있지만 그럼 바람의 힘을 어떻게 추진력으로 변환시키는 것일까? 여기에 대해서는 경험이 많은 세일러라도 근본부분에서 오해하는 경우가 많다.

바람의 힘으로 추진력을 얻기 위해서는 두 가지 방법이 있다. 하나는 바람이 미는 힘. 또 다른 하나는 세일에 양력을 발생시키는 힘. 전자는 돛단배의 원리이다. 이것은 순풍부터 옆에서 불어오는 바람 밖에 이용을 못한다. 후자는 현재의 요트다. 이 양력이라는 개념을 알고 나서 요트는 역풍이라도 달릴 수 있게 되었던 것이다.

그림 1A

그림 1B

이 양자는 비슷하면서도 서로 다른 것이다. 우산을 예로 차이점을 나타낸 것이 그림 1A와 1B이다. 그림 1A는 우산이 바람 때문에 바람 가는 방향으로 밀려가는 상황이다. 그러나 그림 1B는 우산에 양력이 발생하여 자연스럽게 위로 들어 올려지는 상황이다. 바람 강한 날에 우산을 써보면 아는데 어떤 각도에 맞추어지면 우산이 위로 오르는 힘이 생기는 포인트가 있다. 이 위로 올리는 힘이 양력이다.

이렇게 말하면 그림 1A처럼 바람이 직접 부는 것이 바람의 힘을 느낄 수 있어서 양력보다 효율적으로 요트가 앞으로 갈 수 있다고 생각할지도 모르지만 우산은 원래 양력을 발생시키기 위해서 디자인 되는 것이 아니다. 그런데도 이렇게 힘을 발생시키는 힘이 양력이다. 양력이란 쇠덩어리 비행기도 공중으로 뜨게 하는 힘이 있다는 것을 생각하면 이해할 것이다.

양력이란?

무책임한 요트 입문서에는 그림 2처럼 삼각자를 세일로 생각하고 요트의 추진력을 설명하는 책도 있지만 그것은 큰 착각이다. 물론 그렇게 해도 요트는 나갈 수는 있지만 그러면 세일이 자와 같은 판자라도 괜찮다는 것인가?

몇 번이나 말하지만 요트의 추진력은 세일에게 양력을 생기게 함으로써 얻는 것이다. 요트를 빨리 달리게 할 수 있는 문제는 그것을 몸으로 느꼈는지 못 느꼈는지에 따라 달라진다. 양력은 날개단면에 공기가 흐르는 것으로 인하여 생기는 힘이다. 날개 단면이란 밑쪽은 수평이고 위쪽은 동그란 단면형태를 가지는 것이다.

양력을 역학적으로 설명하려면 복잡하니까 비행기의 날개를 예로써 쉽게 설명하겠다. 그림 3을 보면 날개에 흐르는 기류를 나타내는 것이다. 날개로 인해 기류는 위아래로 나누어져 날개 뒤쪽에서 다시 합류한다. 수평이 되어 있는 밑쪽에서는 공기는 똑바로 흐르지만 동그란 위쪽에서는 공기가 멀리

그림 2

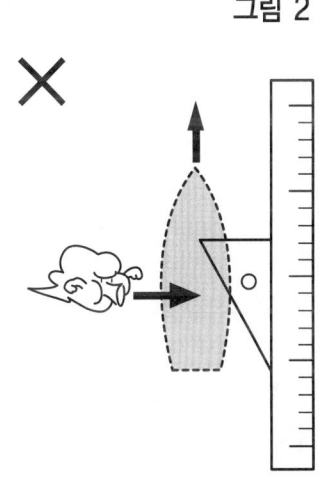

그림 3

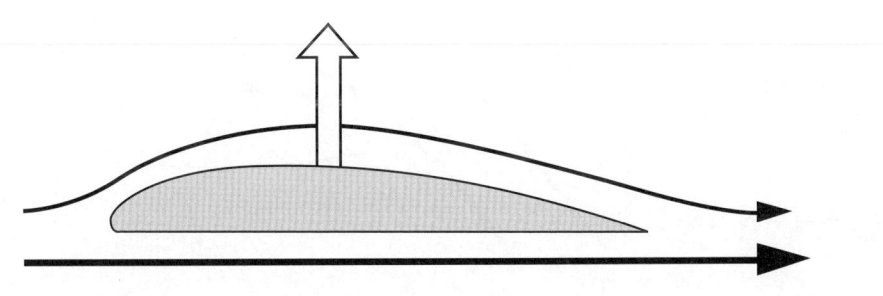

돌아서 흐르게 된다. 멀리 도는 위쪽 공기는 밑쪽보다 빨리 흐르지 않으면 만날 수 없다.

보통 속도로 흐르는 밑쪽 공기와 빨리 달리는 위쪽공기에는 기압 차이가 생긴다. 밀도가 낮은 위쪽 기압은 저기압인것에 대해서 밑쪽 공기는 상대적으로 밀도가 높은 고기압이 된다. 날개로 만들어진 기압차이로 위쪽 방향으로 생기는 힘이 양력이다. 비행기는 제트 엔진에 의하여 전진하고 날개 단면에 기류를 만들어 양력을 상승력으로 변환시키는 것이다.

양력은 날개 단면을 통과하는 기류의 속도가 빠를수록 큰 힘을 발생시킨다. 그래서 무거운 비행기를 올리기 위해서는 긴 활주로에서 가속하여 기류의 속도를 높일 필요가 있다.

요트가 바람이 오는 쪽으로 나아가는 이유

요트는 양력자체를 추진력으로 이용하는 것이다. 양력을 상승력으로 이용하는 비행기하고는 결정적으로 다르다.

세일이 바람을 받으면 그림 4와 같은 날개 단면을 형성한다. 이때 발생하는 양력은 날개 단면전체에 발생하는데 이들을 합성하면 중앙의 큰 화살표 같은 하나의 힘으로 파악할 수 있다. 이 점을 CE(Center of Effort = 힘의 중심점)라고 부른다. 조금 어렵겠지만 세일이라는 날개 단면에 큰 중앙의 화살표 방향으로 양력이 발생한다는 것을 이해하면 된다.

양력은 세일 면에 대해서 수직 방향으로 발생한다. 그렇다면 요트의 진행방향에 대해서 수직 즉, 바로 옆으로 붐을 내지 않으면 양력을 추진력으로 이용할 수 없게 된다. 그것으로는 돛단배와 마찬가지로 순풍때 밖에 달릴 수

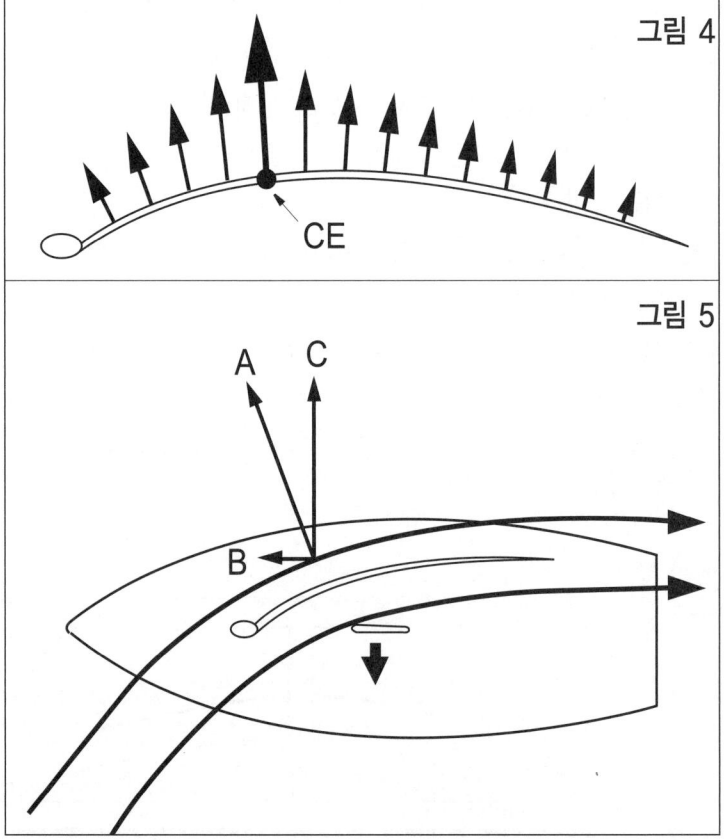

가 없다. 여기서 고등 수학 시간에 배운 벡터 개념이 생각나야 된다. 세일에 생기는 양력 A는 B, C라는 벡터로 분해할 수 있다. 요트가 전진하기 위해서는 앞쪽 벡터 B를 이용하고 싶다. 그렇게 하기 위해서는 벡터 C를 완전히 없앨 필요가 있다. 그래서 등장하는 것이 센터 보드다. 물속에 끼우는 판이 보트가 옆으로 가는 것을 방지하고 양력 중에 C를 없애고 B만을 추진력으로 뽑아내는 역할을 하는 것이다. 물론 양력이 강할 때 (바람이 강할 때)는 그대로 놔두면 요트가 Hill 하기 때문에 하이크 아웃하지 않으면 벡터 C를 없애기가 어렵다.

이 센터 보드 덕분에 요트는 바람 오는 방향으로 나아갈 수 있지만 그렇다고 어디까지나 바람에 대해서 역행할 수 없다. 트레블러를 이용한다면 클로스 홀드 이상으로 붐을 당길 수 있다. 붐이 가는 방향에 대해서 평행이 될 때까지 당겨도 양력 A는 발생하지만 추진력 B가 극단적으로 짧게 약해진다. 세일을 너무 당겨서 정지되는 요트를 자주 보는데 그것은 이런 이유 때문이다.

요트가 바람에 대해서 역행할 수 있는 각도는 45°정도라고 한다. 그 이상도 진행 할 수 있지만, 속도가 너무 떨어져서 효율이 안좋다. 그러니 바람에 역행하는 각도와 속도(추진력)의 타협점이 클로스 홀드가 되는 것이다.

세일트림(조정)이란 날개 단면을 만드는 것

비행기의 날개와 요트의 세일과 서로 다른 점은 날개는 금속으로 되어있고 세일은 천으로 되어 있는 것이다. 비행기의 날개는 유체 역학 시험 결과 제일 효율이 좋은 날개 단면의 형상을 선택하여 사용하고 있다. 그에 대해서 요트의 세일은 천으로 되어있으니 바람을 받아야 날개 단면을 형성할 수 있다.

비행기가 스스로 추진력으로 기류를 발생시키는 것에 대해서 요트의 경우는 자연적으로 부는 바람을 이용해야 된다. 이 차이는 비행기 날개에 흐르는 기류는 일정한 속도로 되어 있는네 요트의 경우는 미풍에서 강풍까지 여러 풍속에 대응해야 되는 점이다. 어떤 말을 하고 싶은가 하면, 제일 효율적인 날개 단면의 형상은 기류의 속도에 따라 다르다는 것이다. 거의 같은 속

그림 6

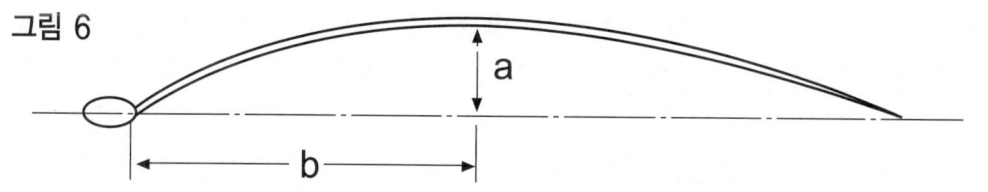

도로 기류를 받는 비행기 날개는 그 기류에 있어서 제일 효율적인 형상을 가지면 되는데 요트의 경우는 그 때마다 다른 컨디션에 맞추어서 날개 단면의 형상을 변화시켜야 된다.

세일 트림이란 그 때마다 제일 효율적인 날개 단면을 메인 시트랑 각종 컨트롤 로프를 사용해서 만드는 작업이다. 천으로된 유연성이 있는 날개(세일)가 그것을 가능하게 하고 있다. 이렇게 말하면 매우 복잡하다고 생각할지도 모르지만 그림 6과 같이 정리해보면 단순한 것이다. 날개 단면 = 세일커브의 형상은 드래프트 깊이 a와 드래프트 위치 b로 모두 나타낼 수 있다.

어떤 상황에 어떤 세일커브가 적절한지에 대해서는 그 문제만이라도 책을 한 권 쓸수 있는 정보가 필요하니까 원리적인 기본만 말하겠다. a의 수치가 클수록 세일이 깊어지고 양력이 증가한다. b의 수치가 적으면(드래프트 위치가 앞쪽에 있으면) 리치가 열리고 b의 수치가 많으면(드래프트 위치가 뒤쪽에 있으면) 리치가 닫힌다. 나머지는 나만의 생각으로 여러 가지 도전해 보는 것이 좋다. 그것이 세일링의 하나의 즐거움이니까.

2. 헬름의 메커니즘

헬름이란 무엇인가?

중급이상의 세일러라면 "헬름"이라는 말을 들은 적이 있을 것이다. 직역하면 "키"라는 의미가 되는 말인데 어떤 뜻으로 쓰이는 말인가?

바다에서 올라온 세일러가 "오늘 헬름이 강했어요"라든가 "어떻게 해도 웨더 헬름이 없어지지 않는다"라는 말을 들은 적이 있는가? 여기서 말하는 헬름이란 요트가 똑바르게 달리려고 할 때 保針性(요트가 자연적으로 가려는 성질)의 경향을 나타내는 뜻으로 말한다. 다른 말로 하면 요트가 달리고 있을 때 틸러에서 손을 떼면 요트는 바람 오는 방향으로 가는지 바람 가는

• 헬름(Helm) : 키, 요트가 자연적으로 가려는 성질

방향으로 가는지 아니면 그대로 바로 달리는지 그 때의 요트 상태가 "헬름의 상태"이다.

예를 들면 당신이 클로스 홀드로 달리고 있다고 하자. 그 때 틸러가 나의 손을 당기는 것 같은 느낌이 들면 그 때 당신의 요트는 "웨더 헬름 상태"(요트는 바람 오는 방향으로 돌고 싶다) 에 있는 것이다. 반대로 틸러가 나의 손을 미는 것 같은 느낌이 들면 그때 요트는 "리 헬름상태 (요트는 바람 가는 방향으로 돌고 싶다.)"라고 말 할 수 있다. 틸러에게 어느 쪽 힘도 느끼지 않으면 "Natural 헬름 상태"라고 한다.

CLR란 무엇인가?

그러면 왜 이런 헬름의 밸런스 경향이 생기는가? 헬름 발생의 CE와 CLR에 있다.

CE(Center of Effort = 作力의 중심)은 152쪽에서 설명한 세일 전체에 생기는 양력의 중심점. CLR(Center of Lateral resistance 옆 방향의 저항중심)이라는 것은 물 속에서 옆으로 받는 저항의 중심이다. p152의 그림5를 보면 Lig가 없는 요트를 물 위에 뜨게 한다고 한다.

이 요트를 회전 안하도록 옆으로 평행이동시키기 위해서는 어디를 밀면 될까? 바로 중심점이다. 요트를 밀려고 하는 힘에 대해서 요트의 물 속의 부분은 물의 저항을 받고 있다. 옆에서 볼 때의 중심점이 CLR이다. 그래서 요트를 회전 안하도록 슬라이드 시킨다면 저항의 중심 즉, CLR를 밀면 된다. Bow를 민다면 요트는 회전해 버린다. 작용점과 저항점이 일치가 안 되는 결과이다.

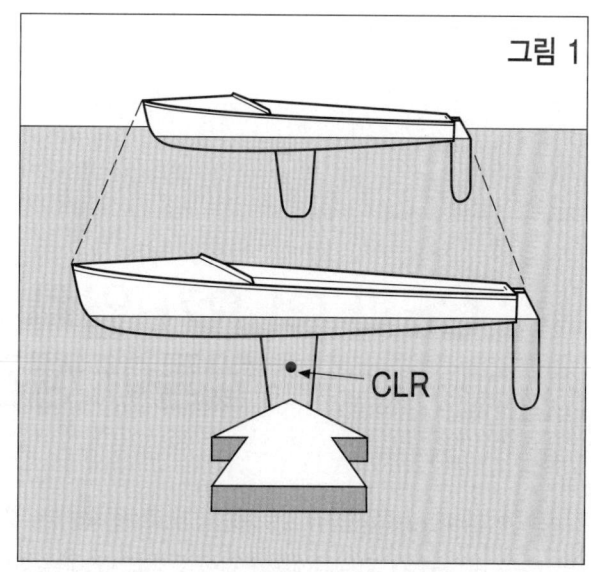

CLR을 누르면 요트는 평형으로 이동한다.

CE는 합성이 된다

CE에 대해서도 보충설명을 하겠다. CE는 세일에서 생기는 양력의 중심이라고 했다. CE가 세일의 중심 자리에 있다고 생각해도 좋다. 지브 세일에도 메인 세일에도 각각 CE는 있지만 이것들이 단독으로 전개할 경우는 거의 없다. 보통 세일링 할 때는 항상 두 개의 세일을 동시에 사용한다. 그러면 CE는 두 개가 되는 것인가? 물론 각각 세일에 CE는 존재하지만 전체적으로 볼 때는 지브의 양력과 메인의 양력 두 개를 합치는 하나의 CE로서 봐야 된다. 요트 하나에 중심이 두 개 있으면 복잡하기 때문에 요트 전체를 볼 때의 CE는 지브와 메인의 CE를 합성한 한가지 CE로 생각한다.

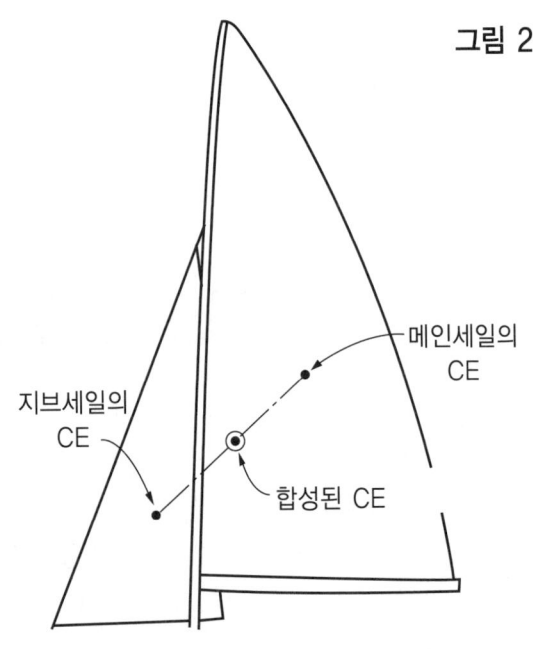

그림 2

CE과 CLR가 일치 하지 않을 때 헬름이 생긴다

헬름이란 이 CE와 CLR이 일치하지 않을 때 생기는 것이다. 그림 3A는 지브 세일만으로 달리는 요트, 반대로 그림 3B는 메인 세일만으로 달리는 요트, 그리고 그림 3C는 메인, 지브 양쪽으

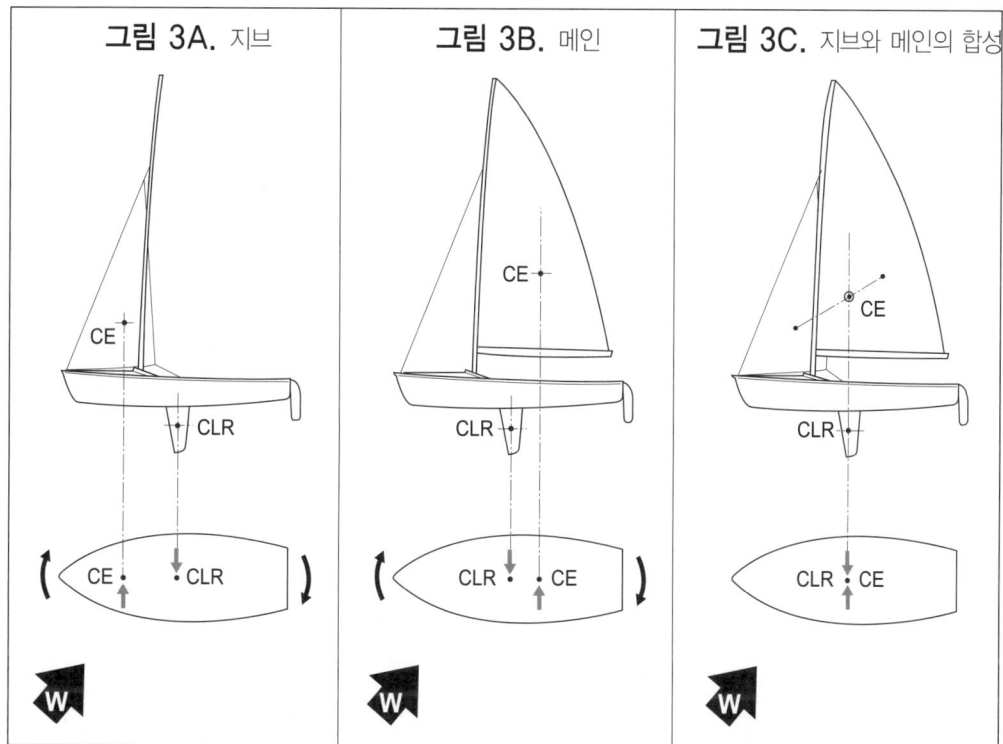

로 달리는 요트이다. 요트 그림 3C는 CE와 CLR의 위치가 일치가 되어 힘의 밸런스를 잡고 있으니 이 요트의 헬름은 Natural이다. 즉 틸러에서 손을 놓아도 요트는 똑바로 나아가는 것이다. p155 그림 1과 같이 CLR을 미는 상태이고 Just 헬름이라고도 한다. 한편 CE와 CLR에 큰 차이가 있는 그림 3A와 3B는 크게 헬름이 생긴다. 지브만으로 달리는 그림 3A는 Bow가 밀리는 상태이기 때문에 요트는 바람이 가는 쪽으로 향하게 된다. 이것을 리 헬름의 상태라고 한다. 메인만으로 달리는 3B는 Starn 웨더 헬름이라고 한다.

헬름이 생기는 상황

이렇게 CE와 CLR의 차이가 헬름의 정체였다. 그러나 실제는 한쪽 세일로 달리는 경우가 거의 없으니 어떤 상황에서 헬름이 생기는 것인가?

• CE : 作力의 중심   • CLR : 옆 방향의 저항 중심

1. 마스트의 기울임

마스트를 뒤로 기울어지게하면 그림 4A처럼 세일 전체가 뒤쪽으로 이동하게 되니 CLR과 차이가 생긴다. 뒤로 옮겨진 CE는 Starn을 바람이 가는 쪽으로 미니까 웨더 헬름이 된다. 반대로 마스트를 앞쪽으로 기울어지게 한다면 그림 4B처럼 세일 전체가 앞으로 옮겨져서 CE가 Bow를 미니까 리 헬름이 된다.

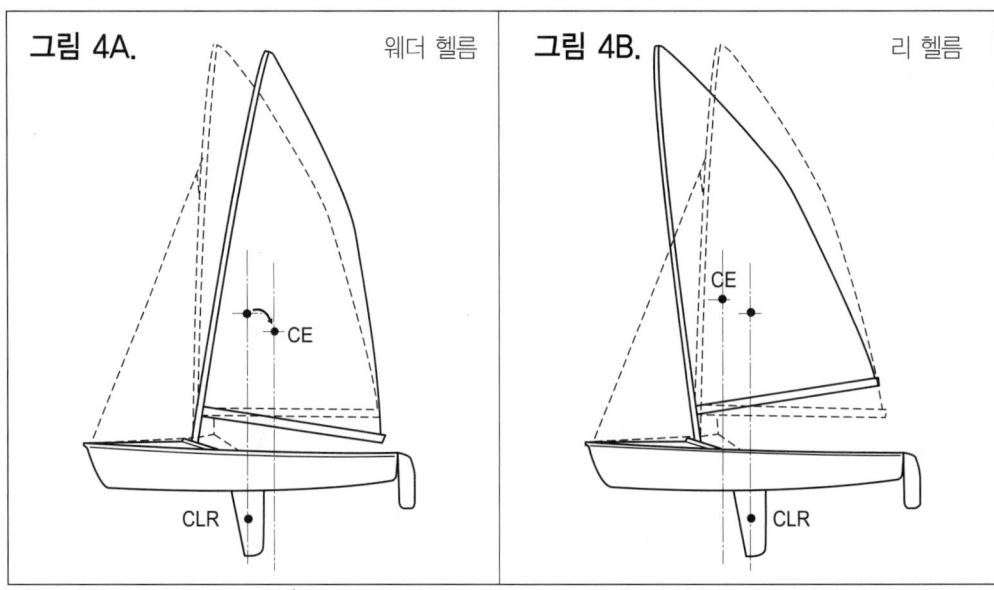

2. 센터 보드의 각도

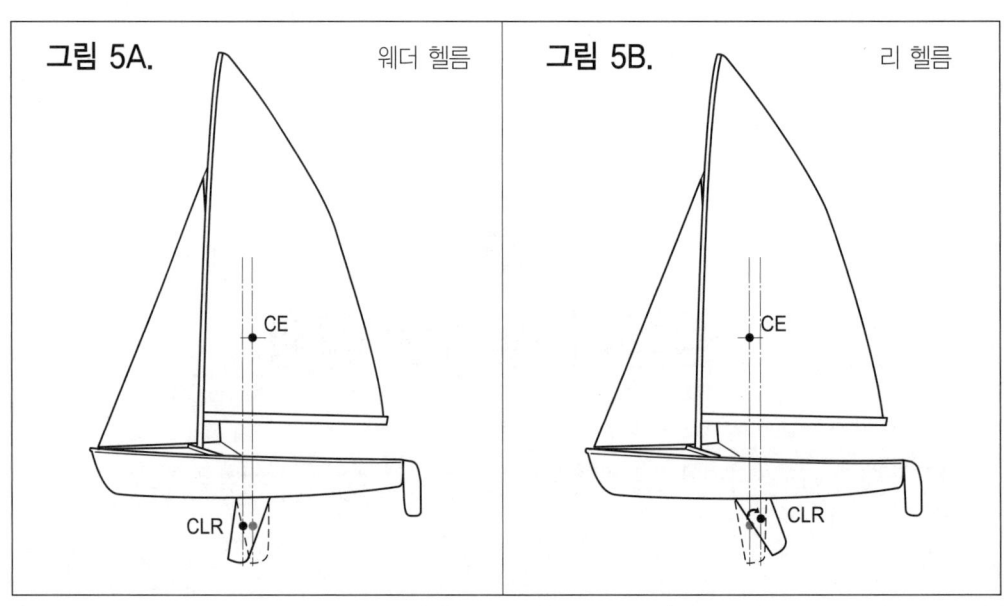

많은 경우 CLR은 센터보드의 중심점에 있다 .이 센터 보드 자체가 움직이면 CLR 위치도 옮겨진다. 그림 5A처럼 센터 보드를 앞으로 움직이면 CLR은 앞쪽으로 이동하기 때문에 CE의 위치가 그대로면 웨더 헬름이 되는 것이다. 반대로 그림 5B 처럼 센터 보드를 뒤로 움직이면 리 헬름이 된다.

클로스 홀드에서는 센터 보드를 수직으로 내리는 것이 기본이지만 원인 불명의 헬름이 생기는 경우는 응급처치로 센터 보드를 앞 뒤로 움직임으로서 헬름을 없앨 수 있다.

3. 힐 각도

CE와 CLR의 차이는 전·후 뿐만이 아니다. CLR의 원래의 의미는 옆쪽 저항의 중심이지만 센터보드는 요트를 뒤에서 볼 때의 저항의 중심이기도 하다. 그래서 그림 6처럼 요트가 어느 쪽으로 힐해서 CE와 CLR이 좌우로 차이가 생기면 요트의 추진력의 중심이 되는 CE는 요트를 앞으로 밀려고 해서 반대로 저항의 중심이 되는 CLR은 요트를 정지시키려고 하니까 요트 전체에 비틀어지는 힘이 생겨서 헬름이 된다.

그림 6A처럼 오버힐하면 CE는 바람 가는 쪽에서 밀어 올리려고 세일을 미니까 웨더 헬름이 생기고 반대로 그림 6B처럼 언힐 하는 경우 CE는 바람 오는 쪽에서 세일을 밀어 넣으려고 작용하기 때문에 리 헬름이 생긴다.

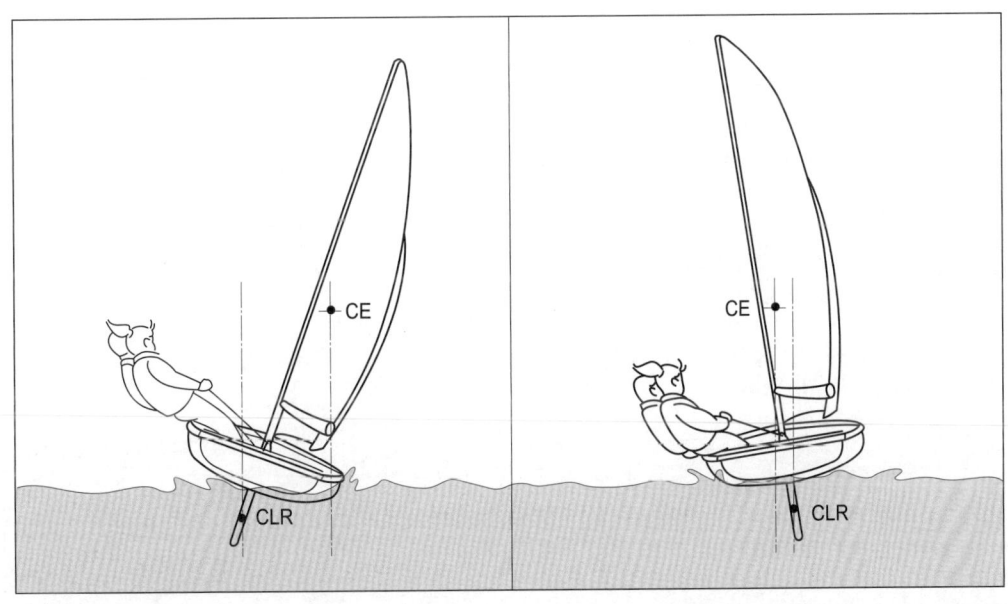

그림 6A. 웨더 헬름   그림 6B. 리 헬름

4. 타는 위치

크루가 타는 위치에 변함이 있으면 헐 전체가 물에 잠기는 부분에 변화가 생긴다. CLR는 수면하에서 저항의 중심이니까 물에 잠긴 부분의 변화는 큰 영향을 준다. 그림 7A처럼 앞에 타면 Bow가 가라앉고 Starn은 뜬다. 그러면 물속에서 저항이 Bow쪽은 커지고 Starn쪽은 적어진다. CLR는 필연적으로 뒤쪽으로 이동하게 된다. 그 결과 CE와 차이가 생겨서 웨더 헬름이 된다. 뒤쪽에 탄 경우는 반대로 리 헬름이 된다.

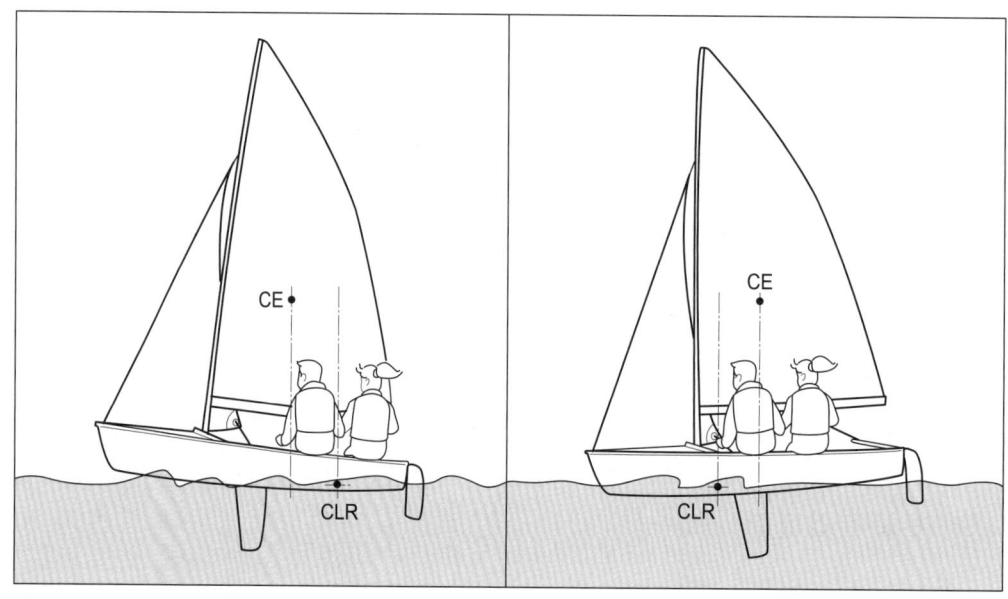

그림 7A. 웨더 헬름   그림 7B. 리 헬름

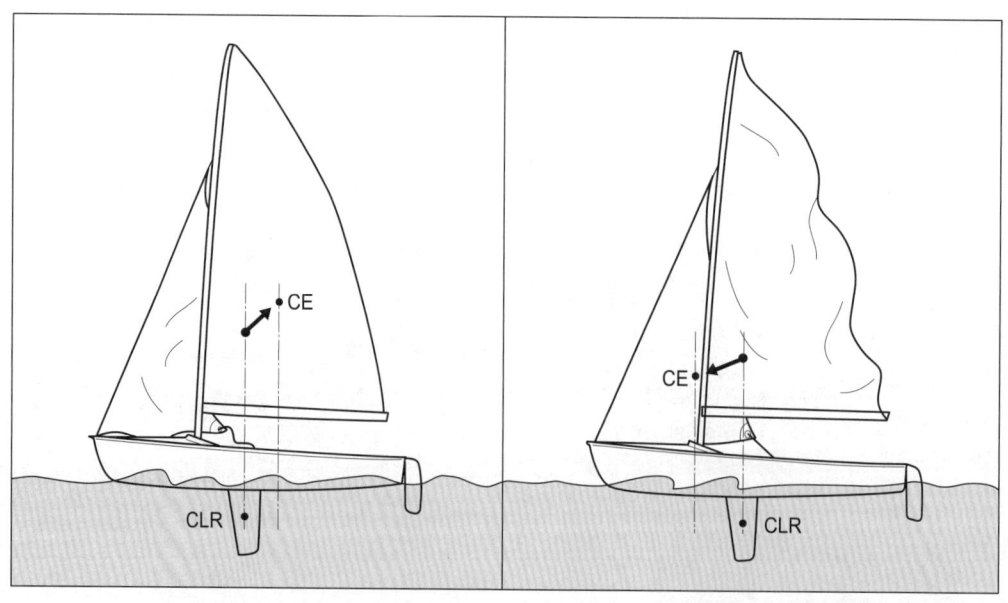

그림 8A. 웨더 헬름   그림 8B. 리 헬름

5. 세일을 시버시킨다.

앞에서 설명한 것과 같이 Jib / Main의 한 쪽 세일로 세일링하면 극도로 헬름이 생긴다. 마찬가지로 한쪽 세일이 시버해도 헬름이 생긴다. 복습하면 Jib가 시버해서 Main만 당기면 웨더 헬름, Main이 시버 해서 Jib만 당기면 리 헬름이다(그림8B).

이런 것은 실제 세일링 할 때 경기 스타트하기 전에 좋은 위치를 잡으려면 세일 시버로 의한 헬름을 이용하면 능숙한 보트 컨트롤이 가능해진다.

헬름은 요트 상태를 알려 주는 안테나

틸러에게 헬름이 있다고 느끼는 상태는 요트가 쓸데없는 저항을 받고 있다는 것이다. 예를 들면 핸들에서 손을 떼면 어느 쪽이라도 멋대로 가려고 하는 자동차를 억지로 똑바로 달리게 하는 것과 같다.

기본적으로 요트란 올바르게 세팅하여 올바르게 타면 Natural 헬름 상태로 달릴 수 있게 설계되어 있으니 어느 쪽이나 헬름을 느낀다는 것은 어딘가에 잘못이 있다는 것이다. 헬름에 대해서 예민하다면 틸러에서 요트의 상태를 느낄 수가 있다. 헬름은 요트의 상태를 알려주는 안테나이다. 올바른 세일링 폼은 헬름을 예민하고 정확히 파악하기 위해서도 필요하다.

요트의 튜닝이란 쉽게 말하면 Natural 헬름 상태로 한다는 것이다. 다만 클로스 홀드인 경우 되도록 바람 오는 방향으로 가야되니까 약한 웨더 헬름을 느끼는 정도가 좋다. 원인 불명의 강한 헬름을 느꼈다면 앞에서 말한 5가지의 상황에 빠지고 있는지 체크하여 고쳐도 아직까지 헬름이 남아 있으면 근본적으로 세팅이 문제가 있다는 것이 되니까 철저히 원인을 알아야 한다.

헬름은 방해자가 아니다

　헬름이 있는 상태는 CE와 CLR의 밸런스가 깨지는 상태이기 때문에 그것을 없애는 것이 보트 튜닝의 첫 걸음이다. 그러나 그것은 요트가 똑바로 달리는 것을 전제로 생각하는 것이다. 대체로 튜닝이란 요트가 똑바로 달리는 것 밖에 예상하지 않는다. 일직선으로 달리는 상태에 있어서 최선을 다하는 작업이다.

　Just 헬름은 똑바로 달리는데 밸런스가 잡혀있는 상태이다. 그러면 웨더 헬름은 요트가 바람이 오는 쪽으로 회전할 때, 또한 리 헬름은 요트가 바람이 가는 쪽으로 회전할 때에 각각 밸런스가 잡혀 있는 상태라고도 할 수 있을 것이다. 실제 세일링 할 경우 요트는 그냥 똑바로 달리기만 하는게 아니다. 요트 경기에 있어서도 Mark 回航이란 태킹, 자이빙 등 針路를 변화 시킬 장면이 많이 있다. 그런 방향으로 전환 할 때 헬름을 똑바로 잘 이용한다면 효율적인 방향 전환을 할 수 있다.

　윈드서핑에는 러더가 없지만 자유자재로 바다 위를 달릴 수 있다. 러더가 없는 윈드서핑은 의식적으로 헬름을 만들어서 방향전환을 하고 있는 것이다. 일반적으로 요트의 방향전환은 러더를 돌려서 하는데 헬름을 완벽하게 이용한다면 러더가 없어도 요트는 자유자재로 방향전환을 한다. 상급 세일러들이 하는 연습 중에 러더를 요트 위에 올려놓고 헬름만으로 요트를 조작하는 것이 있다. 톱 세일러가 되면 태킹이나 자이빙까지 러더가 없는 상태로 할 수 있는 사람도 있다. 왜 그런 것이 필요하냐면 러더에 의한 방향 전환은 좌우 어느 쪽이나 저항을 크게 하는 것으로 요트를 회전시키는 것이기 때문이다 러더를 사용하는 일 자체가 브레이크가 된다는 것을 기억할 것.

힐로 헬름을 컨트롤

　그러면 실제로는 어떻게 하면 헬름만으로 방향 전환을 할 수 있을 것인가? 헬름을 의식적으로 만든다 해도 방향 전환할때마다 마스트를 기울이거나 마스트 Step을 옮길 수는 없다. 요트의 속도가 떨어지지 않고 재빨리 필요로 하는 헬름을 만드는데 유효한 일은 오버힐이나 언힐이다. 상황에 따라 힐을 컨트롤 하는 것으로 러핑이나 베어 웨이에 알맞은 헬름을 만들 수 있다. 힐 컨트롤이 방향 전환에 있어서 유효하는가를 입증하기 위해 역설적인 예를 들어보겠다. 중풍 ~ 강풍의 컨디션인데 스타 보드 배를 피하기 위해 베어 웨이하려고 했더니 오버힐이 되니까 틸러를 조작해도 베어 웨이 못해서 충돌할 뻔했다라는 사람도 적지 않다. 그리고 강풍시 위쪽 마크에서 회항할 때 오버힐한 채로 베어 웨이하려고 틸러를 조작해도 요트가 돌지 않는 일도 있다.

요트의 방향전환은 러더가 메인이라고 생각하는 사람이 많다고 생각하지만 역방향의 헬름이 발생하고 있는 상황에서는 (강풍시) 아무리 러더를 조작해도 요트는 마음대로 안 된다. 요트의 방향전환에 있어서는 러더는 오히려 보조적인 시스템이라고 생각하는 것이 좋다. 그렇다고 해도 헬름만으로 상세하고 정확한 방향전환은 무리이다. 헬름을 이용하면서 러더를 병용하는 것이 좋다. 러더를 사용하는 것은 저항을 발생시키는 것이다라고 했지만 사용하는 것에 따라 저항이 안되는 사용법도 있다.

요트가 똑바로 달리고 있을 때 그림 9A처럼 크게 러더를 조작하면 매우 큰 저항이 발생한다. 그러나 그림 9B처럼 요트가 회전하고 있는 상태라면 요트의 대한 물 흐름의 방향 자체가 돌고 있으니 러더를 조작해도 저항이 적다. 태킹 후반에서 러더를 조작할 때가 있지만 요트가 회전하고 있으니 보기보다 저항이 크지 않는다. 중요한 것은 러더의 특성을 알고 또한 헬름의 원리를 이해하는 것이다. 그리고 헬름과 러더를 결합하는 것으로 원활한 방향 전환을 하려고 해야 된다.

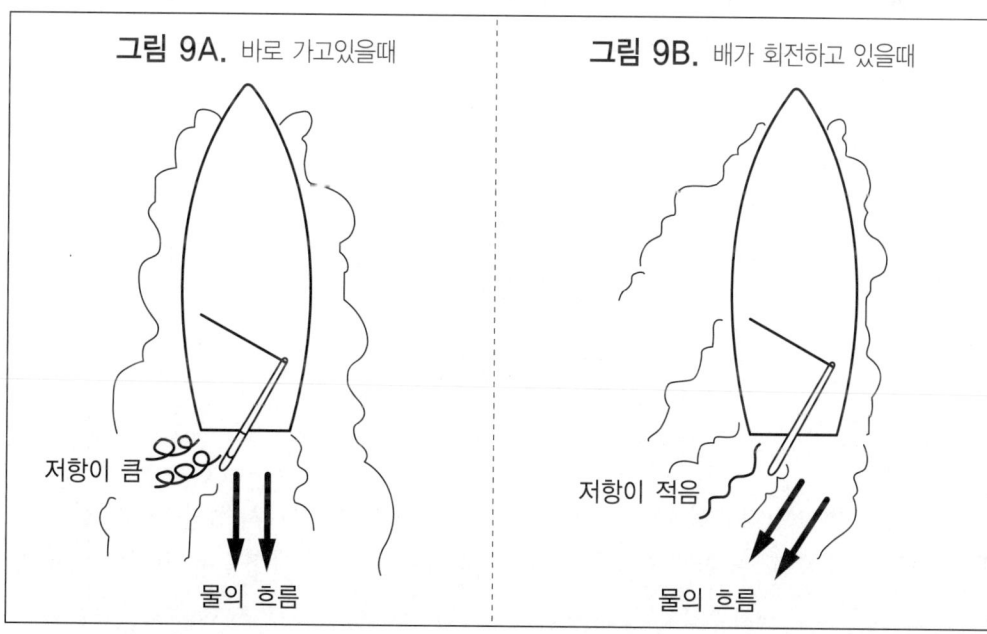

그림 9A. 바로 가고있을때 **그림 9B.** 배가 회전하고 있을때

저항이 큼 　물의 흐름　　저항이 적음 　물의 흐름

출발 전 헬름의 유용한 이용법

　헬름을 유용하게 이용하는 방법 중 방향전환과는 다른 이용법도 소개 하죠. p160 그림 8을 다시 보시오. Main / Jib 한 쪽을 시버시키면 헬름이 생긴다는 것이다. 경기 중 세일을 시버시키는 일이 없으므로 관계가 없을거라고 생각할지 모르지만 이 메커니즘을 알면 출발의 위치를 잡을 때 쓸모가 있다.

　출발 30초 전에는 각 요트는 클로스 홀드보다 바람이 오는 쪽으로 가고 나서 세일을 시버하는 상태로 기다린다. 그리고 10초전 베어 웨이해서 달리기 시작하려고 할 때 메인을 먼저 끌어당기면 어떻게 될까? 메인을 당긴 요트에는 웨더 헬름이 생기니까 아무리 틸러로 조작해도 요트는 베어 웨이하지 않는다. 이런 경우에는 우선 Jib를 당겨서 리 헬름 상태를 만드는 것으로 수월하게 달리기 시작한다. 그리고 클로즈 각도까지 베어 웨이하고 난 다음에 메인을 당겨서 가속시키는 것이 정답이다.

　또 반대로 시버해서 기다리는 사이에 바람 가는 쪽에서 다른 요트가 자기 요트를 향해서 왔다고 하자. 재빨리 러핑 해서 도망가지 않으면 바람 가는 측의 빈 공간(Free Water)이 없어진다. 이런 경우 먼저 Jib을 끌어당기면 리 헬름이 되어서 요트는 베어 웨이로 가고, 오고 있는 요트와 접촉하게 된다. 이럴 때는 메인만 끌어당기는 것으로 웨더 헬름 상태로 하여 러핑 한다. 이렇게 헬름이 세일링의 여러 장면에서 중요한 역할을 하고 있다. 다른 사람보다 빨리 달리게 하는 것도 요트를 마음대로 컨트롤 하는 것도 헬름 나름이라고도 할 수 있다.

전후의 밸런스

　이것은 헬름 하고는 직접 관계가 없지만 요트의 전후 밸런스에 대해서 설명하겠다. 힐 밸런스란 요트좌우의 밸런스를 잡는 것이다. 이것에 대해서는 원칙으로 수평을 유지할 것. 오버 힐이나 언힐 안하도록 밸런스를 잡으면 된다. 그러면 요트 전후의 밸런스를 어떻게 잡으면 되는 것일까? 전후 밸런스를 잡을 필요가 있겠는가? 그렇다. 필요가 있다. 그림 10을 보시오. 이것은 요트 타는 위치를 앞·뒤로 옮길 때의 물에 접하는 부분의 변화를 가리키는 그림이다. 크루가 타는 위치에 따라 이렇게 변화가 있다는 것을 기억하시오.

다음 요트뿐만 아니라 배라는 것의 특성인데 흘수선(吃水線)이 길면 길수록 속도가 난다는 법칙이 있다. 흘수선이란 그림 7에서 가리키는 물에 접하는 부분의 전후 길이다. 이 원리은 조금 복잡해서 간단하게 말하면 스케이트화를 생각해보세요. 스피드 스케이트의 날은 피겨 스테이트의 날보다 길어요. 이것과 비슷하다고 생각하면 된다. 이 원리를 이해하면 전후 밸런스를 어떻게 해야 될지는 알 것이다. 되도록 흘수선이 길게 되는 위치에 타는 것이 원칙이다. 다만 흘수선이 길수록 스피드가 난다는 법칙은 요트가 Planing(활주)하면 없어진다. 흘수선이 짧은 모터보트가 맹스피드로 달릴 수 있는 것은 Planing상태이기 때문이다.

요트도 Free의 어빔 등으로 Planing상태가 되면 흘수선의 길이를 생각하지 않아도 된다. 그것보다 되도록 요트의 밸런스를 잡아서 Planing 상태를 유지하는 것이 중요하다. 그렇게 하기 위해서는 조금 뒤쪽 자리에 타서 Starn의 수평이 되어 있는 부분을 물에 접하게 하는 것이 효과적이다. 또 뒤로 타는 것으로 Bow가 파도속으로 들어가는 일도 방지한다. 반대로 거의 바람이 없는 경우는 흘수선의 길이를 길게 하는 것보다 물에 접하는 면적을 줄이는 것으로 물의 저항을 감소시키는 것이 우선이다. 이런 경우 되도록 앞으로 타서 물에 접하는 면적을 최소한이 되도록 하는 것이 좋다

또한 크루와 스키퍼는 다 붙어서 타는 것이 원칙이다. 떨어져서 타면 Pitching(전후에 흔들리다) 하기가 쉬워서인데 톱 세일러 중에는 일부러 떨어져서 타는 팀도 있다. 그렇지만 특별한 이유가 없으면 붙어서 타는 것이 좋다.

그림 10.

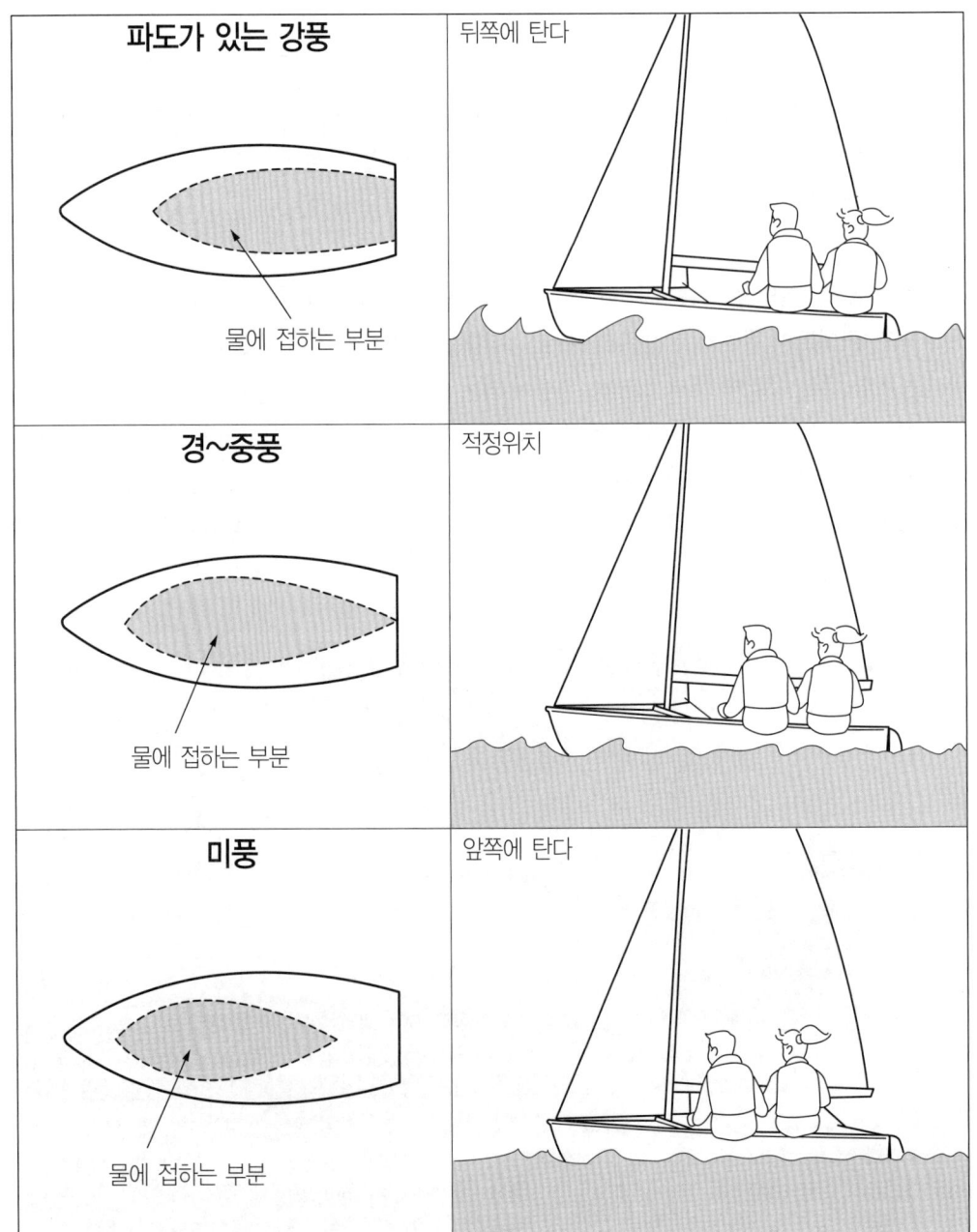

3. 세일(Sail) Power의 원리

참 바람과 외양의 바람

앞에서 설명한 것과 같이 요트는 세일이 바람을 받는 것이 아니라 세일(날개 단면)에 바람을 흐르게 해서 생기는 추진력을 얻어 나아가는 것이다.

세일에 양력을 발생시키기 위해서는 적절한 각도에서 공기가 흘러야 된다. 그렇지만 바람은 우리의 마음대로 변화시킬 수 없으니 바람 방향에 맞추어서 세일의 각도를 조절해야 된다. 이 조절하는 것을 세일 트림이라고 부른다. 바람 방향에 맞춘다고 하지만 정확히 바람 방향을 알기 위해서는 어떻게 해야 될까? 그것은 텔테일이다. 딩기의 경우 슈라우드에 묶은

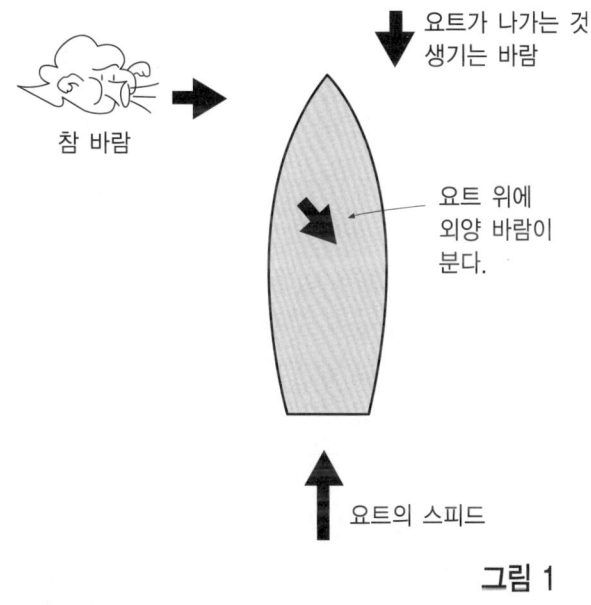

그림 1

털실 등 또한 마스트 톱에 설치되어 있는 깃발 등으로 바람 방향을 알 수 있다. 다만 그들이 가리키는 바람 방향은 "외양의 바람"이고 "참 바람"이 아니다.

바람이 전혀 없는 날이라도 자전거를 타면 앞에서 바람이 온다고 느낀 것처럼 요트도 달리면 (상대적인)바람이 발생한다. 이 진행방향 정면에서 불어오는 바람과 실제 해상을 지나가는 참 바람과 합성한 것이 "외양의 바람"이고 세일링 중 덱 위에서 느끼는 바람은 바람 방향도 바람 속도도 모두 "외양의 바람"이다.

'외양의 바람'이라고 하면 가짜 같은 생각이 들지만 실제 세일 트림에 영향을 미치는 바람은

외양의 바람이다. "참 바람"은 덱 위(세일이 영향을 미치는 자리)에는 존재하지 않으니까 세일 트림 할 때는 무시해도 괜찮다. 다만 해상을 지나가는 바람과 자기가 요트 위에서 느끼는 바람은 다른 것이라고 이해 할 필요가 있다.

요트의 속도가 증가하면 외양의 바람은 속도가 늘어나는 동시에 바람의 방향은 앞쪽으로 변한다. 속도가 감소하면 반대가 된다. 또 클로스 홀드에서는 외양의 바람 속도는 증가하고 러닝 할 때는 마치 무풍상태처럼 외양의 바람 속도는 감소한다. 즉 자기 자신의 속도나 침로에 따라 외양의 바람은 크게 변하고 세일러는 그들에 대응하여 세일 트림해야 된다는 것이다.

세일 트림의 실제

외양의 바람을 가리키는 텔테일을 참고로 어떻게 세일 트림 하면 좋을까?

그것을 설명하기 전에 여기서 말하는 세일 트림이란 바람에 대한 세일(=붐)의 각도를 말하며 주로 시트로 트림 할 수 있는 범위를 말한다. p153에서 설명한 "어떤 방법으로 효율적인 날개단면을 만들 것인가?"에 대해서는 말하지 않겠다.

몇 번이나 말했지만 양력은 세일(날개단면)에 바람이 흐르면 생긴다. 그럼에도 불구하고 세일을 너무 끌어당기는 실수를 한다. 즉 '바람을 흐리게 하다.' 보다는 '바람을 받아들이다.' 라는 의식이 강해서 그렇다. 머릿속에서는 양력의 메카니즘을 이해하는것 같지만 구체적인 이미지를 구축 못하니 바람을 받아들이게 되는 것이다.

세일 트림 할 때 기준이 되는 것은 텔테일의 각도와 붐이 평행이되도록 유지

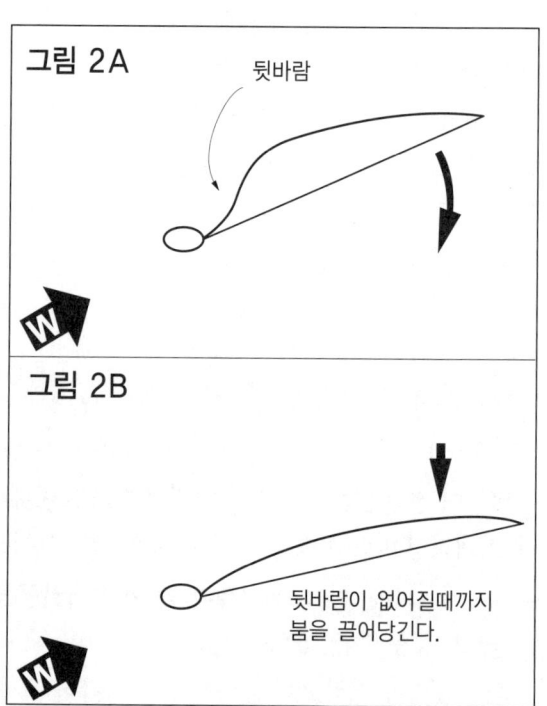

그림 2A
뒷바람

그림 2B
뒷바람이 없어질때까지 붐을 끌어당긴다.

한다는 점이다. 기류의 방향과 붐을 평행으로하면 공기는 방해를 받지 않고 원활하게 흘러가기 때문이다. 다만 세일은 비행기의 날개와 달리 천으로 되어 있기 때문에 완전한 평행이 될 때까지 붐을 내면 그림 2A처럼 뒤바람이 들어온다. 이렇게 되면 고운 날개 단면이 되지 않아서 Rough가 없어질 때까지 붐을 끌어당긴 위치(그림 2B) 여기가 트림의 기본 위치다.

풍향표시의 보는 방법

붐이 없는 지브 세일을 트림할 때 표면에 붙어져 있는 텔테일을 이용한다. 텔테일의 역할은 세일 양면의 기류 상태를 나타내는 것, 보는 방법은 간단한데 기본적으로 앞면과 뒷면의 텔테일이 동시에 잘 흐르고 있으면 괜찮다.

바람 오는 쪽의 텔테일은 흐르고 있는데도 바람 가는 쪽의 텔테일이 흐트러져 있는 경우(사진 1)는 세일을 너무 당겼다.

반대로 바람 가는 쪽은 흐르고 있으나, 바람 오는 쪽은 흐트러져 있는 경우(사진 2) 세일을 너무 냈다는 것을 나타내고 있다.

지브 세일의 트림에 관해서는 p185의 클로스 홀드를 달리는 방법을 참고 하시오. 그렇게 말하는 것도 스피네커를 가지는 470급 같은 딩기의 경우 Free를 달릴 때는 주로 스피네커를 중심으로 달리기 때문에 지브 세일의 트림은 그다지 자세하게 할 필요가 없고 지브 세일의 트림이 중요할때는 오로지 클로스 홀드로 달릴 때이다. 클로스 홀드에 있어서 텔테일 활용법은 나중에 말하기로 하고 여기서는 텔테일의 세팅에 대해서 설명하겠다.

우선 붙이는 위치는 포어 스테이에서 약 18cm 정도, 더 이상 길면 포어 스테이에 걸

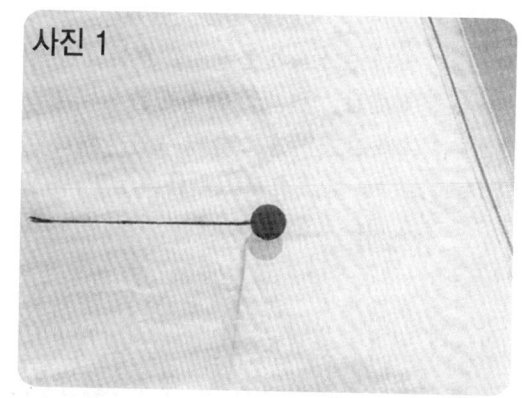

사진 1

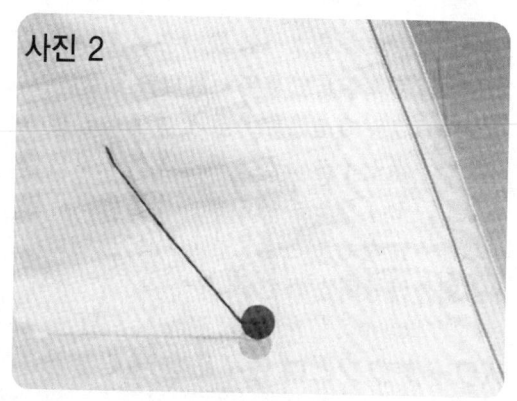

사진 2

릴 가능성이 있다. 붙이는 높이는 스키퍼가 덱에 앉는 위치에서 눈으로 볼 때 수평보다 조금 위쪽 자리가 좋을 것이다.

4. Power Down의 원리

Power Down의 중요성

리그 튜닝의 근본은 "어떤 방법 효율적인 Power Down을 할 수 있는 리그를 만드는 것일까?"에 있다. p147에서 말했지만 요트의 경우 그 추진력인 양력을 100% 이용할 수 없다. 특히 양력의 방향과 진행방향이 크게 다른 클로스 홀드 할때는 옆으로 흐르는 힘을 없애는 것으로 사소한 추진력을 얻고 있다. 옆으로 흐르는 힘을 없애는 다른 힘이 "복원력"이고 그 힘을 내는 것은 크루의 하이크 아웃 즉, 두 사람의 몸무게이다.

두 사람의 몸무게를 초과하는 양력이 발생한 경우(이것을 Over Power 상태라고 함) 요트는 오버힐이 된다. 그것이 돌발적인 것이라면 메인 세일을 내는 것으로 바람을 흐르게 해서 대처 하는데, 너무 크게 붐을 내면 세일의 날개 단면이 흐트러지게 된다. 그래서 크루의 몸무게(복원력)를 초과하는 양력이 발생하게하는 풍속이 되는 경우 효율적으로 Power Down하는 일이 필요하다.

요트의 리그라는 것은 보통 상태로 세팅하면 Full Power상태가 되도록 설계되어 있다. 즉 Full Power로 세일링하는 것은 기본만 되어 있으면 쉽게 할 수 있다.

Full Power로 달리는 한 세일러의 기술차이는 그다지 나타나지 않는다. 경풍때의 경기할 때 중급 세일러가 상급 세일러에게 이기는 일이 있는 것도 그 때문이다. 세일러의 기술 차이가 나는 것은 양력이 복원력을 초과했을 때, 즉 Over Power가 되었을때 어떤 방법으로 세일을 Power Down시킬 수 있는가가 관건이다.

Power Down은 세일을 편평하게 하는 것

470급 같은 One Design Class의 경우 Power Down 하고 싶다고 해도 면적이 작은 세일을 선택할 수가 없으니 세일 면적을 변화시키지 않고 Power Down 즉, 발생하는 양력을 줄여야 한다. p151에서 설명한 양력의 원리에 의하면 드래프트가 깊어지면 기류의 속도차이가 커지니까 강한 양력이 발생된다. 즉 면적을 변화시키지 않고 Power Down하고 싶으면 드래프트를 얕게 하면 된다는 것이다. 재빨리 세일을 편평하게 하기 위해서는 뱅을 당기거나 커닝햄을 당기는 방법이 있다. 지브 세일의 경우 지브 시트 리더를 뒤쪽으로 내리는 것으로 세일을 편평하게 할 수 있다(p146). 이들의 방법은 세일링 중에 쉽게 대처할 수 있는 편리한 방법이지만 조절 할 범위가 좁아서 큰 효과는 얻을 수가 없다.

근본적으로 Power Down 하고 싶으면 마스트의 세팅부터 바꿀 필요가 있다. '오늘 Over Power할 강풍이 불 것이다'고 알고 있으면 미리 하버에서 마스트의 세팅을 강풍용으로 해놓고 바다 위에서 뱅이나 커닝햄으로 조절하는 것이 효과적인 Power Down이다.

마스트를 휘면 세일이 편평해진다

마스트는 세일을 받치는 단순한 기둥이 아니다. 마스트는 그 밴드(휨)에 따라 세일 커브를 과격하게 조절할 수 있는 말하자면 자동차의 기어박스 같은 역할을 담당하고 있다. 마치 자동차가 기어를 선택하는 것으로 엔진에서 끌어당기는 Power를 조절하는것 같이 요트의 경우 마스트의 밴드로 세일에서 생기는 양력을 조절한다.

세일이라는 천은 주로 두가지 시스템으로써 적절한 날개 단면을 형성할 수가 있다. 하나는 Panel Design이다. 요트의 세일은 그림 3A같은 몇 가지의 Panel를 꿰매는 것으로 제작되어 있는데 꿰맬때 곡선으로 하면 세일이 삼차원적 커브가 생긴다. 또 하나는 러프 커브다. 세일의 러프는 일직선이 아니고 곡선이 되어 있다. 혹시 요트의 세일이 panel이 없는 하나의 천이었다 해

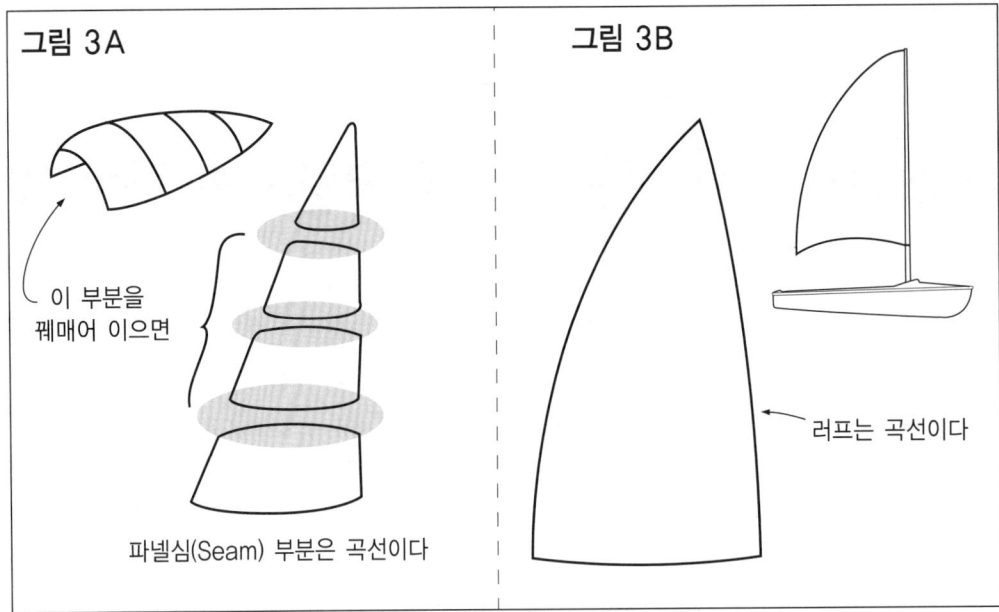

그림 3A 이 부분을 꿰매어 이으면 / 파넬심(Seam) 부분은 곡선이다

그림 3B 러프는 곡선이다

도 러프에 커브가 있으면 똑바른 마스트에 설치할 때는 삼차원적인 세일 커브가 생긴다. 실제 윈드서핑의 세일은 이 러프 커브만으로 세일 커브를 만드는 시스템을 선택하고 있다. 윈드서핑의 세일을 땅바닥에 펴보면 알수 있지만 요트의 세일과 달리 편평한 한장의 천뿐이다. 요트의 세일은 이 두가지 시스템을 병용하는 것으로 적절한 날개 단면을 얻을 수 있도록 디자인 되어 있으니 마스트 밴드에 의한 Power Down은 두 가지 시스템 중 러프 커브로 인해 생기는 세일 커브를 컨트롤하자는 것이다.

만약 마스트 밴드를 러프 커브와 똑같이 한다면 러프 커브로 인해 생기는 세일 커브는 완전히 없앤다는 것이 된다. 마스트를 휨으로서 기대 되어지는 Power Down은 이런 이유 때문이다. 물론 러프 커브와 Panel Design은 하나의 세일 Design으로서 날개 단면을 형성하고 있으니 현실적으로는 이렇게 단순하게 나누어서 생각 할 수는 없지만 마스트 밴드가 Power Down에 관련이 되어 있다고 이해할 필요가 있다.

마스트 밴드를 컨트롤 할 시스템

470급에는 마스트 밴드를 컨트롤 할 시스템이 두가지 준비되어 있다. 하나는 스프레더이다.

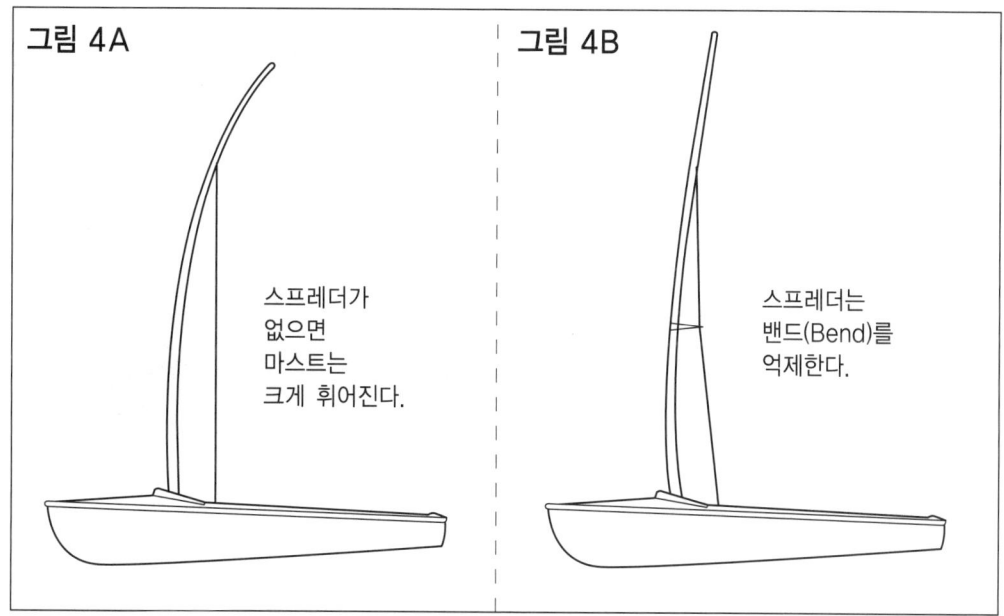

그림 4A — 스프레더가 없으면 마스트는 크게 휘어진다.

그림 4B — 스프레더는 밴드(Bend)를 억제한다.

　스프레더의 원래 역할은 마스트가 옆으로 휘어지는 것을 억제하는 것인데 그것의 각도를 조절하는 것으로 마스트의 밴드를 컨트롤 할 수 있다. 슈라우드를 스프레더부터 떼어서 마스트를 세팅하면 마스트는 크게 휘어진다(그림 4A). 그렇다 470급의 스프레더는 밴드를 억제하기 위해 있는 것이다(그림 4B). 그러나 Class에 따라 스프레더의 역할은 다르니까 조심할 것 그리고 Sperader의 앙각(elevation)을 크게 할수록 마스트 밴드를 억제하여 직선에 가까운 마스트 밴드를 만들 수 있다. 스프레더로 컨트롤 할 수 있는 마스트 밴드의 위치는 마스트의 중앙 부분에 있어서 큰 효과를 얻을 수 있지만 조절 할 때마다 마스트에 올라가야 되니까 바다 위에서는 조절 할 수 없다.

　또 한 가지의 시스템은 Mast Puller이다.(사진) 이것은 보시다시피 앞으로 튀어나온 마스트의 밑부분을 누르는 것으로 마스트 밴드를 없애는 시스템이다. Mast Puller는 주로 마스트의 밑부분을 컨트롤 하는 시스템이다. 스프레더와는 달리 세일링 중 이라도 쉽게 조절 할 수 있는 Power Down시스템이다.

　Mast Puller를 사용할 때 한가지 조심해야 할 것은 뱅이 강하게 걸린 상태라면 붐이 마스트의 Goose Neck부분을 앞으로 밀어내니까 마스트는 크게 Low Bend 한다. 이때 Puller를 완전히 자유로운 상태가 되어 있으면 너무 Low bend가 될 염려가 있으니

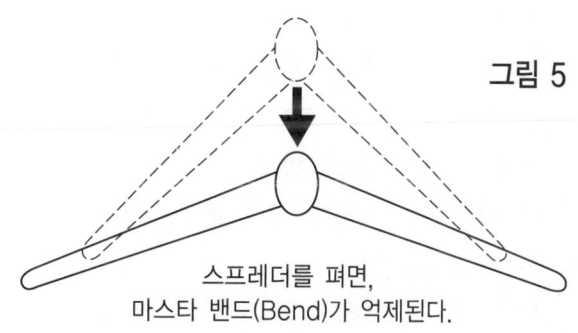

그림 5 — 스프레더를 펴면, 마스타 밴드(Bend)가 억제된다.

Power Down하고 싶어도 Puller는 가볍게 하는 것이 좋다.

Power Down 시스템으로 알려주는 스프레더와 Mast Puller이지만 그 원리를 알고 보니 어느 쪽도 마스트 밴드를 억제하는 시스템이다. 마스트는 Puller도 스프레더도 없는 상태로 당길 때가 제일 크게 밴드한다. 그 상태에서 단계적으로 밴드를 제거하는 시스템이 스프레더와 Mast Puller라고 생각하면 된다.

마스트를 뒤쪽으로 기울게 하면 어떻게 될까?

마스트를 사용하는 Power Down방법은 마스트를 휘어지게 하는 것과 또 다른 한 가지 마스트를 뒤쪽으로 기울게 하는(Rake)라는 방법이 있다.

방법은 실로 단순한데 Mast Step을 앞쪽으로 이동시키고 나서 슈라우드의 체인 플레이트의 위치를 내리는 것 뿐이다. 스텝 위치는 그대로 하고, 체인 프레이트만을 조작해도 얼마 정도의 효과는 있다. 그러면 마스트를 뒤쪽으로 기울게 하면 왜 Power Down 되는 것일까?

한 가지는 리그 전체 위치가 내려진다는 것이다. 이것은 실로 조그만한 효과지만 마스트가 레

그림 6

이크하면 마스트 톱의 위치가 밑으로 이동하고 (그림 6) 리그 전체에 걸리는 힘이 경감되기 때문이다. 지레의 원리다. 또 한 가지는 이 매커니즘은 조금 복잡한데 기류가 세일에 대해서(러프에 대해서 수직이 아니고) 비스듬히 흐르는 것으로 날개 단면이 얕게 되는 효과를 기대하는 것이다. 말로 설명해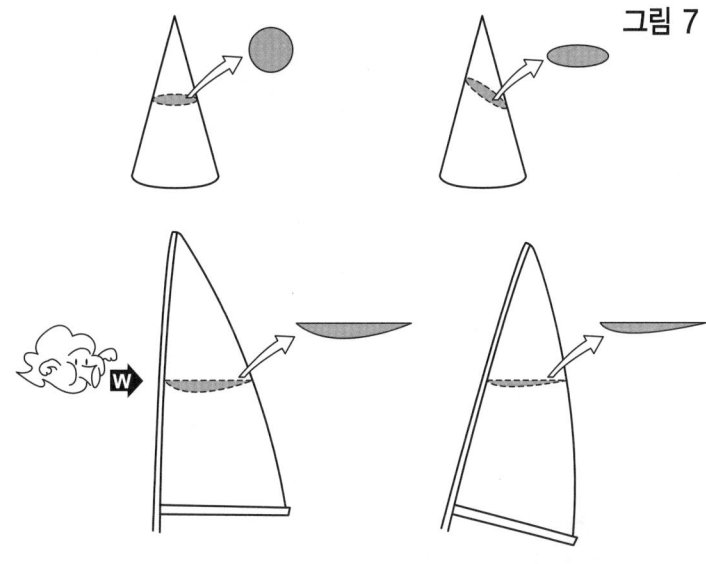

도 이해하기 어려우니까 그림 7을 보시오. 날개 단면이란 기류 방향에 평행으로 잘라 내는 단면을 말한다. 예를 들면 원주를 세일로서 수평으로 잘라 내면 단면은 완전한 원형이 되지만 비스듬히 잘라 내면 타원형이 된다.

  이것을 세일 커브라고 생각하면 완전한 원형보다 타원형이 드래프트가 얕다는 것이다. 너무 섬세하다고 생각할지 모르지만 애당초 Sail Power를 컨트롤 한다는 것은 아주 섬세한 작업이다. 수 밀리미터의 시트조작이나 조그만한 마스트의 기울기에 따라 Sail Power는 과격하게 변한다는 것을 알아야 된다.

• 레이크(Rake) : 돛대의 경사도

Ⅳ 세일 트림(Sail Trim)

 이 장에서는 "도구로서의 요트"라는 시점에서 요트의 구조, 요트의 원리나 시스템을 알아보자. 이것은 세일링이란, 요트라는 도구를 사용하는 스포츠인 이상 타는 사람의 상식으로 알아야 되는 지식이다.

1. Free와 Close Hauled와의 차이

 그림 1은 요트 입문서에는 반드시 있는 그림이고 바람에 대한 요트의 진행방향과 그 이름을 가리키는 것이다. 이것을 보는 한 요트를 달리게 하는 방향은 바람 오는 쪽(45°)으로 달리는 클로스 홀드, 옆바람을 받아서 달리는 어빔, 비스듬하게 바람이 가는 쪽으로 가는 Broad Reach, 바람이 가는 방향으로 가는 러닝으로 분류되어 있다.
 클로스 홀드 이외는 Free, 즉 요트가 달리는 방법은 Free와 클로스 홀드 밖에 없다고 말할 수 있다. 그러면 Free와 클로스 홀드는 도대체 어디가 다른 것일까? 간단하게 말하면 Free는 목적지를 앞으로 보면서 달릴 수 있고 클로스 홀드는 그렇지 않는다는 것이다.
 요트는 자동차나 오토바이와 마찬가지로 이동수단의 하나다. 이동수단인 이상 목적도 당연히 있을 것이다. 바다에는 육지와 달리 길이 없으니까 갈려고 하면 360° 어느 방향으로도 갈 수 있다. 또 빌딩이나 산도 없으니 목적지도 잘 보일 것이다.
 예를 들면 당신이 모터보트를 가지고 있다면 그 목적지에 보트의 바우를 향하게 해서 일직선으로 나아갈 것이 아닌가? 그것이 Free라고 생각하면 된다. 즉 목적지를 향해서 자유롭게 침로를 맞추어 갈 수 있는 것이 Free다.
 그러나 그림 1로 나타냈지만 요트는 360° 어디에도 갈 수는 없다. 만약에 당신이 가고 싶은 목적지가 그림 1의 사선부분에 있다면 당신은 어떻게 할까? 우선 바람 오는 쪽에 갈 수 있는 한계인 클로스 홀드로 가고 나서 적당한 곳에서 태킹을 하면서 목적지에 갈 것이다. 클로스 홀드

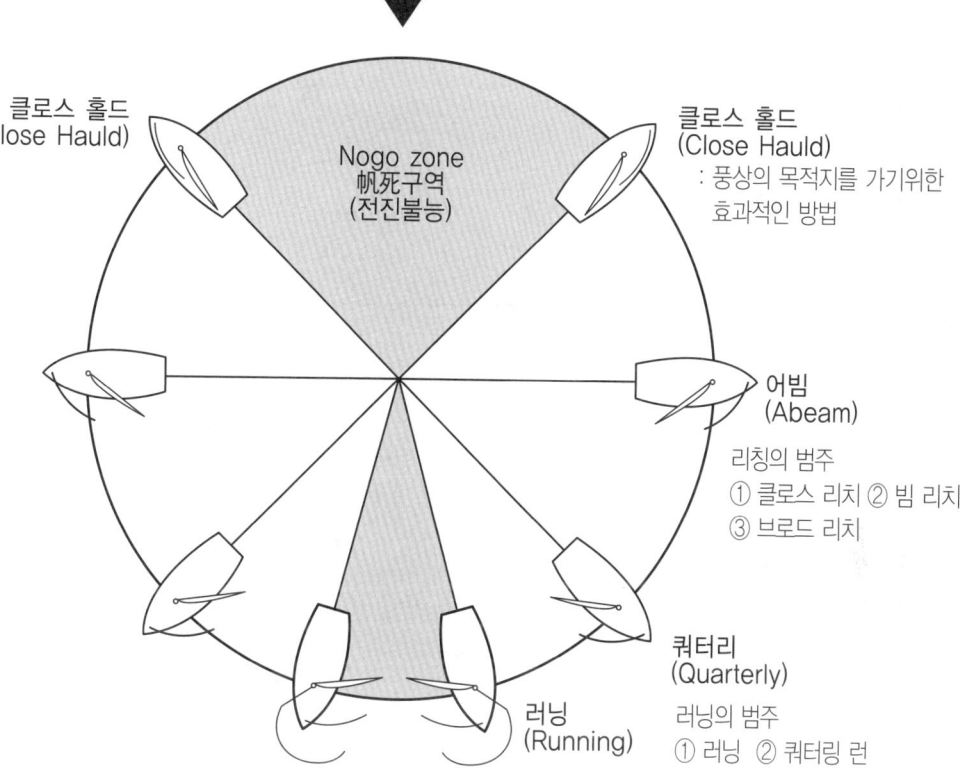

그림 1

란 가고 싶은 장소가 정면에는 없지만 더 이상 목표물로 침로를 정할 수 없으니 어쩔 수 없이 달리는 방법이다. 이 차이가 실제 세일링에서 어떤 식으로 나타나는 것일까? 그것을 정리한 것이 그림2이다.

목표물에 똑바로 나아간다는 Free의 경우, 목표물로 향한 침로를 유지해야 된다. 그러나 목표물에 도달하기 전에 바람의 방향이 바뀔 수도 있다. 그래서 침로를 유지하면서 붐을 내고 당기면서 세일을 트림한다.

한편 더 바람이 오는 쪽으로 향하고 싶은데 참으면서 달리는 클로스 홀드는 침로를 유지할 필요가 없다. 만약에 지금 가는 각도보다 바람이 오는 쪽으로 갈 수 있으면 틸러를 밀고 갈 수 있을 때까지 가면 된다. 반대로 바람의 방향이 변하면 가고 싶어도 못 가니까 틸러를 맞추어 조절할 수밖에 없다. 그런 경우 세일 트림은 어떻게 하면 될까? 클로스 홀드는 타협인 동시에 한계이기도 한다. 항상 바람의 방향에 대해서 용인된 한계의 각도로 달리고 있으니 클로스 홀드로 달릴 때는 항상 붐을 끝까지 끌어당겨야 된다.

쉽게 말하면 바람 방향의 변화에 대해서 Free는 세일 트림으로 대응하고 클로스 홀드는 침로의 변경으로 대응한다. 이 점이야 말로 Free와 클로스 홀드의 차이점이다. 보는 관점을 바꾸면 Free는 시트 조작으로 대응하고 클로스 홀드는 틸러 조작으로 대응한다고 할 수 있다.

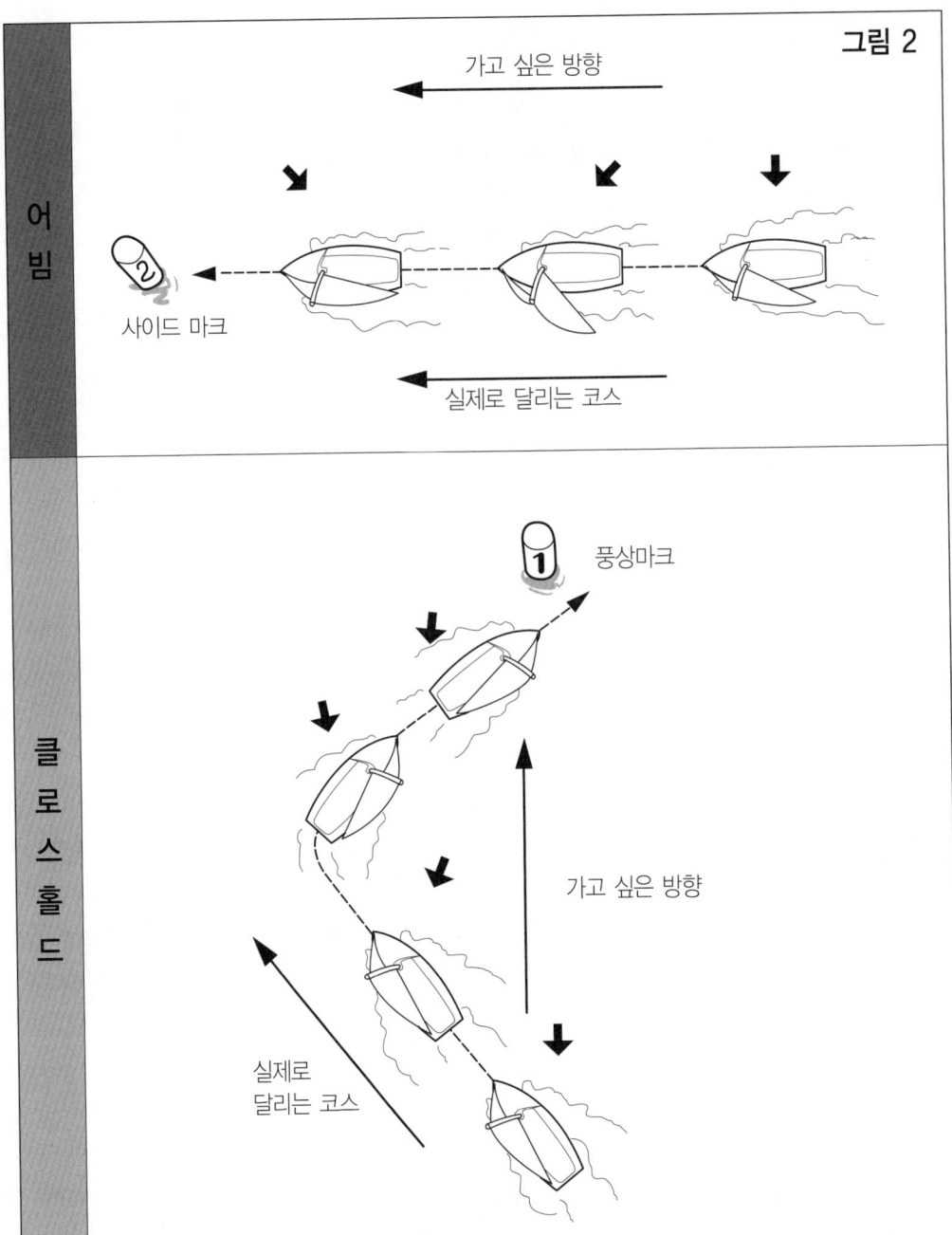

그림 2

2. Free때의 세일 트림

목표물을 설정하고 Free로 달리자

앞에서 설명하는 대로 Free의 특징은 목표를 향해서 일직선으로 나아갈 수 있다는 점이다. 우선 어빔정도의 각도로 달릴 수 있는 위치에 목표를 설정할 것. 바다 위에서 뜨는 부표라도 멀리 보이는 등대라도 좋다. 목표를 설정하면 거기를 향해서 일직선으로 달려라.

여기서 중요한 것은 목표를 "점"으로 인식하지 말고 "면"으로 인식하려고 하는 자세다. 목표물만 시선을 집중시키면 밸런스를 바르게 잡지 못하고 똑바로 달릴 수 없게 된다.

그림 1처럼 목표 주변의 시각적 정보를 TV모니터로 보는 것 같이 의식하라는 뜻이다. 보통 앞으로 보고 있으면 이렇게 보이지만 인간의 눈이란 단 하나에 집중하면 다른 것이 보여도 그것을 정보로 뇌세포에 전달되지 않아 안 보이는 것과 마찬가지다. 그것을 "면"으로 본다고 인식하는 것으로, 나의 침로와 목표와의 차이를 정확히 잴 수 있고 요트의 밸런스도 잡을 수 있게 된다.

목표물이 너무 멀거나 안개로 인해 목표

그림 1

물이 잘 안 보이는 경우, 컴퍼스(Compass)를 사용하는데 그 때도 똑같다. 컴퍼스 각도를 염두에 두면서도 눈앞의 시계정보를 항상 머릿속에 입력해야 된다. 이렇게 목표물을 갖고 달리거나 시계를 넓게 본다는 것은 경기할 때의 코스결정의 기초가 되니까 언제나 의식하면서 연습하는 것이 중요하다.

텔테일과 러프가 항해 계기가 된다

Free는 목표물을 향해서 일직선으로 달리는 것만을 생각하면 안된다. 똑바로 달리게 하는 것은 틸러 조작이 그다지 어렵지 않다. p169에서 설명했지만 Free로 달릴 때는 바람 방향의 변화에 대해서는 시트 조작(세일 트림)으로 대응하니까 세일의 각도에는 신경을 써야 된다.

기본적으로는 슈라우드의 Telltale와 평행이 될 때까지 붐을 내고 거기에서 러프의 뒤바람이 없어질 때까지 시트를 끌어당긴 자리가 트림의 기본위치다. 나머지는 러프와 텔테일에 신경을 쓰면서 조금씩 트림 하기만 하면 된다. Free때는 텔테일과 러프가 항해계기가 된다.

다만 여기서 조심해야 할 것은 러프다. 세일의 러프에 뒤바람이 들어오기 직전이 가장 좋은 트림이 되니까 러프에 뒤바람이 들어오면 "아, 붐을 너무 냈다"고 알 수 있다.

그러나 이 러프라는 것은 붐을 너무 낼 때는 반응을 하는데 붐을 너무 끌어당긴 경우는 아무 반응이 없다는 것이다. 그래서 뒤바람이 안 들어온다고 안심하지 말고 항상 시트를 조금씩 내고 당기고 하면서 "붐을 너무 끌어당기는 일"에 조심해야 된다. 세일을 너무 끌어당기는 것은 오버 트림이라고 비효율적인 상태다. 너무 끌어당기는 것보다 너무 내는 것이 낫다고 알고 있어야 된다.

스피네커의 트림

사진 1A

스피네커가 메인 세일나 지브 세일하고 크게 다른 점은 조작로프가 2개 있는 것과 택부분이 고정되어 있지 않다는 점이다. 스피네커는 바람 오는 쪽의 에프터 가이와 바람 가는 쪽의 스핀 시트의 두 가지 로프로 공중을 자유롭게 날리는 것이다.

스피네커를 트림 할 때는 우선 스핀 폴의 위치를 결정하는 일부터 시작한다. 택이 고정되어 있지 않다고 했지만 스핀 폴 위치를 고정하는 것으로 택 위치도 결정되는 것이다. 그 기준은 스핀 폴을 슈라우드의 텔테일에 대해서 수직되는 각도. 그 위치에 스핀 폴을 고정시키면 바람 가는 쪽의 스핀 시트로 트림 한

사진 1B

사진 1C

다. 이것도 메인 세일과 마찬가지로 뒤바람이 들어오는 직전이 가장 좋은 트림이다.

사진 1A처럼 러프 위쪽 3분의 1이 조금 말아지는 정도까지 늦추고 말아진 것이 없어질 때까지 당기고, 또 늦추고…, 이것을 반복하는 것이 스피네커의 기본 트림이다. Guy를 너무 당긴 경우는 사진 1B처럼 말아진 부분이 아래쪽으로 확대되어진다. 또 시트와 Guy가 양쪽이 너무 나오는 경우 사진 1C처럼 스피네커 전체의 형태가 일그러져서 불안전한 상태가 된다.

스핀 폴의 높이는 톱핑 리프트로 조절한다. 원칙으로서 택과 크루의 위치가 사진 2A처럼 평행이 되도록 세팅한다. 스피네커는 메인 세일이나 지브 세일로 부터 떨어져서 펴는 것이 효율적이라 톱핑 리프트는 되도록 높게 하고 싶지만 바람이 약해도 억지로 폴을 올리면 사진 2B처럼 된다. 또 미풍에서 바람이 강해질 때 톱핑 리프트를 올리는 것을 잊으면 사진 2C 같은 형태가 된다.

세 가지 세일을 펴는 상태로 리칭

　메인, 지브, 스핀 모든 세일을 사용해서 달리는 리칭은 가장 속도가 나는 방법이다. 스핀 폴의 각도는 폴이 포어 스테이에 닿지 않는 직전까지 앞으로 내미는 것이 원칙이다. 다만 중~강풍이 되면 스피네커가 강렬한 힘을 받으니까 폴자체도 바람 가는 쪽으로 밀게 되어 경풍시와 같은 위치에 있으면 포어 스테이에 접촉하니까 조심해야 된다. 리칭의 경우 가이는 트워커의 캠에 고정시키는 것이 원칙이지만 컨디션의 변화에 대응해서 조절하고, 되도록 앞으로 내밀면서도 포어 스테이에 간섭하지 않는 위치를 유지하는 것이 중요하다.

　클로스 홀드에서 베어 웨이한 시점에서 뱅은 늦춘 상태로 되어 있어야 되는데 중풍이상의 컨디션에서 붐이 튀어 오르게 되면 시트 조절에 따라서 붐이 평행이동 하도록 뱅을 조절한다. 다만 강풍시 파도가 높은 경우 조금만 오버힐이 되어도 붐이 바다 수면밑으로 쑥 들어가는 경우가 있다. 이렇게 될 때는 조금 뱅을 늦추는 것으로 대처한다.

　세일의 트림은 기본적으로 앞에서 말했다. 지브는 텔테일에 맞추고 메인은 러프가 없어질

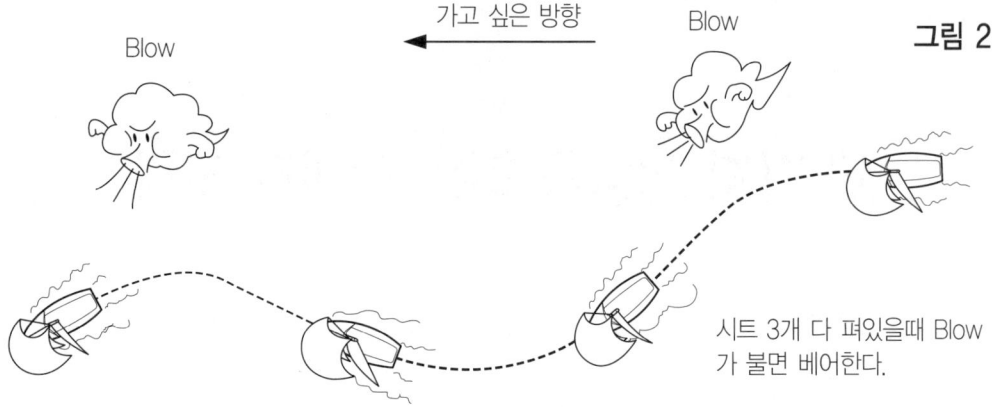

그림 2

시트 3개 다 펴있을때 Blow가 불면 베어한다.

때까지 끌어당기고 스피네커는 스핀 시트의 말아진 상태를 보고 조절한다. 리칭 할 때 세일 트림에서 중요한 것은 강풍시의 Blow(일시적 돌풍)에 대한 대처다. 스피네커를 사용하지 않는 Free나 클로스에서는 돌발적인 Blow가 불어오면 메인 시트를 내거나 조금 러핑하는 것으로 바람을 다른 방향으로 흐르게 하는데 스피네커를 사용하는 리칭의 경우는 Blow때 러핑하는 일은 없다.

스피네커라는 세일은 그 형태가 메인 세일같이 반(半)은 시버하면서 세일을 사용할 수가 없다. 스피네커는 항상 바람을 받고 불룩해지지 않으면 요트 자체가 불안전하게 된다. 그래서 리칭 할때 돌발적인 Blow가 불때는 메인 세일을 내는 것과 동시에 충분히 틸러를 당겨서 한 번에 베어시켜야 된다. 러닝의 경우는 아무리 강한 Blow가 불어도 오버힐을 할 일은 없다. 즉 스피네커를 펴는 리칭은 Blow를 다른 방향으로 흐르게 하는 것이 어려우니까 러닝 방향으로 바꾸면서 바람의 힘을 바람이 가는 쪽으로 달리게 하는 속도로 변환 시키는 것이다.

여기서 조심해야 할 점은 Blow가 불게 되면 한 번에 베어한다는 점이다. 리칭할 때 강한 Blow가 불어오면 요트는 바람이 오는 방향으로 가는 성질이 있다. 베어의 타이밍이 늦으면 요트는 바람이 오는 쪽으로 가면서 오버힐하게 된다. 이것을 Broaching이라고 하여 대처가 늦으면 캡사이즈 되는 경우도 있다.

Blow가 지나가면 다시 리칭 각도까지 러핑 해야 한다. 단속적으로 Blow가 오는 중 ~ 강풍 때의 리칭은 그림 2처럼 베어와 러핑을 반복하면서 달리게 된다. 이렇게 중 ~ 강풍 때의 리칭은 Blow가 올 때마다 베어해야되기 때문에 최종적으로 목적지보다 바람이 가는 쪽으로 흘러가게 될 가능성이 있으므로 항상 목적지보다 조금 바람이 오는 쪽으로 향해서 달리는 것이 좋다.

러닝의 방법

 벌써 아는 사람도 있겠지만 러닝은 일반적으로 Free로 분류가 되어 있지만 진정한 Free가 아니다. p176에서 Free란 목적지를 향해서 자유로이, 즉 일직선으로 침로를 잡을 수 있는 세일링이라고 했다. p177의 그림 1을 보면 알다시피 클로스 홀드와 마찬가지로 러닝(스타 보드)과 러닝(포트)사이에도 달릴 수 없는 부분이 존재한다. 즉 러닝도 클로스 홀드와 다름없이 타협의 세일링이 된다. 목적지에 똑바로 가고 싶지만 그러면 속도가 떨어지니까 일단 이 각도로 달리는 것이 러닝다.

 단지 클로스 홀드와 달라서 번거로운 것은 그 각도가 컨디션이나 또는 Class에 따라서 변화되는 것이다. 클로스 홀드의 경우 어떤 컨디션이라도 어떤 Class라도 바람에 대해서 약 45° 즉, 태킹 할 때는 방향전환 각도는 90°, 이 각도를 태킹 앵글이라고 한다. 그 차이는 많아도 10°를 넘지 않는다.

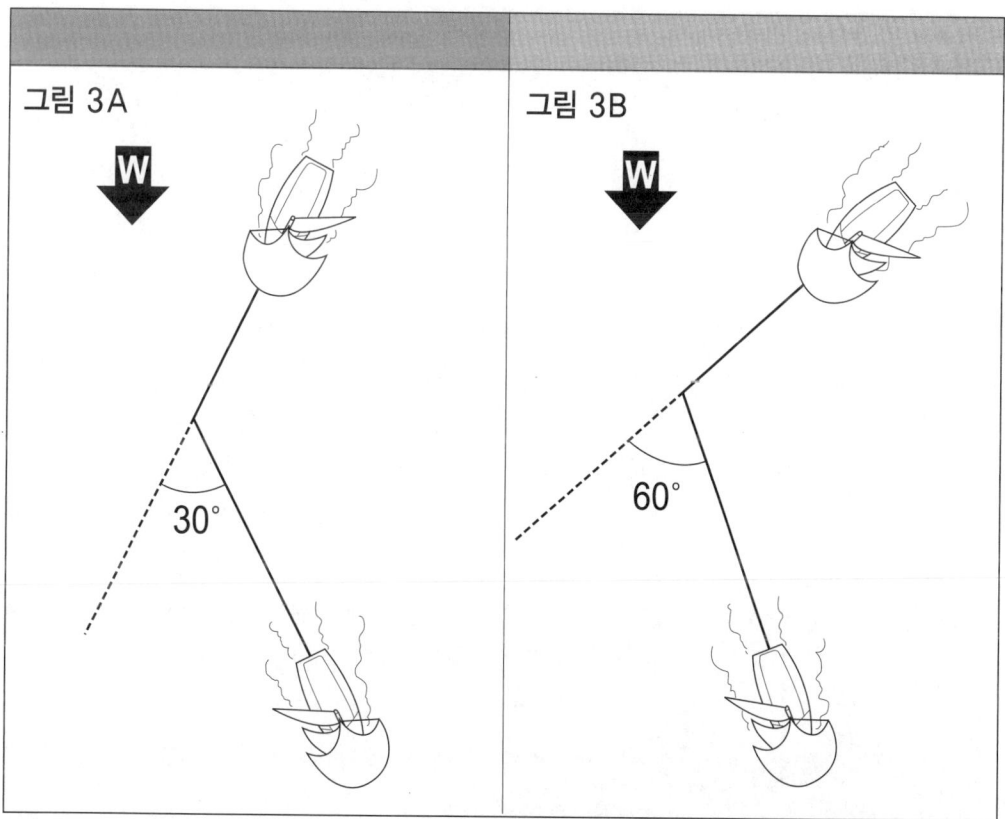

그림 3C

그러나 러닝의 경우는 자이빙 앵글이 바람 속도의 따라 크게 변한다(그림 3참조). 클로스 홀드에 있어서는 조그만한 태킹 앵글의 차이로 속도가 많이 떨어지거나 절망적으로 바람에 대해서 높이를 잃게 되거나 알기 쉬운 형태로 나타난다.

그러나 러닝의 경우는 어떠한 자이빙 앵글이라도 그런대로 러닝을 달릴 수 있다는 말이다.

많은 초보자는 어떤 컨디션이라도 그림 3A처럼 약 30°의 자이빙 앵글로 달리는 모양이다. "러닝의 자이빙 각도는 30°도다"라고 끝까지 믿는 것도 한 가지 방법이다. 어설피 다른 각도로 달리는 것 보다 확실한 방법이다. 슈라우드에 붐이 닿이는 직전까지 메인 시트를 내밀고 외관의 바람 방향이 붐에 대해서 직각이 되도록 침로를 유지한다. 이것이 기본적인 러닝을 달리는 방법이다.

그러나 얼마정도 경험을 쌓은 세일러라면 그 컨디션에서의 최고속 자이빙 앵글을 찾아봐야 된다. 이것은 파도나 바람의 컨디션에 따라 전혀 달라지니까 패턴화해서 정리하는 것이 불가능하다. 한 가지 말 할 수 있는 것은 그림 3A처럼 중풍 이상의 컨디션이면 자이빙 앵글은 30°, 거기서부터 바람이 약해질수록 자이빙 앵글이 점점 예각으로 즉, 러닝보다 어빔에 가까워진다는 것이다. 다만 이것도 지침의 하나에 지나지 않는다. 실제 세일링하면서 나만의 자이빙 앵글을 찾아야 된다.

왜 바람이 약해질수록 자이빙 앵글을 크게 하는가하면 한 마디로 설명하기는 어렵지만 쉬운 예를 들면 "외관의 바람이 커진다."는 것이다. 외관의 바람은 바람의 방향과 같은 방향 즉, 완전히 바람이 가는 방향으로 달리는 한 0(영)과 가까워진다. 외관의 바람이 0(영)이 되면 양력이 발생하지 않는다. 미·경풍 같은 컨디션에서는 바람에 대해서 각도를 크게 하는 것으로 외관의 바람 속도를 증가시키고 세일 날개단면에 보다 빠른 기류를 보내는 것이 요구되는 것이다.

시계를 이용하는 침로결정법

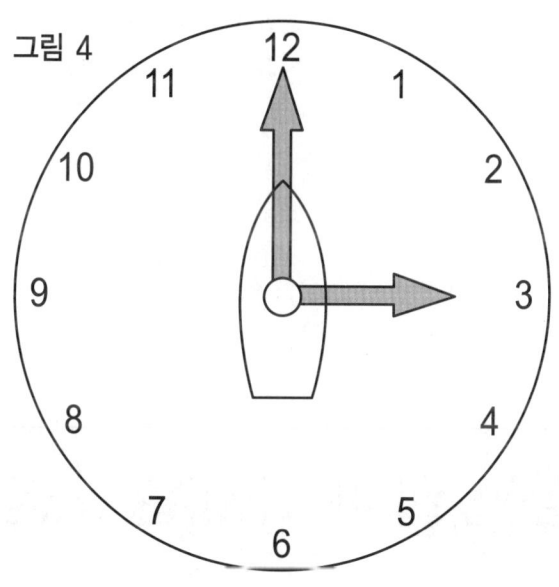

그림 4

자이빙 앵글을 이야기하는 김에 러닝 목표설정에 관해서 말하겠다. 많은 초보자들이 가지는 의문으로서 '목표물에 대해서 어느 시점에서 자이빙하면 되는지 모르겠다.' 라는 문제가 있다.

여기서는 시계 숫자판을 사용해서 나의 요트의 침로를 상대적으로 파악하는 방법을 가르치겠다. 이 방법은 요트뿐만 아니라 일반 선박에서도 사용하는 방법이라서 이미 아는 사람도 있을 것이다. 그것은 나의 요트의 침로를 시계 숫자 12시로 가정함으로서 요트에서 360도 방향을 숫자판에 비유해서 파악하는 것이다(그림4).

클로즈의 태킹 앵글은 어떤 경우에도 90도이기 때문에 스타 보드 택으로 달리고 있는 경우 태킹 후의 침로가 3시(포드 댁이면 9시)가 된다는 것이다. 즉 마크(목표물)가 3시(아니면 9시)에 보이게 되는 점에서 태킹하면 마크는 태킹 후에 침로가 12시로 오게 된다는 것이다.

그러면 자이빙의 경우는 자이빙해야 할 포인트는 마크가 몇 시의 위치가 될 때 하면 되는가? 몇 번이나 설명하는 대로 자이빙 앵글은 컨디션에 따라 변화하기 때문에 태킹처럼 틀에 박힌 방법으로 대처할 수 없다. 중요한 것은 내가 지금 어떤 자이빙 앵글에서 러닝하고 있는지 파악

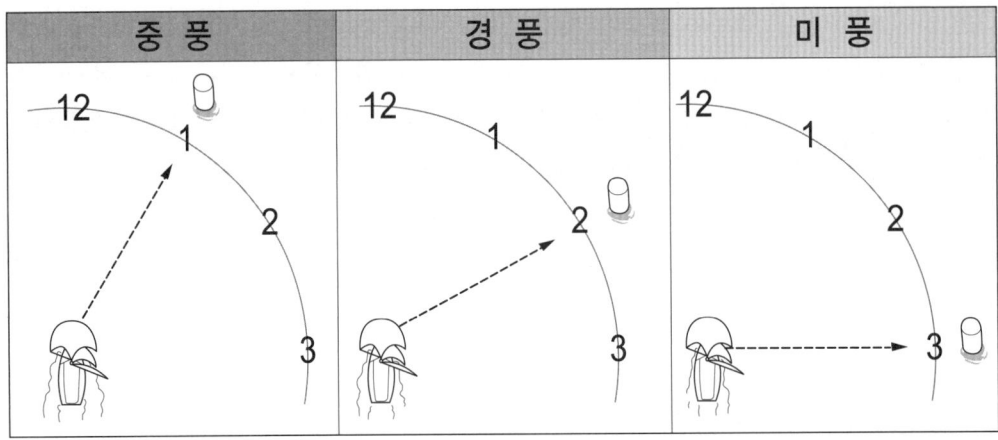

그림 5

해야 된다.

그런 것을 대전제로서 하나의 지침을 가리킨 것이 그림5이다. 중풍 이상의 컨디션이면 자이빙 앵글이 30도가 되니까 침로(12시)에서 30도를 플러스(마이너스) 한 1시(11시)에 보이는 위치에 마크가 오면 자이빙한다. 경풍 때이면 60도를 플러스(마이너스)한 2시(10시)에 더 미풍 때이면 태킹과 같은 90도의 3시(9시)나 더 이상이 될 경우도 있을 것이다.

이런 방법으로 마크(목표물)에 잘못 가면 나의 자이빙 앵글의 인식과 참 자이빙 앵글에 차이가 있다는 것이 된다. 이런 시행착오를 반복하면서 나의 자이빙 앵글을 정확히 파악 할 수 있게 되고 적절한 자이빙 포인트를 찾을 수 있게 된다.

3. 클로스 홀드 할 때의 세일 조종

텔테일이 목표물이다

앞에서 설명했지만 클로스 홀드의 경우 바람 방향 변화에 맞추는 것은 세일의 각도가 아니라

요트의 방향이다. 클로스 홀드로 달리는 요트는 항상 더 이상 바람이 오는 방향으로 못 가는 각도로 되어 있으니 세일의 세팅도 더 이상 끌어당길 수 없을 때까지 당겨서 고정 한다.

실제로서는 메인 세일은 풍속(방향이 아니다.)의 변화에 맞추어서 조금씩 트림할 필요가 있지만 지브 세일은 기본적으로 끝까지 당긴 상태로 고정시킨다. 물론 여기서 끝까지란, 당길 수 있는 만큼이 아니고 세일 커브가 유지 할 수 있는 한계를 의미한다.

세일을 클로스 홀드상태로 고정하는 것이 좋다고 해도 눈앞에 목표물이 없는 상태로 클로스 홀드로 달릴 때는 무엇을 목표로 하면 되는가?

클로스 홀드로 달릴 때 목표물을 대용할 수 있는 것은 텔테일이다. 텔테일의 기본 시스템은 p.169에서 설명했지만 텔테일이 제일 활약하는 장면이 클로스 홀드다. 클로스 홀드로 달릴 때는 Free 때와 비교가 안 되는 정도 텔테일을 엄밀하고 예민하게 봐야 된다. 다른 말로서는 클로스 홀드로 달리는 것은 Free 보다 비교가 안 되는 정도 예민한 것이라고 할 수 있다.

역풍으로 달리는 클로스 홀드는 Free와 달리 조그만한 틸러 조작 실수로 인하여 속도가 갑자기 떨어진다. 그래서 텔테일을 맞춘다고 해도 단순히 "앞뒤의 텔테일이 잘 흐르고 있으면 된다."라는 어중간한 방법으로서는 클로스 홀드로 달릴 수 없다.

앞을 예측해서 텔테일을 맞춘다

제일 효과적으로 양력이 발생하고 있는 상태란 텔테일은 바람이 오는 쪽, 가는 쪽, 양쪽다 러프에서 리치로 평행으로 흐르고 있는 상태다.

텔테일이 잘 흐른다 해도 잘 살펴보면 바람 오는 쪽, 가는 쪽 사이에 흐르는 방향이 차이가

있는 경우도 있다. 예를 들면 바람이 가는 쪽은 평행으로 잘 흐르는데 오는 쪽은 위쪽으로 향해서 흐르는 경우는 바람이 오는 방향으로 너무 왔다는 것이다. 반대로 바람이 오는 쪽은 평행으로 흐르고 있는데 가는 쪽의 텔테일이 밑으로 흐르고 있는 경우는 각도가 떨어졌다는 말이 된다. 이 미묘한 흐름을 완벽하게 유지하는 것은 정말 어려운 것이다. 텔테일을 잘 보고 있어도 틸러 조작은 자꾸 늦어진다는 것이다.

　텔테일을 반드시 잘 흐르게 하는 비결은 텔테일에만 집중하지 않는다는 것이다. 텔테일이 잘 흐르지 않는다는 것은 그 전에 세일링에 있어서의 무엇인가 한 요소가 잘 안 되는 상태라는 것을 가리키는 것이다. 그래서 텔테일을 잘 흐르게 하기 위해서는 요트의 상태를 텔테일이 감지하기 전에 타는 사람이 느껴야 한다.

　'그런 것이 가능 한가?' 라고 생각할지 모르지만 이것은 연습 나름이다. 상급 레벨의 세일러 중에는 "나는 텔테일 없어도 달릴 수 있다."고 하는 사람이 있는데 이것은 꼭 허세를 부리는 것이 아니라 세일러가 텔테일이상 예민한 감각을 몸에 익히면 텔테일 없는 지브 세일이라도 멋지게 클로스 홀드로 달리는 것이 그다지 어렵지 않은 일이다. 그러면 구체적으로 무엇을 기준으로 텔테일이 흐트러질 것을 예측하면 좋을까? 그것은 힐이다. 밖에서 볼 때는 힐이라고 생각도 못하는 미묘한 힐이 텔테일이 흐트러지는 전조로서 나타난다.

　우선 바람이 오는 쪽의 텔테일이 흐트러지는 경우 그 전조로서 힐에 나타난다. 다른 말로 하면 힐로 인해 바람 오는 쪽의 텔테일이 흐트러진다고 할 수 있다. 반대로 바람이 가는 쪽의 텔테일이 흐트러지는 경우 그 전조로서 언힐이 나타난다. 이것도 언힐을 직감적으로 알아채는 것은 '눈'이다. 어떤 사람들은 "몸으로 느낀다. 또한 피부로 알아챈다."라고 하지만 그것은 착각이다. 세일링에 관한 모든 정보들은 어떤 작은 것이라도 다 '눈'으로 감지하는 것이다. '눈'을 과소평가 하지 말라. 세일링이라는 스포츠는 '눈'의 능력을 최대한 사용할 필요가 있다. 그 '눈'이 텔테일을 보고 있으면 다른 미묘한 차이를 느낄 수가 없다. 텔테일에만 집중하지 말라는 말은 그런 의미다.

집중력이란 집중하지 않는 것

클로스 홀드의 목표는 텔테일이라고 했지만, 그것은 기준의 하나에 불과하다. 클로스 홀드라도 Free와 마찬가지로 앞의 경치(바우, 포어 스테이, 바다, 랜드 마크 등)를 p179에서 설명한 것처럼 TV모니터처럼 화면에 비추는 것 같이 파악해서 달리는 게 중요하다. 그 화면의 일부분에 텔테일도 비추고 있으면 된다. 포어 스테이와 수평선이 교차하는 각도 Bow 덱과 바다의 각도 등 눈에 들어오는 시각정보에서 미묘한 힐을 느끼는 것이다.

"요트는 집중력이 중요하다." "클로스 홀드로 달릴 때는 텔테일에 집중해라"라고 자주 말 한다. 틀린말이 아니다. 어느 쪽도 중요한 말이다. 그러나 내가 지도할 때는 '집중력'이라는 말을 안 쓰고 있다. '집중'이라는 말에는 무엇인가 한 가지 일에 몰두하는 느낌이 있는 것이지만, 세일링에 있어서 집중력이란 어휘력 그것 하고는 반대의 의미를 가지고 있으므로 주변의 모든 삼라만상에 신경을 쓴다는 것이기 때문이다.

예를 들면 축구에 집중하는 것과 볼에 집중하는 것은 다르다. 그런데도 어리석은 지도자는 "볼에 집중해라."고 지도한다. 그 결과 선수들은 볼만 보고 경기하는 예는 축구뿐 아니다. 유명한 축구선수를 보면 그냥 볼 뒤를 쫓아가는 것이 아니고 경기 중에는 항상 주변의 상황을 파악하기 위해 두리번거린다. 그의 모습이야 "축구(경기)에 집중하는 상태"라고 할 수 있다.

세일링 뿐만 아니라 많은 스포츠는 한 가지만 집중하면 되는 것이 없다. 다만 세일링의 경우 그 범위가 아주 넓다는 것이다. 게다가 보이지 않는 바람까지 신경을 써야 되는 스포츠다. 그래서 한 가지에 집중하지 않는 것이 세일링의 집중력이 되는 것이다. 클로스 홀드로 달릴 때는 두리번거리지 말고 텔테일에만 집중해야 할 것이라는 의견도 있지만 꼭 옳다고 할 수 없다. 두리번거린 결과 요트가 사행하는 일은 헛된 일이지만 두리번거린다는 것은 주변에 신경 쓴다는 것이라서 나쁘지 않다. 요점은 한번 뒤 돌아 보는 것으로 배후의 상황을 순간적으로 파악하는 기술을 익히면 되는 것이다. 일류 세일러가 마치 뒤에도 눈이 있는 것 같이 레이스, 해면 전체

정보를 항상 파악 할 수 있는 것도 그런 기술을 가지고 있기 때문이다. 초보자는 앞에 보이는 풍경을 모니터로 비치는 의식만이라도 좋다. 그 모니터를 조금씩 확대해서 마지막으로 360°의 대화면으로 만드는 것이 목표다. Concentration란 머릿속을 빈 상태로 해서 인간이 가지고 있는 오감으로 여러 정보가 들어오는 상태다. 이것은 마음이 산란하는 상태와는 다르다. 마음이 산란한 상태는 안절부절 못하는 것인데 Concentration상태는 마음이 안정되어 있는 상태다. 그런데도 필요한 정보가 머릿속에 들어오는 깨달음과 비슷한 경지다.

제3장
바람의 장

Dinghy Sailing

'세일러의 장'에서 세일러로서 몸을 움직이는 방법을 '요트의 장'에서는 도구로서의 요트 원리를 보았다. 그리고 세일러로서 갖추어져야 할 요소가 '바람'에 대한 지식이다. 세일링이라는 스포츠는 바람이라고 하는 지구 규모의 자연 활동으로 일어나는 현상을 추진력으로 이용하는 궁극의 Out Door Sports이고 Ecology Sports이다.
통쾌한 세일링을 연출해주는 바람은 때로는 바다를 지옥으로 변화시키고 세일러의 목숨까지 빼앗는 존재이기도 하다. 바람의 메커니즘을 알고 기상전체의 지식을 갖추는 것은 세일러의 조건이다. 이것은 안전하게 요트를 타기위해서 뿐만아니라 요트 경기에 있어서도 중요한 요소가 된다. 이 장에서는 기본적인 기상의 지식과 바람의 메커니즘 그리고 요트 경기 때에 활용할 Blow를 보는 방법을 알아보기로 하겠다.

Seamanship를 갖춘다

    Seamanship라는 말이 있지만 이것은 Sea Man(바다의 사나이)로서의 능력(기술과 지식)을 가리키는 말이다. 일본에서는 '정정당당한 바다 사나이의 정신' 이라는 정신적인 의미를 포함해서 말하지만 이것은 능력을 가리키는 말에 불과하고 사전에서는 '선박조종술' 이라는 말이 된다. 이 말에 정신적인 의미를 넣고 싶어 하는 경향은 선박조종이라는 행위에는 단순히 선박(기계)을 구사하는 기술적인 측면 뿐 만 아니라 바다나 하늘을 알고 바람을 예측하고 삼라만상을 이용하는 능력까지 포함되어 있기 때문이라고 생각한다. 완벽한 폼으로 태킹 할 수 있어도 완벽하게 튜닝을 할 수 있어도 그것만으로는 Seamanship을 갖추었다고 할 수 없다.

    Seamanship 중 가장 중요한 부분은 무슨 일이 있어도 혼자 힘으로 하버에 돌아오는 능력이다. 또한 그것이 어렵다고 판단하면 출항하지 않는 결단력이다. 그것을 위해서는 바람을 알아야 된다. "바람을 아는 것은 바다를 알고, 하늘을 알고, 땅을 아는 것이다. 실제의 Seamanship은 바다에 나가는 횟수에 비례한다. 아무리 책상 위에서 지식을 얻었다 해도 진정한 Seamanship을 얻을 수 없다. 앞으로 전개되는 여러 지식을 알고 나서는 Seamanship을 얻기 위해 바다에 나가서 자기 눈과 몸으로 확인해라.

1. 기상의 메카니즘

당신은 일기예보에서 무엇을 보고 있습니까?

    일상적으로 TV나 라디오로부터 흘러나오는 일기예보이지만 그 때 당신은 어디에 관심을 두고 그 정보를 접하고 있습니까? 일반적으로 맑음이라는 기후상황을 좋은 날씨라고 말하고 그 밖의 것을 날씨가 나쁘다라고 말하는 것처럼 일기예보에서 일반인들은 전적으로 오로지 맑음, 비에 관심을 두고 있는 것 같다. 극단적으로 말하면 여기 일본에서 일반적인 생활을 보낼 경우 필요한 정보는 내일은 맑을까 비가 내릴까 뿐이다. 우산을 가지고 갈까 말까 그것마저 판단 할 수 있다면 에어컨을 보급한 이곳 일본 속에서 쾌적하게 살 수 있다. 그러나 세일러에게 가장 관심이 가는 정보는 바람이다. 내일은 어느 풍향의 바람이 어느 정도의 풍속으로 불런지 그야말로 세일러가 안전하고도 효율 좋은 범주를 위한 필요로 하는 기상정보이다.

최근에는 기상방송도 여러 가지 궁리하여 바람에 대한 정보도 다소 포함시키고 있지만 세일링 준비에 충분할 정도로 충실한 정보까지 제공하지는 않는다. 그러면 대체 어떻게 하면 우리들이 필요한 정보를 손에 넣을 수 있을까? 바로 일기도이다. 최근의 기상방송은 예상 강수량 확률 또는 세탁지수 등 그 방송의 오리지널 정보를 제공하고 있지만 그것들은 전부 같은 일기도에서 정보를 뽑아내어 가공된 정보에 지나지 않는다. 모든 기상방송은 1장의 일기도를 1차정보로 하고 있다(기본정보로). 다시 말해 그 나름대로의 지식을 갖고 있다면 1장의 일기도에서 자기에게 필요한 정보를 뽑아낼 수 있다. 세일러를 위한 정보가 없다면 자신이 만들면 된다. 기상예보사가 되려면 상당한 공부가 필요하다. 자기 자신을 위한 기상예보를 한다면 중학교때 배운 과학정도의 지식을 복습하는 것으로 충분하다.

지구의 자전이 바람을 발생?

변덕스러운 바람이라는 관용구처럼 바람은 매우 마음대로 되지 않는 존재이지만 모든 바람은 그 나름대로의 이유가 있어 불고 있다. 그것을 이해하기 위해서는 기상의 메카니즘을 우주의 관점에서 바라보는 것이 필요하다.

지구를 둘러싼 대기는 우주에서 보면 얇은 막 같은 물건이다. 그 대기가 존재하는 공간은 지상에서부터 약 100km도 못 된다(대기권). 직경 1m의 지구로 바꾸어보면 단지 7mm의 얇은 막이다. 덧붙여서 말하면 스페셜 셔틀의 비행고도는 약 300km이므로 그래도 약 2cm에 지나지 않는다. 그런 얇은 막 속에서 다이나믹한 기상현상은 전개되고 있다.

그리고 지구는 자전을 하고 있다. 그 속도는 가장 빠른 적도에서 약 1600km/h 일본 주변에서도 시속 약 1300km/h 라는 맹렬한 스피드이다. 물론 대기는 지구와 함께 움직이고 있으므로 지구의 자전이 직접 바람을 일으키고 있는 이유는 아니다.

지구가 자전하고 있기 때문에 지구상에는 늘 Coriolis Force (코리올리의 힘 = 지구의 자전으로 비행 중의 물체에 작용되는 편향(偏向)의 힘)라는 힘이 발생하고 있다. 욕조의 마개를 뽑으면 물이 내려갈 때 생기는 물 회오리가 북반구와 남반구에서는 회전방향이 반대 방향이 된다는 것을 들은 적이 있을거라고 생각하지만 그것은 코리올리의 힘이 북반구와 남반구에는 역으로 작용하고 있기 때문에 일어나는 현상이다.

코리올리의 힘에 관해서는 어중간한 설명으로는 오해를 불러올 위험성이 있으므로 여기서는 '그런 힘이 존재하고 있구나.' 라고 말 할 정도로 하자. 자세히 알고 싶은 사람은 기상 관련 책으로 공부 할 것을 권한다.

기압배치의 변화에 유의해야 한다

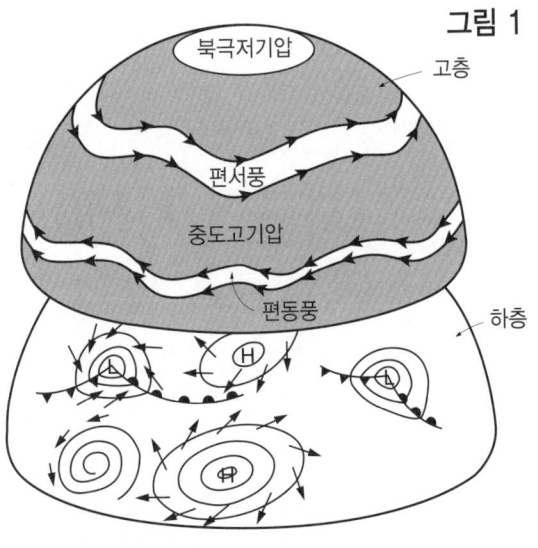

그림 1을 보세요. 이것은 지구의 대기 흐름을 표현한 것으로 코리올리의 힘이 크게 영향을 미쳐 발생한 현상이다. 적도로부터 북쪽 정확히 하와이 부근에서는 편동풍이라는 동풍이 불고 있다. 이것은 대항해시대의 동서무역 항로에 이용된 일로부터 무역풍이라고도 불려지고 있다. 더욱 더 북쪽의 중위도 이북에는 편서풍이라는 서풍이 불고 있다.

일본열도 부근은 서 → 동쪽 바람이 불고 편서풍대에 위치하고 있다. 또 이것만 보면 '일본열도에는 언제나 서풍이 불고 있다' 라고 생각할 수 있지만 물론 그렇지만은 않다. 편서풍은 상공을 지배하는 큰 대기의 흐름으로 지표나 해면 부근의 풍향은 편서풍 이외의 법칙에 따르고 있다. 그 법칙이 기압 배치다. 그 기압배치의 변화에 의해서 날씨, 풍향, 풍속가 변하기 때문이다.

이 기압에 관해서는 나중에 자세히 설명하기로하고 편서풍은 일본열도 부근의 기압배치를 서쪽에서 동쪽으로 운반하는 역할을 완수하고 있는 것이다. 어제 큐슈에 내린 비가 오늘은 관서나 중부에 내리는 것은 비를 내리는 저기압을 편서풍이 동쪽으로 운반한 결과인 것이다. 남쪽 바다에서 생긴 태풍이 곧바로 북상하고 있음에도 불구하고 일본열도 부근에서 갑자기 동쪽으로 진로를 바꾸는 것도 편서풍에 실려가고 있기 때문이다.

이처럼 편서풍은 실제로 지상이나 해상에서 느낄 수는 없지만 날씨의 흐름에 크게 영향을 미치고 있다. 어느 정도 세일링 경험을 갖고 있는 사람이라면 느낄 것이지만 일본 근해에 1.5m를 넘는 강풍은 언제나 남서쪽(남서쪽에서 북서쪽 사이)바람에 한정되어 있다. 동쪽에서 강풍이 부는 일은 거의 없다. 이런 현상으로 일본열도가 편서풍에 의해 지배되고 있는 것을 어딘지 모르게 실감할 수 있는 것은 아닐런지?

저기압과 고기압은 어떻게 해서 생기나?

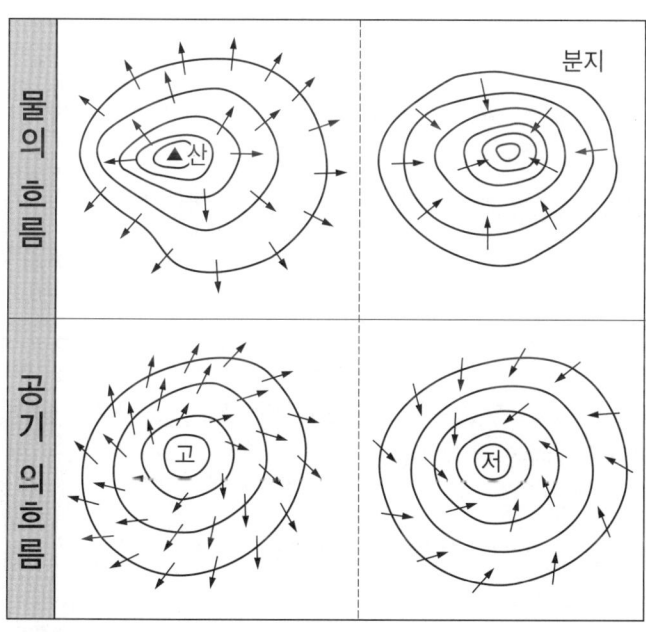

그림 2

기압이란 공기의 밀도이다. 우리들이 지표에서 받고 있는 기압은 1기압으로 1013.25 헥토파스칼(Hectopascal)로 되어있지만 이것은 반드시 일정한 것은 아니다. 기압의 높은 곳이 있으면 낮은 곳도 있다. 주변보다 높은 기압을 고기압, 낮은 기압을 저기압이라고 부른다. 그리고 공기는 고기압에서 저기압으로 이동하여 밸런스를 취하려고 한다. 이것이 바람이다.

여기서 오해해서는 안 되는 것이 고기압·저기압이라는 것은 어디까지나 주변의 기압과 비교해서 고저로 인해 결정한다고 말하는 것. 다시 말하면 1기압보다 높은 기압의 저기압도 있으면 1기압보다 낮은 고기압도 존재한다고 말하는 것이다.

특별히 밀폐된 공간도 아닌데 어떻게해서 기압의 차가 생기는 것일까. 거기엔 몇 가지 요인을 예로 들 수 있지만 제일 큰 요인이 되는 것은 편서풍의 사행(蛇行)이다. 그림1을 보면 알겠지만 편서풍은 사행하면서 지구를 한바퀴 돌고 있다. 이 사행으로부터 풍속의 차이가 생기고 풍속의 빠른 곳에서는 기압이 내려가고 풍속이 느린 곳에서는 공기가 모여 기압이 올라가는 메카니즘이다.

이런 기압의 차는 등압선에 의해 일기도에 표시한다. 이것은 지도의 등고선과 같은 생각방법이므로 고기압의 중심은 막다른 산정에 저기압의 중심은 분지로 예를 들 수가 있다. 산정에 내린 비가 낮은 분지로 흘러 가는것 같이 고기압의 공기는 낮은 기압의 저기압 쪽으로 흐르는 것이다.

당신이 해상에서 느끼는 바람은 전부 고기압에서부터 저기압으로 밀어내어 가는 공기의 흐름뿐이다. 여기서 주의해야 할 것은 공기의 흐름 방향이다. 그림 2를 보자. 육상의 지형을 표시하는 등고선의 경우 물은 등고선과 수직방향으로 똑바로 흐르지만 등압선의 경우는 회오리가 도는 것 같이 중심으로 또는 외측을 향해서 바람이 분다. 이것도 아까 나왔던 Coriolis Force(코리올리의 힘)이 작용한 결과이다.

일본의 겨울형의 전형적인 기압배치인 「서고동저」의 경우 높은 서쪽에서부터 낮은 동쪽을 향해 서풍이 불 것 같지만 실제로는 북~서북풍이 불게 되는 것이다.

등압선의 간격으로 풍속을 안다?

지도상 등고선이 좁은 간격으로 나란히 있는 곳은 급사면 반대로 등고선의 간격이 넓은 곳은 완만한 사면으로 되어 있다. 조금 전 같이 물로 예를 들면 급사면에 있어서는 물은 폭포와 같이 격렬하게 떨어지지만 완만한 경사에서는 여유있게 흐른다.

일기도에 있어서의 등고선도 전부 같은 생각으로 파악할 수가 있다. 등고선의 간격이 좁은 곳은 강풍이, 간격이 넓은 곳은 약한 바람이 불고 있다고 추측할 수 있다. 다만 풍향은 앞에서도 서술했던 것 같이 나선형으로 되는 일을 잊지 말 것. 이것은 실제 그렇게 도움이 될 수법은 아니지만 등압선의 간격으로부터 어느 정도 풍속을 예측하는 일도 가능하다. 등압선은 일반적으로 4헥로파스칼마다 한 선의 비율로 나누어져 있다. 그런 경우 등압선의 간격이 위도로 해서 1도(111km)면 풍속은 약 15m/s가 되고 2도라면 8~10m/s, 4도라면 5~7m/s의 바람이 불고 있다고 생각할 수 있다. 111km라고 말하면 도쿄(東京)에서 누마즈시(沼津 : 시즈오카 현)정도의 거리가 되므로 이 정도의 간격으로 등압선이 나란히 있다면 상당한 강풍이 분다고 볼 수 있다.

저기압은 왜 날씨가 나빠?

　저기압이 다가오면 날씨가 나빠지고 고기압에 지배당하면 날씨가 좋아진다라고 말하는 것은 누구라도 알고 있는 일이지만 왜 저기압이 다가오면 날씨가 나빠지는 것일까요? 이것은 바람과는 직접 관계가 없는 일이지만 기류의 메카니즘을 이해한 뒤에 중요한 포인트가 되므로 간단하게 언급하고자 한다. 조금전 저기압은 반시계방향의 나선상으로 공기가 모인다고(그림 2) 말했지만 이 모인 공기는 도대체 어디로 가는 것일까? 아래로는 지면(또는 해수면)이 있기 때문에 중심에 모인 공기는 필연적으로 윗 방향으로 향한다.

　결국 저기압의 중심부근에는 상승 기류가 발생하고 있다. 반대로 고기압에 모이는 공기는 어디서부터 오는지 말하면 이것도 아래로는 지면이 있으므로 윗 방향으로 부터 모여서 아랫 방향으로 지나가는 것이 되므로 고기압의 중심 부근에서는 하강 기류가 발생한다.
　이런 상하의 공기의 이동이 열쇠이다. 지표(해수면)부근의 따뜻한 공기는 저기압에 의해 상공으로 보내져 단숨에 차가워진다. 따뜻한 공기를 단번에 차갑게 하면 공기 중의 수증기가 작은 물의 결정체가 되어 나타난다. 이것이 구름이다. 캔 맥주를 냉장고에서 꺼내면 캔의 표면에 물방울이 생긴 것과 같다. 캔 맥주로 차가워진 주위 공기의 수증기가 결로가 된 것이다. 상승기류로 인해 구름이 된 수증기는 작은 입자로부터 물방울로 모습을 바꾸고 비가 되어 지상으로 떨어진다.

　한편 고기압은 하강 기류로 인해 공기가 데워질 수 있으므로 구름은 없어지고 수증기가 되어서 공기 중에 녹아들어 날씨가 좋아진다고 말하는 메카니즘이다. 말을 바꾸면 특별히 저기압 등이 아니라도 상승 기류가 발생한 장소는 날씨가 나빠진다. 한 여름에 일어나는 소나기는 지표의 공기가 강한 햇살에 따뜻해져 부풀어진 결과 상승기류를 일으켜 나타나는 현상이다. 갑자기 내리는 비는 지표의 온도가 차가워져 상승기류가 진정되는 동시에 거짓말 같이 멈춘다. 또 산의 사면에 부딪친 바람이 상승기류가 되어 구름을 발생시키는 일도 있다. 이것은 산의 날씨가 변하기 쉬운 하나의 큰 요인이다.

전선이란 무엇?

일기도와 지도(지형도)는 상당히 서로 비슷하고 산꼭대기가 있으면 분지도 있고 계곡이 있으면 산등선도 있다. 그러나 유일하게 지도에는 존재하지 않는 것이 일기도에는 있다. 전선이다(그림 3).

전선이란 한마디로 말하면 따뜻한 공기와 차가운 공기의 경계선이다. 따뜻한 공기가 우세한 경계선을 온난전선, 차가운 공기가 우세한 경계선을 한랭전선, 둘다 세력이 팽팽한 것이 정체 전선이다.

이 전선부근에는 한기와 온기가 서로 만나는 일로 상승기류가 발생하고 날씨가 나쁜 경우가 많다. 그림 4, 5는 온난 전선과 한랭 전선의 단면도이다. 온기의 세력이 강한 온난 전선에서는 온기가 한기 위를 천천히 넘어가고 한편 한랭 전선에서는 한기가 온기 밑으로 파고 들어 간다.

이렇게 해서 성질이 다르니까 한랭 전선에는 온난 전선에 비해서 강렬한 상승기류가 발생한다. 자주 전선이 통과했다라고 말하는 것은 주로 한랭 전선의 일, 기온이 급격히 떨어졌다라고 생각하면 갑자기 심한 비와 강한 바람이 닥쳐와 비교적 짧은 시간에 거치고 전선 통과 후는 푸른 하늘이 보이기도 한다.

한편으로 온난 전선으로 인해서 내리는 비는 전선으로부터 300km 정도의 범위에서 계속 내리는게 특징이다.

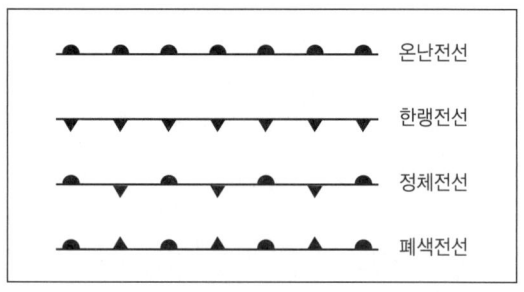

그림 3

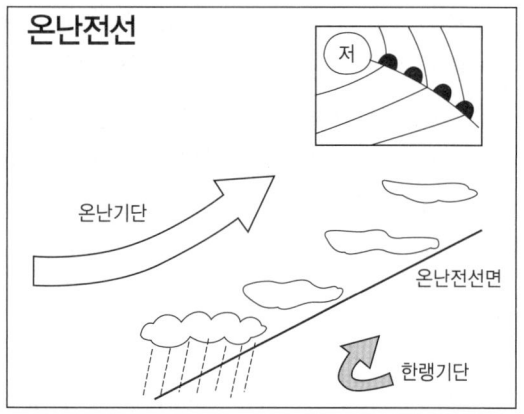

그림 4

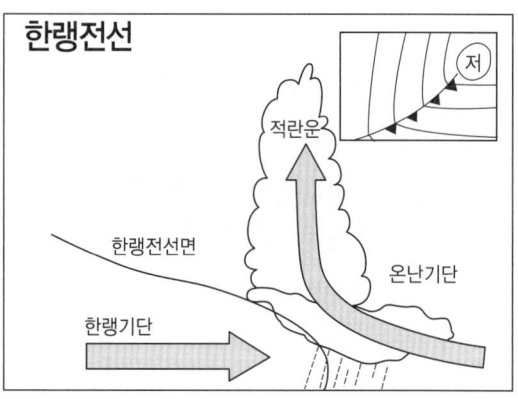

그림 5

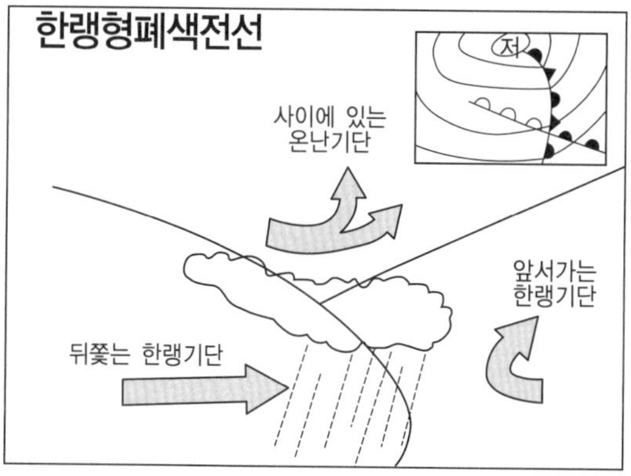

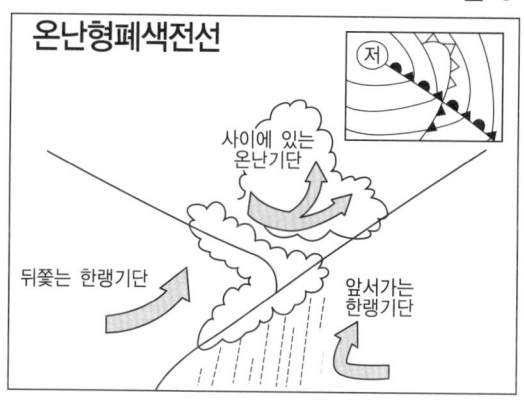

그림 6

그림 7

전선은 저기압의 중심에서 자라는게 많지만 이것은 한기와 온기의 충돌이 저기압을 발생시켰다고 볼 수도 있다. 이와 같이 같은 중심을 가진 온난 전선과 한랭 전선은 진행 속도가 빠른 한랭 선전이 온난 전선을 추월하는 경우가 있다. 그것이 폐색 전선이다. 한기가 온기를 추월하기 때문에 전선의 앞도 뒤도 한기라고 말하는 것이 된다.

이러면 전선이 아니라고 생각할 수 있지만 추월한 한기와 추월당한 한기는 전혀 같지 않으므로 전선이 형성되어지는 것이다. 그 성질은 추월한 한기가 우세한 경우는 한랭전선적 성격의 폐색 전선(그림 6)이 되고 추월당한 한기 쪽이 우세한 경우는 온난전선적 성격의 폐색 전선(그림 7)이 된다. 이상의 일에서 우리들 세일러가 경계해야 할 것은 급격한 온도 변화와 돌풍을 동반한 한랭전선이라고 말하는 것을 알 것이다. 출정 전에 일기도를 보고 한랭 전선이 통과할 것 같은 분위기라면 전선 통과를 기다리고 출정하는 스케줄을 세워야 겠다.

동해의 전형적 기압배치

지금까지 날씨는 서쪽에서부터 동쪽으로 이동하는 것 그리고 저기압·고기압에서는 어떻게 바람이 불어오는지(불어가는지)를 알았다. 이것만이라도 날씨 일기도를 보면 어떤 바람이 부는지를 얼마 정도 알 수 있을 것이다. 다만 다음에 일기도가 어떻게 변화되어 가는지를 예측하기에는 부족하다.

그러면 일본열도 근처를 중심으로 보기로 하겠다. 일본열도 근처에는 계절마다 나타나는 전형적인 기압배치의 패턴이 있다. 이하에 나타내는 것이 대표적인 4가지 패턴이다. 지금 시점에서 일기도를 그 계절에 적용해서 생각하고 4가지 패턴 중 어디에 해당하는가? 또 이들 패턴 중에서 어떻게 변화 되었는가? 어느 패턴에 가까워지는가? 이렇게 일기도를 분석하면 앞으로 기압배치가 어떻게 변화 될 것인지 어느 정도 예측할 수 있게 된다.

A. 서고동저형 (겨울형 기압배치)

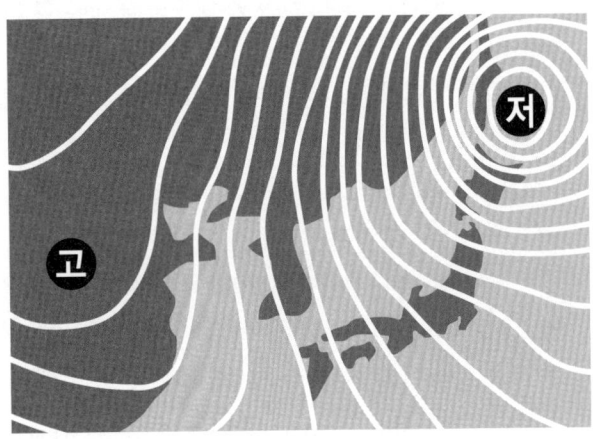

북동 오호츠크해에 저기압이 앉아 북서 대륙에서 고기압을 내밀고 있다. 이것이 전형적인 겨울형의 기압배치인 "서고동저형"이다. 시계방향으로 바람을 불어 내는 고기압과 시계 반대방향으로 바람을 빨아들이는 저기압이 바로 옆에 붙어 있으니 일본열도 근처는 강한 북서의 바람이 분다. 오호츠크해에 저기압이 앉아 있으니 전반적으로 날씨가 나쁜 것 같이 생각되지만 서쪽에서는 눈이 내리지만 동쪽에서는 건조하고 맑은 날씨가 계속 된다. 이 일기도는 등압선이 복잡하고 간격이 매우 좁은 강한 겨울형의 기압배치이다. 이 등압선의 간격이 조금씩 넓어지는 것을 가리켜서 겨울형의 날씨가 풀린다고 한다.

B. 이동성 고기압형 (봄, 가을형)

계절이라면 겨울이 지나가고 봄이 될 때, 그리고 가을 장마가 끝나고 겨울로 향할 때, 즉 겨울의 시작과 마지막 때에 이런 일기도를 보게 된다. 이 일기도는 겨울형이 풀린 것 같은 형태이지만 겨울형하고는 고기압이 다르다. 겨울형의 고기압은 추운 시베리아 기단에서 오는 것에 대해서 봄, 가을의 경우는 같은 대륙성이라도 양자강 기단에 속하는 고기압이라서 편서풍을 타고 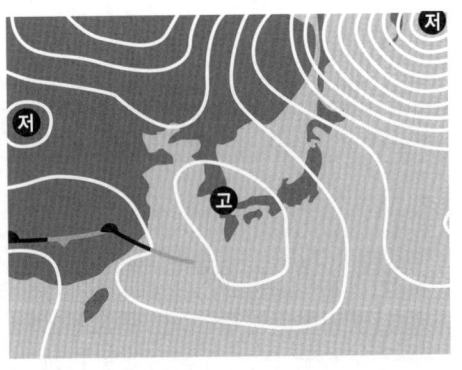 서쪽에서 동쪽으로 이동한다. 이 고기압의 성질에서 이 기압배치를 "이동성 고기압형"이라고 한다.

C. 정체전선형 (장마, 가을비형)

더운 여름의 시작과 끝에는 남쪽 따뜻한 공기와 북쪽 추운 공기가 서로 밀어서 일본열도 위에 정체 전선이 형성되어서 계속 머물고 있게 된다. 이것이 "장마 전선"과 "가을비 전선"이다.

우리가 생각할때는 장마때가 가을비보다 비가 많이 오는 것 같지만 강수량은 거의 똑같다. 장마때 전선은 남쪽에서부터 점점 북상한다.

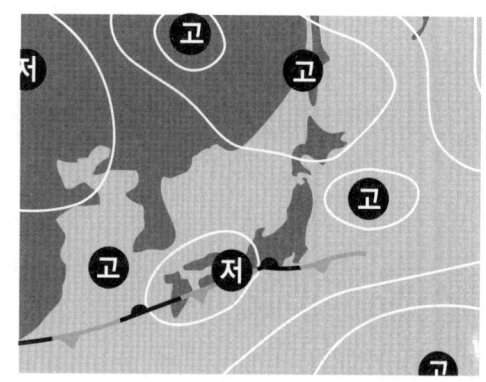

이것은 태평양 고기압의 세력이 강해지기 때문이고 남쪽 지방에서부터 장마가 시작하고 남쪽부터 끝난다. 가을의 비 전선은 반대로 시베리아항기단이 전선을 남쪽으로 밀어 내린다. 장마기간에는 정체전선 상에 저기압이 잇달아 생겨서 서쪽에서 동쪽으로 통과하기 때문에 계속 비가 온다.

D. 태평양 고기압형 (여름형)

남쪽에서 온 태평양 고기압이 장마 전선을 북쪽으로 밀어 올리면 장마가 끝난다. 이 기압 배치가 형성되면 더운 여름이 시작 된다. 다만 이 태평양 고기압이 힘이 없을 때는 다시 장마 전선이 남쪽으로 내려와서 장마가 다시 올 때도 있다.

본격적인 태평양 고기압은 세력도 규모도 크기 때문에 육상에서는 거의 바람이 불지 않는

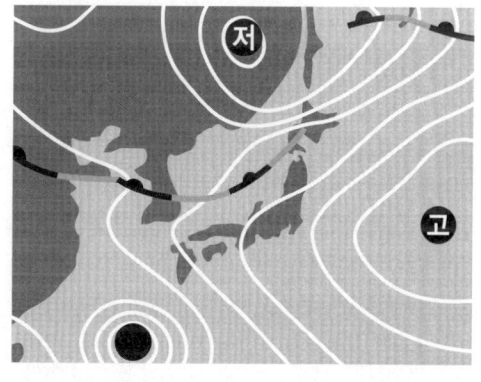

다. 그러나 바다와 육지의 경계선에서는 기압배치와는 다른 이유로(바닷 바람과 뭍바람(육풍)) 좋은 바람이 분다. 이 일기도는 태평양 고기압이 세력이 약간 줄어든 여름 것인데 오키나와 쪽에는 태풍도 있다. 태평양 고기압의 세력에 따라 태풍이 상륙할 때도 있으니 태풍이 올 때는 하버에 가서 자기 요트를 다시 매어 놓아야 한다.

바닷바람 뭍바람

지금까지 보고 온것 같이 우리가 바람이라고 느끼고 있는 것은 기압이 높은 곳에서부터 낮은 곳으로 흐르는 공기이동이었다. 그러나 실제 우리가 바다 위에서 느끼는 바람 중에는 일기도에서 나타나는 기압 배치와는 다른 법칙으로 부는 것도 있다. 여름 기압배치에서 조금 설명했지만 여름은 기압배치에 의한 바람은 거의 안분다. 그러나 여름에는 점심 전·후로부터 안정된 바람이 불게 된다. 이것은 어떠한 메카니즘 때문일까?

이것은 일반적으로 바닷바람, 뭍바람이라고 하는데 땅과 바다 표면의 온도차이로 인하여 생기는 바람이다. 물은 고체에 비교해서 쉽게 뜨거워지지 않고 쉽게 차가워지지 않는 성질을 가지고 있다. 즉 땅하고 해면 사이에 온도차가 생긴다는 말이다.

밤사이에 차가워진 땅은 해가 오기 시작하면 따뜻해지고 팽창하여 상승한다. 거기에 해상의 차갑고 무거운 공기가 육상으로 불게 된다. 이것이 바닷바람의 메카니즘이다. 해지는 시간이 되면 땅하고 해면의 온도차이가 적어지고 바닷바람은 약해진다. 일몰이 되면 땅은 차가워지는 반면, 해면의 온도는 내려가지 않는다. 그러면 이번에는 육지에서 바다 쪽으로 바람이 불게 된다.

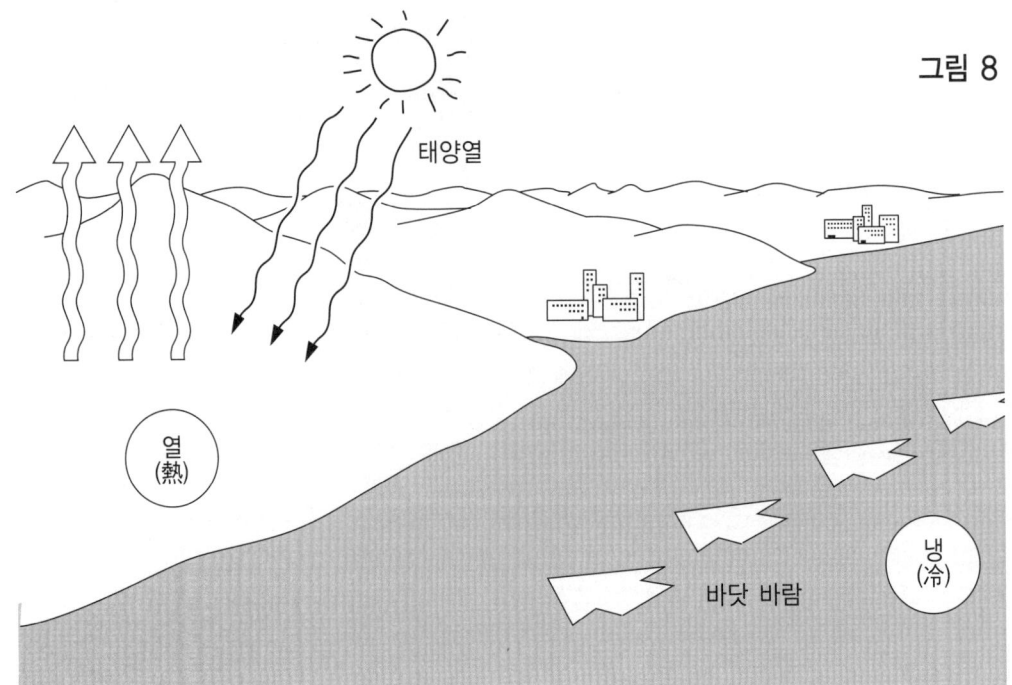

그림 8

이것이 뭍바람의 메카니즘이다.

대부분의 경우 새벽 때 까지 뭍바람이 불고 따뜻해지면 바닷바람으로 바뀌는 것이 패턴이다. 바닷바람이 불기 시작하는 시간이 이를수록 바람이 강해진다.

2. Blow와 Wind Shift

Blow가 보이는 눈을 키우자

바람은 안 보인다고 하지만 경험이 많은 세일러는 '바람'의 존재가 확실히 보인다. 그 대표적인 것이 Blow다. Blow란 부분적으로 부는 강한 바람을 말하는데, 이것은 바다 표면에 조그만한 주름 같은 파도를 일으키기 때문에 멀리에서 보면 Blow가 부는 곳에만 거무스름하게 눈에 보이는 것이다. 미풍 때 생긴 Blow라면 초보자라도 쉽게 보이지만 강풍 때의 Blow나 역광

의 각도에서 보는 Blow는 얼마정도 경험이 있어야 볼 수가 있다.

　Blow란 도대체 어떤 현상인가에 대해서는 바닷바람인지 뭍바람인지 등 그때 상황에 따라 다르기 때문에 여기서는 깊이 설명을 못한다. 여기서는 단순히 Blow란 "독립된 바람의 덩어리"라고 생각하면 충분하다. 독립된 바람의 한 덩어리인 이상 바람 속도는 물론이고 방향도 주변의 바람하고는 틀릴 때가 많다. 얼마 정도 경험이 있는 세일러라면 Blow 속으로 들어가자마자 바람의 방향이 바뀐다는 것을 경험상 알고 있을 것이다. 그리고 많은 세일러는 "Blow속에서 바람이 어떻게 변경될 것인지 Blow 속에 들어가지 않으면 모른다."고 생각한다. 그러나 정신 차려서 Blow를 관찰하면 어느 방향으로 변경될 Blow인지 예측하는게 가능하다.

　대학생들을 지도했을때 내가 Blow가 변할 방향을 맞추니까 "어떻게 하면 알 수 있습니까? 그 비결을 가르쳐 주세요."라고 하는데 이런 기술에 비결이 없다. 나는 이렇게 설명했다. "손을 보세요. 세밀한 손금이 있지요. 그러나 보통 생활할 때는 신경을 안 쓰니까 보지도 않는데 꼼꼼하게 보면 세밀한 손금이 보이고 더 자세히 보면 손금 사이에 있는 먼지까지 보입니다. Blow도 마찬가지입니다."

　그냥 멍하니 바다(Blow)를 보아도 아무것도 보이지 않는다. 바다에 나갈 때마다 꼼꼼하게 Blow를 관찰하여 어떨 때는 어떻게 변하고 어떤 바람이 불면 어느 쪽에 Blow가 발생하는지 모든 일에 대해서 관심을 가지고 계속해서 관찰해야 Blow의 성질을 볼 수 있는 눈을 가질 수 있는 것이다. 이런 눈을 키우는데는 지름길이 없다. 바다에 나가면 오로지 계속 관찰할 뿐이다. 이유 없이 부는 바람은 없다. 바람의 메커니즘을 설명하기 위해 일부러 우주에서 지구를 바라보는 것으로부터 시작한 이유는 모든 바람은 이유가 있기 때문에 부는 것을 이해시키기 위해서다. 이유가 있는 한 그 결과(바람의 방향·속도의 변화)를 예측할 단서가 있을 것이다.

　물론 모든 바람을 정확히 예측하는 것이 불가능 하지만 예측을 실패해서 책임을 '운'에 떠넘기지 말라. 모든 결과(성공, 실패)를 나의 책임이라고 받아들이는 것이 다음 단계로 나아갈 길이다. 세일러가 되고 싶으면 '바람은 변덕스럽다'라는 생각을 버려야 한다. 세일링이란 "바람에 맡긴" 스포츠이지만 "운수에 맡긴" 스포츠가 아니다.

바닷바람과 뭍바람의 차이

　여기서 말하는 바닷바람과 뭍바람은 p204에서 설명한 것이 아니라 단순히 육지에서 바다로 부는 바람 = 바닷바람이라는 의미이다. 세일링 경험자로서 상식이지만 뭍바람은 바닷바람에

그림 1

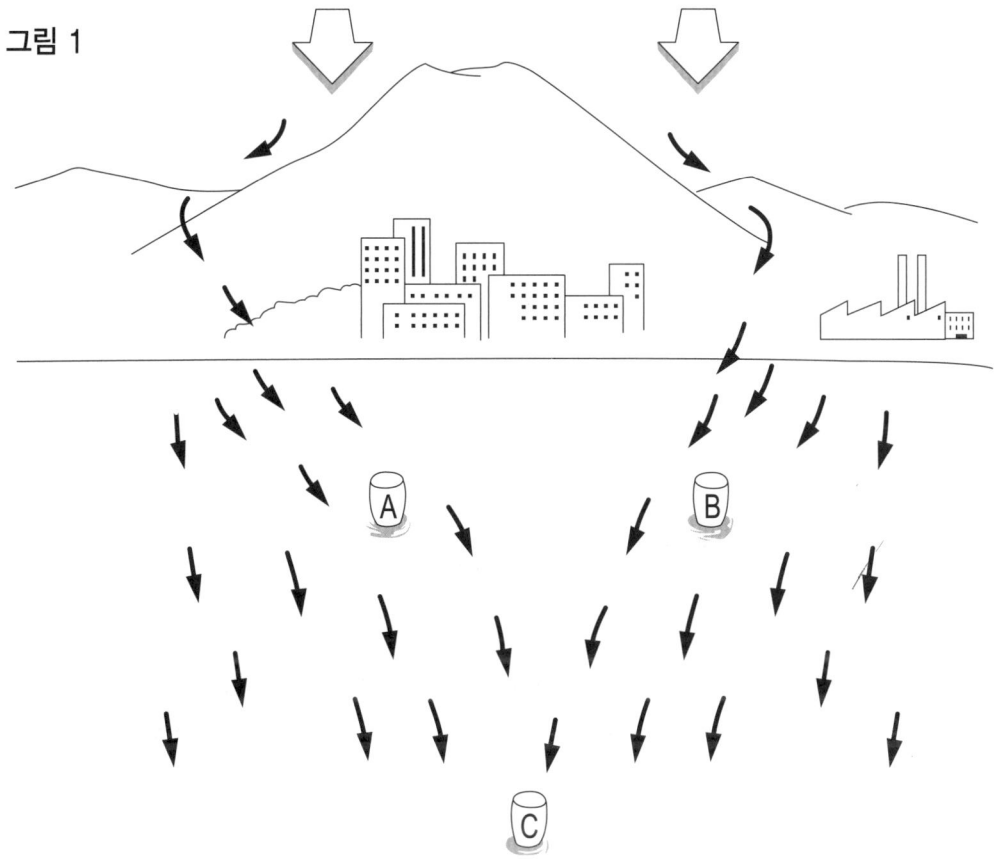

비해서 Blow나 Shift의 변화가 극단적으로 나타난다. 이것은 바닷바람은 가로막는 것이 없는 바다에서 불지만 뭍바람은 산이나 빌딩 등 여러 가지 영향을 받기 때문이다.

일반적으로 바람은 똑바로 일직선으로 부는 것이다라고 생각하지만 육지에서 부는 바람은 여러 장애물로 인해 변화된다. 그 변화가 Blow나 Shift로 나타나게 된다고 생각하면 된다. 그림 1처럼 바다 바로 앞에 산이 있는 곳에는 바람의 방향은 화살표 같이 바람은 산을 돌아서 불게 된다. 그러나 산으로 인해 돌아온 바람은 어디까지나 그 방향으로 불지 않고, 산에서 멀어질수록 원래의 바람 방향으로 불게 된다. 이것으로 뭍바람의 경우 육지에 가까울수록 Blow나 Shift의 방향 변화가 심하고 육지에서 멀어질수록 안정한 바람이 분다는 것을 알 수 있다.

경기장이라고 생각해 보자. 그림 1같은 곳에서 경기할 경우 어디에 마크를 설치하느냐에 따라서 경기 전개가 달라진다. 산의 왼쪽 A지점에 마크를 설치하면 마크에 가까울수록 스다 보드 택이 떨어지는 바람이 되기 때문에 포트 Approach가 유리하게 된다. 반대로 산 오른쪽 B지점에 마크가 설치되면 이번에는 마크에 가까울수록 스타 보드 택에 좋은 바람이 되니까 스타 보드 Approach가 유리하게 된다.

그러면 육지에서 떨어진 C지점에 마크가 설치되면 어떻게 될까요? 이때는 A·B 에 비해서 변화가 적은 바람이 불게 된다. 요트 경기는 마크 설치 장소에 따라 완전히 달라진다는 것을 이해해야 된다. 우리는 요트 경기라고 하면 넓고 넓은 바다를 무대로 하는 장대한 스포츠 같이 생각하지만 우리(세일러)는 바다의 한 부분만을 쓰고 있는것 뿐이다. 넓은 바다에 있으면 모든 것이 보이는 것 같이 느껴진다. 그러나 우리가 보고 느끼는 현상은 대자연의 일부에 불과하다. 레이스 후에 '오른쪽이 좋았다', '왼쪽이 좋았다' 라고 떠드는 것도 좋지만 때로는 매크로(Macro) 관점에서 보는 자세를 잊지 말 것.

느긋하게 변하는 바닷바람

육상의 여러 가지 장애물 때문에 Blow나 Shift가 생기는 뭍바람의 메카니즘은 이해했을 거라고 생각한다. 그러면 아무 장애물이 없는 바닷바람에서는 Blow나 Shift가 없을까? 아니다. 바닷바람에도 Blow나 Shift는 존재한다. 그러나 뭍바람하고는 다른 형태로 나타난다.

바닷바람의 Shift는 뭍바람의 Shift처럼 짧은 시간에 펄럭거리지 않고 천천히 흔들리는 것이 특징이다. 그것은 흔들린다 보다는 돈다라고 표현하는 것이 맞는 것 같다. 그 이유는 바닷바람이 많은 Shift는 기압배치의 변화로 인해 생기기 때문이다. 느긋한 기압변화와 마찬가지로 바닷바람의 Shift도 느긋하게 돈다는 것이다.

Blow도 마찬가지이다. 뭍바람의 Blow처럼 검게 돋보이는 Blow는 거의 없다. 확실치 않지만 바람이 센 자리가 존재한다는 것이 바로 바닷바람의 Blow이다. 이런 느긋한 변화를 파악하기 위해서는 정기적으로 Compass 각도를 체크해야 된다. 변화를 파악하는 것만이라도 힘든데 그 변화를 예측한다고 하면 지극히 어려운 일이다. 30년 이상 매일 같이 바다에 나가는 나도 예측이 안 되는 날이 많으니까.

그 반면에 "확실히 예측" 되는 상황도 있다. 그것은 경험을 쌓는 도중에 "예측이 된다"고 하는 상황이 되어지는 것이다. 구름이 가는 방향이나 온도의 변화나 물결을 예측할 수 있을 때도 있지만 그냥 예측 되는 것이 아니라 매일 열심히 관찰한 결과이다. 어쨌든 변화를 예측하는 것은 뭍바람보다 바닷바람이 어렵다는 것이다. 그러나 예측할 수 없는 바람은 없다는 것도 잊지 마라.

헤더와 리프트

　클로스 홀드를 세일링하고 있을 때 앞으로 Shift(각도가 나빠지는 Shift)하는 것을 "헤더", 뒤쪽으로 Shift하는 것을 "리프트"라고 한다.

　당신이 위 마크에 접근하고 있는데 위 마크까지 갈 수 있을까 말까 하는 상황에 "헤더"의 바람이 불어오면 위 마크까지 가지 못하고 "리프트"의 바람이 불어오면 위 마크에 도달할 수 있다는 것이다. 모든 Blow는 "헤더" 또는 "리프트"의 어느 쪽이나 한 가지의 성격을 가지고 있다. Blow에 돌입하자마자 헤더 또는 리프트의 Shift가 발생한다. Blow를 이용해서 코스를 결정할 때는 그 Blow가 리프트인지 헤더인지 살펴보는 것이 중요하다.

　맞는 경우 헤더, 리프트라는 말은 이런 Shift하는 Blow에 대해서 사용하는데 다른 의미로 사용할 때도 있다. 그것은 바닷바람, 뭍바람과 관계없이 나타나는 현상인데 Compass에도 나타나지 않는 미묘한 Shift가 연속으로 생기는 경우가 있다.

　이것은 세일러라면 경험이 있는 일이라고 생각하지만 클로스 홀드를 그냥 달리고 있는데 왠지 요트의 침로가 스스로 바람 오는 쪽 방향 또는 바람 가는 쪽 방향으로 가는 경우가 있다. 그것은 마치 조류가 요트를 미는것 같이 느껴지지만 조류가 아니다. Compass 각도를 보아도 Shift한 흔적이 없다. 아마 이것은 극히 작은 Shift를 동반한 Blow 가운데를 달렸기 때문이다라고 생각한다. 이런 상황 중 "나는 지금 리프트(헤더)바람 속에 있다."라고 표현한다.

제4장
경기의 장

Dinghy Sailing

이 책에서는 지금까지 요트 경기에 관해서는 논하지 않았다. 경기 이야기가 나오면 경기에는 관계가 없다고 생각하는 사람이 있을 거라고 생각했기 때문이다.
동작을 확실하게 하는 일, 요트를 빨리 달리게 하는 일, 세일이나 요트의 메카니즘에 대해서 아는 일 그리고 기상이나 바람에 대한 지식을 가지는 일은 경기에 관계없이 세일러라면 기본적으로 갖추어야 할 내용이다.
그런 기본적인 기술이나 지식은 물론 요트 경기할 때에도 크게 활용된다. 반대로 말하면 요트 경기에 나가기 때문에 Seamanship은 연마 되는 것이다. 어떤 사람은 요트 경기에 나가기 위해 Seamanship을 연마하고, 또 어떤 사람은 Seamanship을 연마하기 위해 요트 경기에 나간다. 어쨌던 간에 요트경기는 우리의 세일링 Life에 있어서 중요한 역할을 한다. 경기를 싫어하는 사람도 편견을 가지지 말고 쉽게 즐길 수 있는 요트레이스의 세계에 뛰어들 것을 추천한다.

1. 기본적인 규칙

복잡한 요트 경기의 규칙

　요트경기는 제 2회 올림픽대회부터 정식종목으로 되어 있는 오랜 역사를 가진 스포츠 경기이다. 4년에 한 번 행하는 아메리칸 컵도 사상 최고의 스포츠행사로서 알려져 있다. 경기 형태는 단순한 것인데, 같이 스타트해서 빨리 골에 도착하는 사람이 이긴다. 기본적으로 마라톤이나 경마와 같은 경주 경기이다. 다만 경기할 때마다 컨디션(바람, 파도 등)이 다르기 때문에 100m 경주처럼 "세계기록"은 없다. 수 백m 차이로 이겨도, 아슬아슬하게 이겨도 순위만 기록된다.

　축구랑 야구 같은 공을 사용하는 경기는 선수가 다 규칙을 알고 있어야 경기를 할 수가 있는데 육상 같은 경주 경기에는 규칙다운 규칙이 존재하지 않는다. 그러나 요트 경기에는 꽤 복잡한 체계의 규칙이 있다. 그것이 "국제 세일링 경기 규칙(RRS)"이라고 하는데 이것이 국제 세일링 연맹(ISAF)이 4년에 한 번 개정해서 발행한다.

　왜 그런 경주에 그렇게 체계적인 규칙이 필요할까? 그 이유의 하나는 요트경기는 특히 클로스 홀드를 달릴때 요트끼리 교착하는 일을 피할 수가 없기 때문에 미리 항로권의 유무 (어느 쪽이 비키는가)를 규칙으로 규정 할 필요가 있기 때문이다. 또 하나는 요트 경기할 때는 현장에서 호루라기를 부는 심판원이 없기 때문에 규칙 위반이 있었으면 선수 본인이 경기후에 "항의서"를 제출하여 그것을 근거로 하여 판정이 내리는 시스템으로 되어 있어서 그 항의의 수속 등 엄밀하게 규정하는 소송법적 규칙 등도 정비되어 있기 때문이다.

국제세일링경기규칙(일본어판)

규칙은 4년에 한번 변경한다

"누구도 손쉽게 즐길 수 있는 요트 경기라고 했는데 이렇게 규칙이 많이 있으면 외우는 것 만이라도 고생이다."라고 생각했을 것이다. 물론 톱을 목표로 하는 세일러라면 모든 규칙에 정통해야 되지만 자기가 소속하는 Club Race 정도라면 기본적인 내용만 알고 있으면 충분히 요트 경기를 즐길 수 있다. 실제 국내선수 대회급 경기라도 규칙을 잘 아는 선수는 별로 없.

그러면 도대체 어떤 내용만 알아야 되는 것인가? 그것은 이제 설명하는 "항로권에 관한 3원칙"이다. 이것은 요트끼리 접촉할 위험한 장면에서 어느 쪽이 양보해야 할 것인지를 규정한 규칙이다. 이것만을 외우기만 하면 나머지는 스타트해서 마음껏 세일링하면 결과가 순위로 나타난다.

규칙이 4년에 한 번 변경하는 것은 올림픽에 맞추어서 하는 것인데 "항로권에 관한 3원칙"은 변하지 않았고 앞으로도 변하지 않을 것이니 요트 경기 초보자는 이것만 파악하면 충분하다.

항로권의 3원칙

항로권의 3원칙이란 바다에서 2척의 요트가 만났을 때 어느 쪽 요트가 진로를 양보해야 할지를 규정한 원칙이다. 이것으로 바다를 왔다 갔다하는 모든 요트는 권리정(권리를 가진 요트)과 비권리정(양보해야 할 요트)으로 분류된다. 레이스 해면에 있는 여러 요트의 관계는 이 두 가지로 어느 쪽이나 해답이 된다. 예외는 없다.

레이스에 나가기 위해서는 우선 이 3원칙을 외우고 또한 다른 요트와 만난 순간에 자기가 권리정인지 비권리정인지 판단 할 수 있어야 한다. 또 이것들의 원칙은 레이스뿐만 아니라 평상시 세일링에도 적용되는 규칙(교통규칙과 같다)이라서 모든 세일러가 알고 있어야 되는 것이다.

A. 스타 보드 · 포트 (그림 A)

우선 붐이 나와 있는 사이드가 다른 요트의 경우 이것은 스타 보드, 포트의 관계라고 한다. 바람을 오른쪽(시버해도 마찬가지다) 요트를 스타 보드 택상태, 반대로 바람을 왼쪽에서 받아서 붐을 오른쪽으로 내고 달리는 요트를 포트 택 상태라고 한다.

이런 경우 스타 보드 택 요트가 권리정, 포트 택 요트가 비권리정이 되니까 포트 택 요트는 스타 보드 택 요트를 피해야 한다. 이 때 중요한 것은 소리 치는 것이다. 스타 보드 택으로 달리는 요트는 이대로 달리면 접촉할 위험성이 있는 포트 택 요트를 보면, "스타 보드"라고 말을 걸어서 자기 요트의 권리를 주장해야 한다. 이것은 규칙상의 의무가 아니지만 접촉을 피하기 위한 매너다. 반대로 포트 택 요트도 베어해서 뒤를 통과한다면 "베어 한다"고 한 마디 하는 것이 예의다.

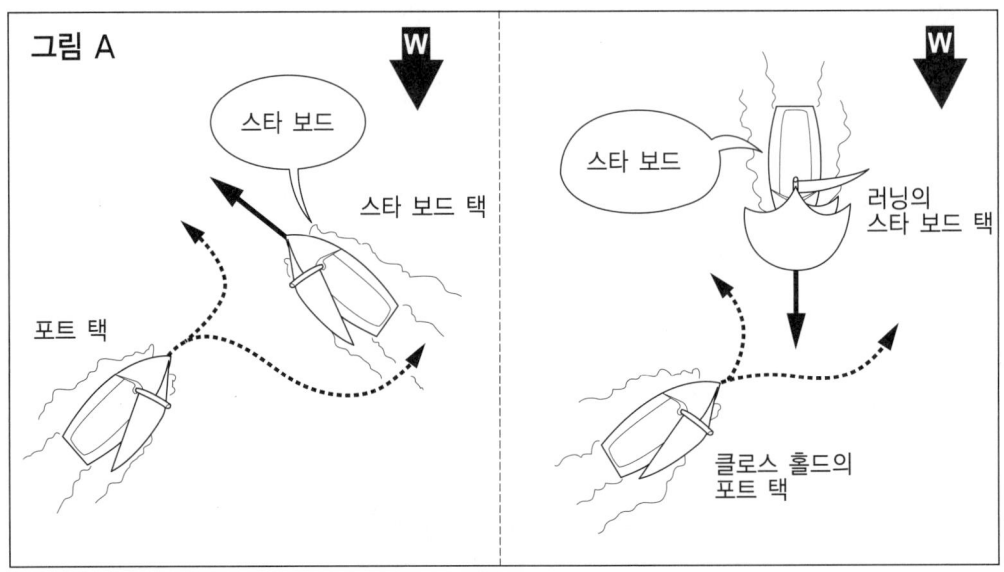

B. 바람이 오는 쪽, 가는 쪽

그러면 두 척의 요트가 같은 택으로 달리고 있는 경우는 어떻게 될까? 같은 택으로 달리는 두 척이 오버랩(겹치는) 경우 바람이 가는 쪽 (붐이 나와 있는 쪽)이 권리정이고 바람이 오는 쪽 요트가 비권리정이 된다. 이것은 바람이 오는 쪽 요트가 바람을 가로막고 바람이 가는 쪽 요트가 분리되기 때문에 항로권을 부여하는 것이다.

이 때에도 권리를 가진 바람 가는 쪽 요트는 자기 존재와 항로권을 주장해서 소리를 쳐야한다. 이 바람 가는 쪽, 오는 쪽의 권리관계는 모든 요트가 같은 택으로 달리는 어빔의 Leg나 모든 요트가 스타 보드 택으로 라인에 나란히 서는 Start 전에 쓰인다.

그리고 풍상마크 부근에서 먼저 마크를 돌아서 러닝을 달리는 요트와 이제 마크를 돌려고 클로스 홀드로 달리는 요트가 만날 때도 있다. 이런 경우도 같은 택이라면 바람이 가는 쪽에 있는

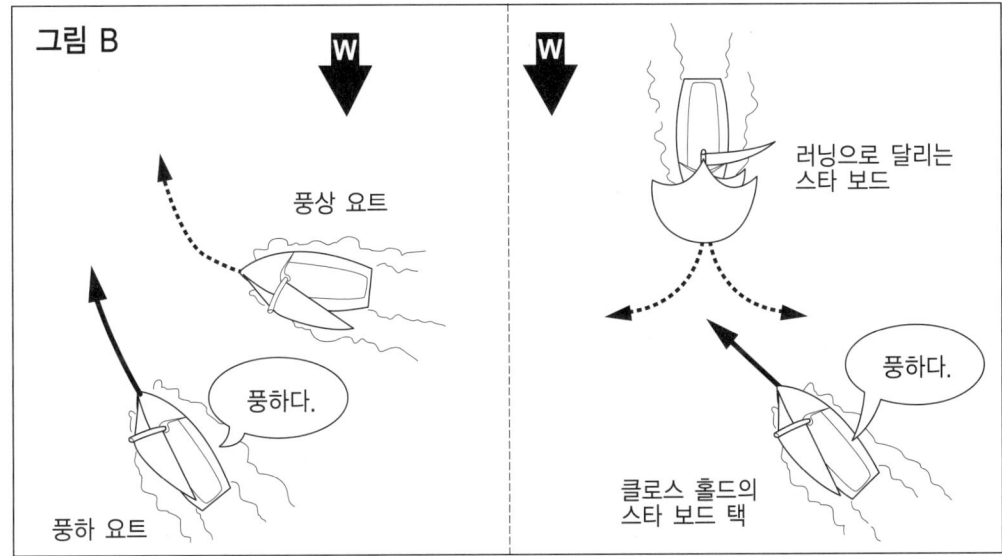

클로스 홀드의 요트가 권리정이 되니까 러닝을 달리는 요트가 진로를 양보해야 한다.

C. 클리어 어스턴 · 클리어 어헤드 (그림 C)

그러면 같은 택이고 오버랩도 아닌 두 척의 요트는 어떻게 하는가? 오버랩이 아닌 두 척의 요트는 앞에 있는 요트를 클리어 어헤드, 뒤에 있는 요트를 클리어 어스턴이라고 부른다. 이 때 앞쪽 클리어 어헤드가 권리정이 되니까 비권리정인 클리어 어스턴의 요트는 클리어 어헤드의 요트를 피해야 한다. 이렇게 규칙 용어를 사용하면 복잡한데 고속도로에서 뒤에서 온 자동차가 앞차를 추월할 때와 마찬가지이다.

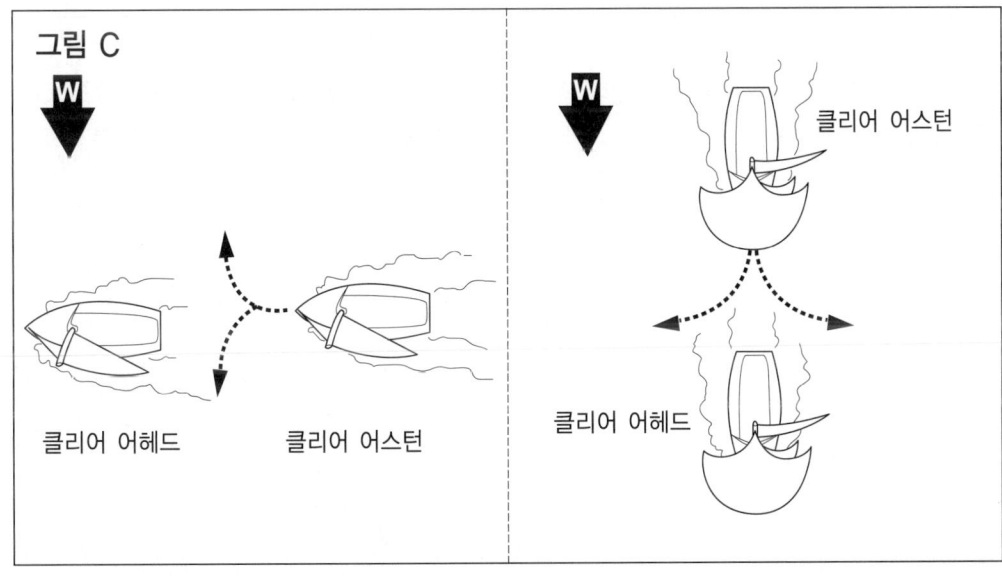

오버랩이란 무엇인가?

여기서 문제가 되는 것은 오버랩 상태와 클리어 어스턴, 클리어 어헤드 상태의 경계선이다. 두 척의 요트가 겹치는 상태가 오버랩이다 라고 해도 그림1 같은 상태에서 요트A가 어느 요트와 오버랩하고 있는지 알 수 있습니까?

이 어려운 문제를 풀기 위해서는 그림1처럼 모든 요트의 Stam에서 가로로 선을 긋는다. 이때 자기 요트의 선보다 뒤에 있는 요트는 클리어 어스턴이고 그 요트에서 볼 때는 자기 요트가 클리어 어헤드가 된다. 이것은 자기요트A와 요트g와의 관계이다. 반대로 다른 요트의 선보다 자기 요트의 선이 뒤에 있으면 그 요트는 클리어 어헤드이고 자기 요트가 클리어 어스턴이다. 이것이 a와 요트 b와의 관계다.

오버랩이라는 것은 서로 클리어 어스턴 아닌 상태를 가리키는 것이다. 그림1를 보면 자기 요트 A하고 오버랩 되는 요트는 요트c와 요트e 두 척이다. 요트c와 꽤 떨어져 있으니 오버랩이 아닌 것 같지만 오버랩에 거리는 관계가 없다. 실제 문제로서는 바람 오는 쪽의 요트A가 권리정이 되는 요트c의 진로를 방해하는 일은 있을 수가 없으니 여기서 오버랩이라고 하면 단순히 개념에 불과하다.

한편 겹쳐서 보이는 요트A와 요트d이지만 이 그림에서는 오버랩이 아니다. 그러나 현실적으로는 요트d가 조금 러핑하기만 해도 요트A에 대해서 항로권을 가지는 존재가 되기 때문에 자기 요트A는 요트d에 조심할 필요가 있다.

왠지 단순한 일을 복잡하게 만드는 것이 규칙이라고 생각할 수도 있지만, 레이스 중 선수들은 그렇게 엄격하게 파악하고 있지 않다. 그러나 일단 어느 쪽이나 요트가 항의해서 심판을 하게 되면 대단히 치밀하고 꼼꼼한 상황파악이 필요하기 때문에 요트 레이스의 규칙은 복잡하고 엄밀하게 되어 있다.

그림 1

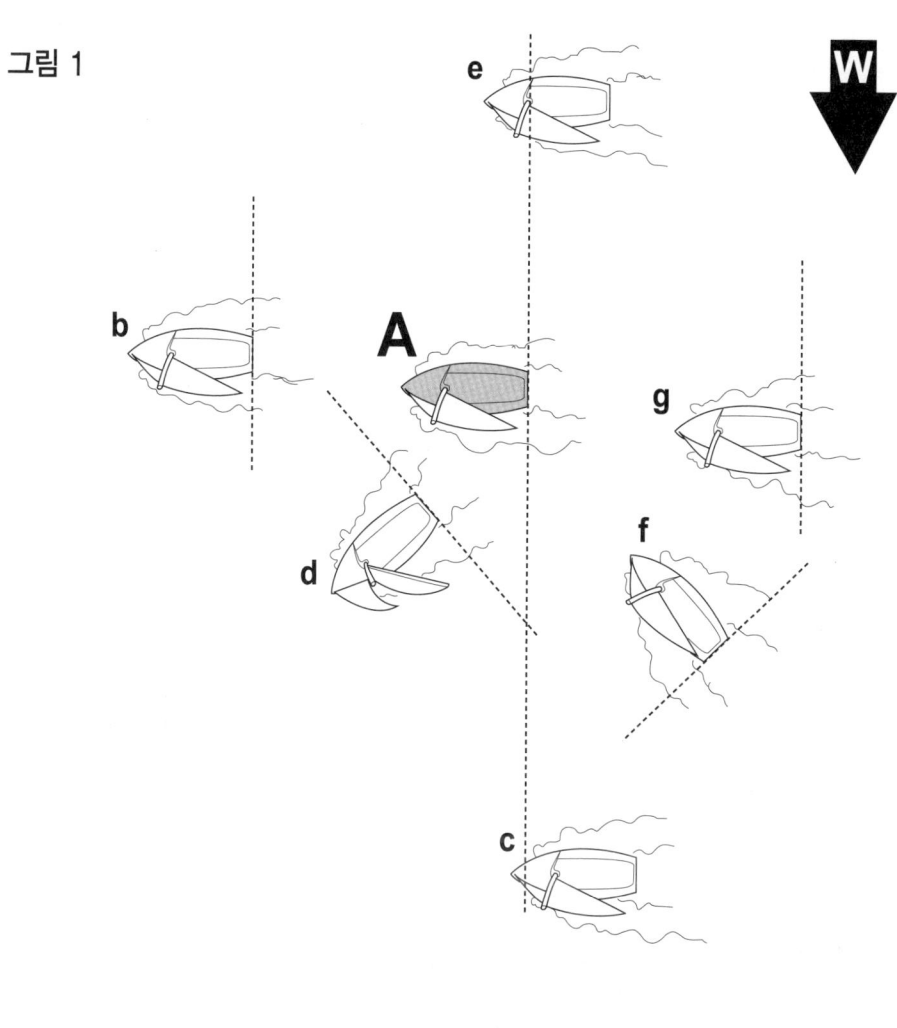

항로권은 상대를 공격하기 위한 무기가 아니다

앞에서 언급한 항로권을 설명하면 "그래! 포트 보다 스타 보드가 강하구나"라고 생각하는 사람이 적지 않다. 그렇게 생각한 세일러는 레이스 때에는 "스타 보드다" "바람 가는 쪽이다"라고 상대 요트의 침로를 방해하는 것에 온 전력을 기울이는 행동을 나타낸다.

그러나 요트레이스는 몇 번 상대를 방해했는가가 승부를 결정 짓는 것이 아니고 상대보다 먼저 레이스를 마치는 것이 승부가 된다. 그것을 잘못 인식하면 그림2처럼 비극을 보게 된다. 왼쪽 해면이 유리 한데도 스타 보드로 상대가 피하도록 만들려고 일찍 스타 보드 Approach로 달린다. 이것은 실제 자주 보게 되는 예다. 초보자일수록 권리에 고착하고 현명한 세일러일수록 권리에 구애받지 않는다. 자기에 권리가 있어도 그것을 포기하는 것이 유리하다라고 판단하면 간단히 길을 양보할 일도 있다.

  규칙으로 규정되어 있는 항로권은 어디까지나 충돌을 피하기 위해 한쪽에게 우선권을 부여하는 것이다. 그것을 이용해서 상대 요트를 피하도록 만들 거나 실격이 되도록 만든다는 생각은 요트레이스 원래의 사고방식하고는 양립하지 않는다.

  America's Cup과 같은 Match Race는 규칙을 이용한 공격이 당연한것 같이 하고 있지만 Match Race는 전용 규칙이 있고 또 On The Water Judge라는 심판원이 감시하고 있다. 그래서 Match Race의 방법을 Free Race에 갖고 들어오면 안 된다. 항로권은 어디까지나 내가 가고 싶은 방향으로 나아가는 권리이며 다른 요트를 방해하는 권리가 아니다는 것을 명심해야 한다.

그림 2

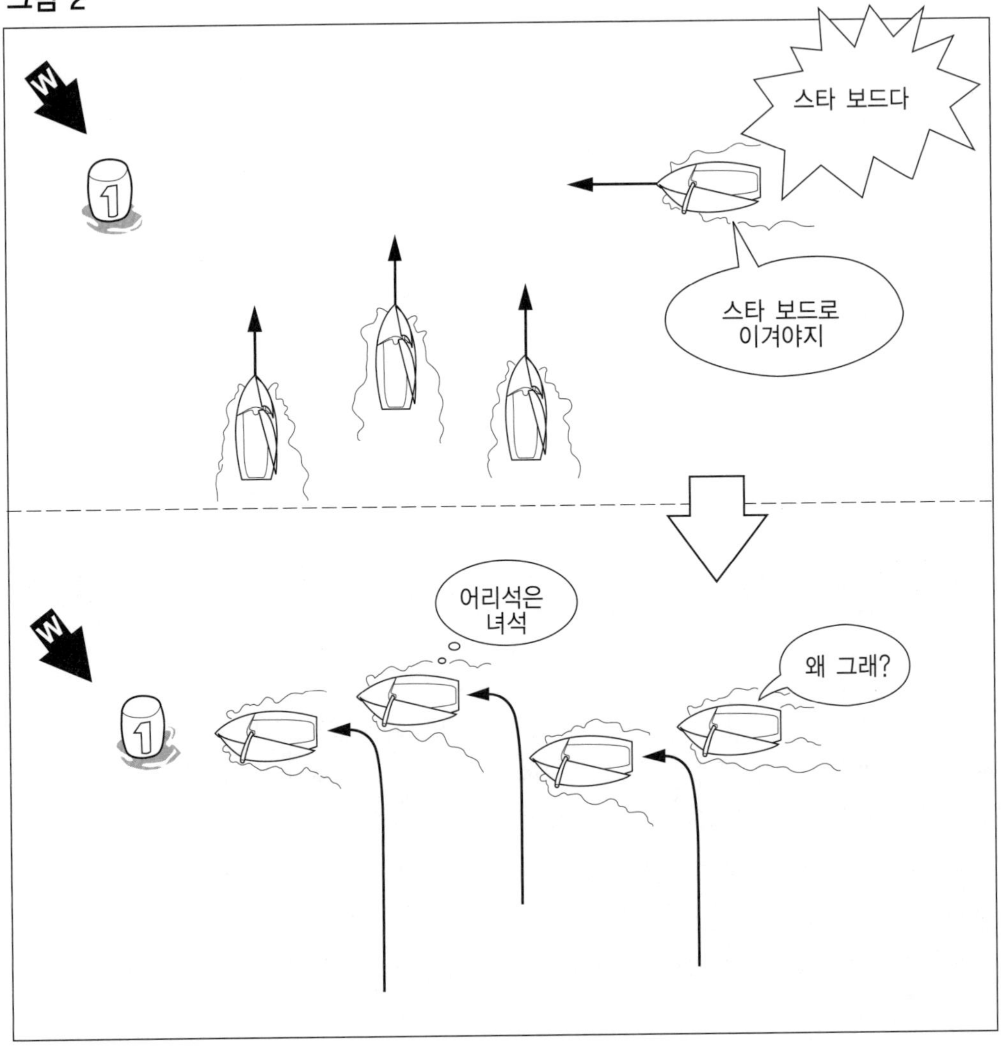

그러나 양보 못한다는 권리도 있다

넓은 레이스 해면에서 요트끼리 만나게 되면 양쪽 권리관계는 앞에서 말한 3원칙으로 다 해결이 된다. 그러나 레이스 요트가 한 곳에 집중하는 "마크 회항"이라는 장면에서는 3원칙으로서는 해결이 안되는 상황이 발생한다.

그림3을 보면, 풍하마크를 회항할려고 하는 2척의 요트가 오버랩을 한 채로 마크에 돌입한다고 하자. 이 상황을 3원칙으로 생각하면 바람 가는 쪽 요트A가 권리정이 되어 안쪽

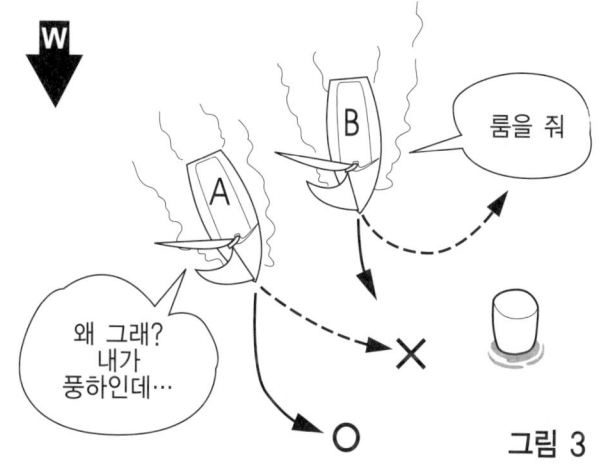

그림 3

요트B는 마크를 돌지 못하게 된다. 그래서 마크회항 할 때는 안쪽에서 오버랩하는 요트는 바깥쪽 요트에 대해서 'Room을 요구할 수 있다' 라는 법칙이 우선이 된다. Room은 Space를 말하는데 여기서는 마크회항하는데 필요한 Space라는 뜻이다.

이 규칙을 근거로 상세히 설명하면 "앞서가는 요트가 마크에서 2척신(2척길이 차이) Zone에 돌입하는 순간에 오버랩이 존재하고 있으면" 안쪽 요트는 Room을 요구 할 수 있다. 즉 계속 오버랩하면서 달려와도 2척신 Zone에 돌입하는 순간에 오버랩이 안되면 Room은 요구 할 수 없다는 것인데, 그것과 반대로 2척신 Zone에 돌입히고 나서 오버랩한 경우노 안쪽 요트는 Room을 요구 못한다는 것이다.

이것은 규칙에 따른 엄격한 해석이지만 현실의 장면에서 2척신 Zone이라는 것은 마크회항을 하고 있는 단계에서 Room을 양보한다, 안한다고 할 수가 없다. 실제로는 2척신 Zone에 들어가는 앞 단계에서 마크회항때 오버랩할 것 같은 요트에 대해서 "오버랩하고 있으니까 Room을 주이라"라고 교섭해놓을 필요가 있다.

반대로 너무 일찍이 교섭을 받으면 "너무 이르니까 아직 모르겠다"고 상대에게 전해야 된다. 왜 앞단계에서의 교섭이 중요한가 하면 마크 회항은 Room을 받느냐에 따라서 그 이후의 레이스 전개가 전혀 달라지는 중요한 국면이기 때문이다. 3원칙을 설명할 때는 "소리를 쳐서 자기

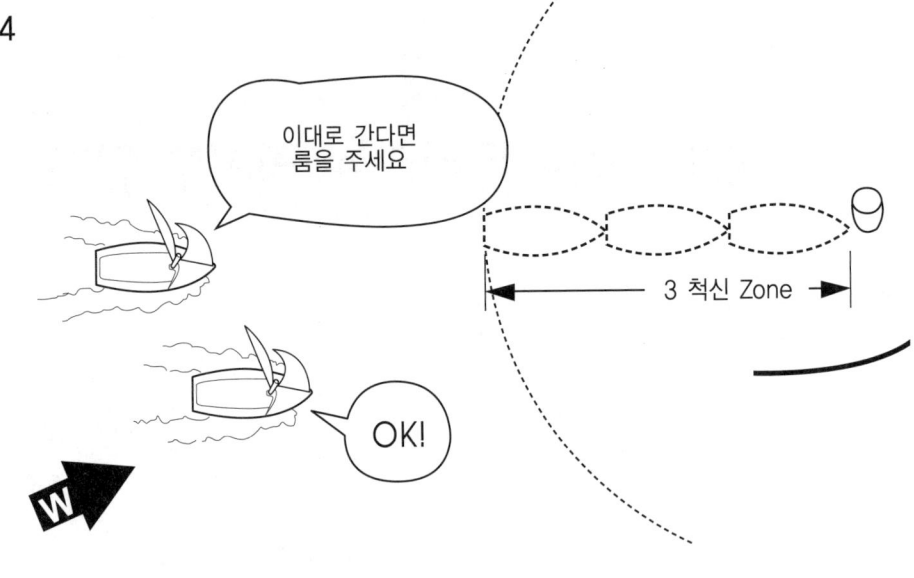

그림 4

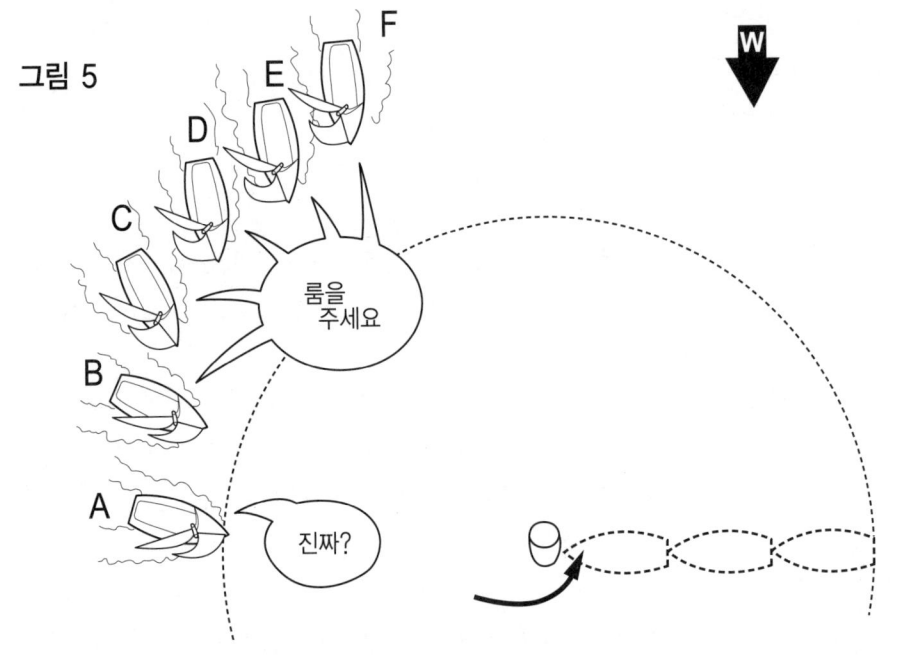

그림 5

권리를 주장 하지 말라"고 했지만 마크 회항 때는 "무슨 일이 있어도 자기 권리를 지켜야 된다"는 것이다.

그림 5처럼 마크 회항때는 많은 요트가 서로 겹치는 것 같이 Approach할 일이 흔히 있다. 이렇게 복수의 요트가 안쪽으로 오버랩한 채 2척신 Zone에 들어가게 되는 요트 A는 B~F 모든 요

트가 회항 할 룸을 양보해야 한다. 여기서 요트 B와 요트 C는 오버랩이 아니다라고 C에게 인정할 수 있게 하면 A의 상황은 좋아진다. 반대로 F의 입장을 생각할 때 E하고 교섭해서 오버랩이라고 인정 받게 되면 A~E 모든 요트를 추월할 수 있게 된다.

이렇게 마크회항 때에는 룸을 무슨 일이 있어도 받는 것이 좋다. 그렇지만 느닷없이 소리를 질러봐야 효과가 없다. 침착하고 이성적으로 눈앞에 있는 상대와 마크가 다가오기 전에 교섭하는 것이 중요하다.

2. 업 윈드에서의 이론

레이스해면은 큰 장기판

나란히 달리고 있으면 그다지 속도 차이가 없는데 레이스 때가 되면 함께 스타트 해서 Finish 하는 사이에 믿을 수 없는 정도로 차이가 생기는 것이 요트 레이스다.

요트 레이스가 다른 레이스 경기(Motor Race나 육상 경기 등)와 크게 다른 것은 코스 선택의 범위가 아주 넓다는 것이다. F1 등에서 보는 코너링때 코스의 차이는 코스 선택의 범위가 아주 넓다는 것이다. F1 등에서 보는 코너링때 코스의 차이는 수m 밖에 안되지만 요트 레이스 특히 클로스 홀드 leg에서는 코스의 차이가 수 km가 되는 일도 흔히 있는 것이다. 어느 코스를 선택하느냐에 따라서 Finish 때의 차이로 나타나는 것이다.

같은 레이스 경기라도 육상경기나 모터스포츠가 주로 스피드를 겨루는 경기에 대해서 요트 레이스는 코스 선택이라는 요소가 크게 영향을 미친다. 스피드보다 코스 선택이 더 중요하다고 생각하는 것이 좋을지 모르겠다. 스피드는 자기 마음대로의 코스를 가기 위한 무기(Tool)에 불과하다. 물론 우수한 무기(빠른 보트 스피드)를 가지고 있으면 먼저 가고 싶은 코스로 갈 수가 있다. 그러나 보통 무기 밖에 없어도 좋은 코스로 가면 톱으로 오를 수도 있다. 그것은 마치 장기의 달인이 차, 포가 없어도 충분히 할 수 있는 것과 같다. 요트 레이스란 넓은 바다 위에서 하는 장기와 같은 게임이다.

그 요트 레이스의 독특한 코스를 잡기 위해 전개되는 장면은 주로 Up Wind Leg, 클로스 홀드의 코스이다. 그것에 대해서 어빔 등의 Free 코스는 F1같은 스피드의 승부이다. Tail to Nose로 겨루는 익사이팅한 leg이다. 장기의 지성과 승부의 직감, F1 레이서의 스피드 감각과 투쟁 본능이 정과 동의 능력이 있어야 하는 것이다.

바람의 변화가 차이를 만든다

아무리 코스 선택의 범위가 넓어도 일정한 바람이 불어오는 한 차이는 생기지 않는다. 제3장 '바람의 장'에서 배웠지만 바람은 항상 변하고 있으니 일정한 속도로 불지 않는다. 그러나 변할 때는 이유가 있다는 것도 배웠다.

요트 레이스 할 때는 코스를 선택하는 것은 바람의 변화를 추측하는 것이 중요하다. Blow와 Shift의 변화를 예측하여 그 때 제일 유리한 장소에 자기 요트를 배치하는 것이 이론이다. Blow에 관에서는 많은 설명이 필요 없다. 단순히 바람이 강하게 부는 장소를 선택하면 Blow가 없이 달리는 요트보다 앞서 갈 수 있다. (그림1)

그러면 바람의 Shift는 레이스하는 요트에 어떤 영향을 주는가? 그림2A를 보세요. W1의 바람

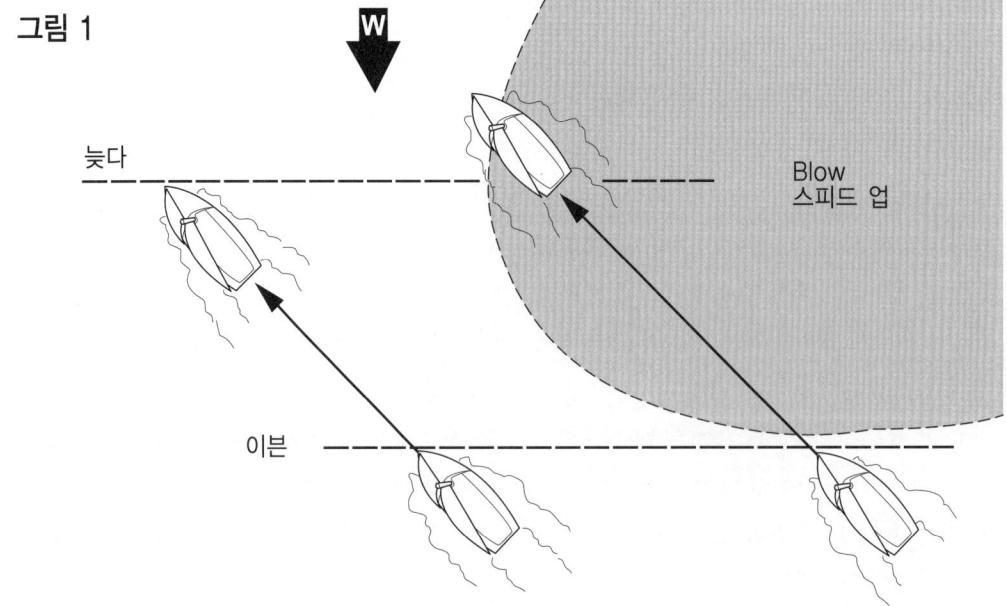

그림 1

이 불고 있을 때 A, B 양쪽 요트에 차이가 없다. 이것을 증거하기 위해서 바람이 오는 방향에 대해서 수직선을 그어 보세요. 이 직선상에 나란히 있으면 그 두 척은 풍상마크에 대해서 같은 거리다라고 할 수 있다.

다음에 W1의 바람이 W2에 Shift 했다고 하자. 이 때 A와 B의 각도가 그림2B처럼 변한다. 그 결과 A는 B보다 풍상마크에 가까워졌다고 할 수 있다. 즉 A는 아무것도 안 했는데도 Shift로 인해 B보다 앞서 갈 수 있게 되었다. 그것이 Blow와 Shift가 해면에 끼치는 영향이고 이 원리를 이용해서 코스를 선택해야 된다.

이론이란 확실성을 추구하는 일

Blow와 Shift가 유리한 코스, 불리한 코스를 만든다는 것을 알았다. 그러면 실제 레이스에서는 그 현상을 어떻게 정리해서 이용해야 좋을까?

그 지침이 되는 것은 이론이다. 예를 들면 야구할 때 "노 아웃에서 러너가 나가면 번트해서 진루시킨다"라는 이론이 있다. 이것은 득점권에 러너가 있으면 다음에 득점할 가능성이 높다는 말이고 그렇다고 해서 반드시 득점 할 수 있는 일이 아니다. 요점은 확실하다는 것이다. 위험성을 줄이고 기회를 만든다. 착실한 방법이다. 요트레이스의 이론도 마찬가지다. 이런 장면에서는 이렇게 하는 것이 좋다는 이론이 몇 가지 있다. 야구 같은 경기에서 이론을 무시하는 팀이 이기지 못하는 것 같이 요트 레이스에서도 이론을 가볍게 생각하는 세일러는 이기지 못한다. 코스를 선택하는데 있어서 이론이란 세일링 자세와 마찬가지다. 바른 폼을 익히는 것이 숙달의 지름길이다.

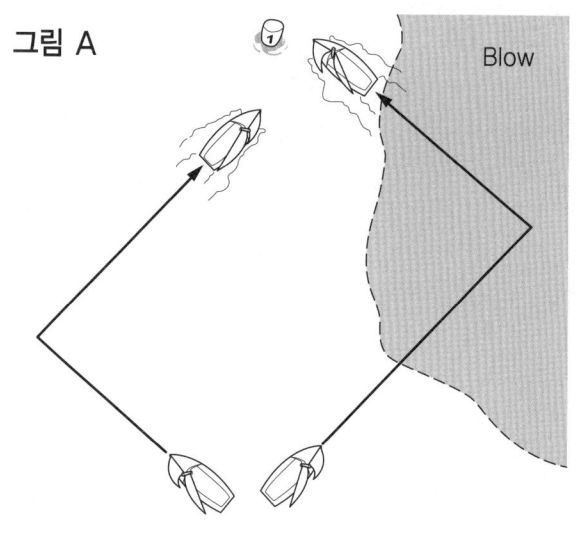

그림 A

이론1. Blow가 있는 곳을 달린다 (그림 A)

제일 단순하고 제일 효과적인 코스 이론이다. Blow가 있는 자리 또는 Blow가 생길 가능성이 있는 자리를 코스로 선택하는 방법이다. 이론으로서 말 할 정도가 아니 라고 생각할지 모르지만 현실 요트 레이스 때는 이것만이라도 충실하게 실행하는 것도 힘든 일이다.

우선 Blow를 정확히 볼 수 있는 눈이 있어야 된다. 그리고 Blow가 있는 것을 알고 있으면서도 다른 요트에 신경을 써서 Blow 있는 곳에 못가는 경우도 있다. 그리고 Blow의 성질(헤더, 리프트)를 보고 어떻게 Blow에 들어가면 효과적일까?라고 생각하는 것도 기본 이론을 알고 나서 할 수 있는 일이다. '누구나 알고 있어도 할 수 있는 일이 아니다' 라고 명심해야 한다.

이론2. 바람이 오는 쪽으로 택으로 달린다 (그림 B)

그림 B처럼 W1바람과 W2 바람이 주기적으로 바뀌는 경우, W1이 불 때는 포트 택으로 W2가 불 때는 스타 보드 택으로 달린 요트 A와 반대 택으로 달린 요트 B의 차이는 뚜렷하다. 이것도 그림으로 보면 단순하지만 실제 해면에서는 W1와 W2가 알기 쉽게 Shift를 하지 않는다. W1와 W2 사이에도 수 많은 Shift가 있고, 얼마나 가고 나서야 택을 바꿔야 할지 이것은 어려운 일이다.

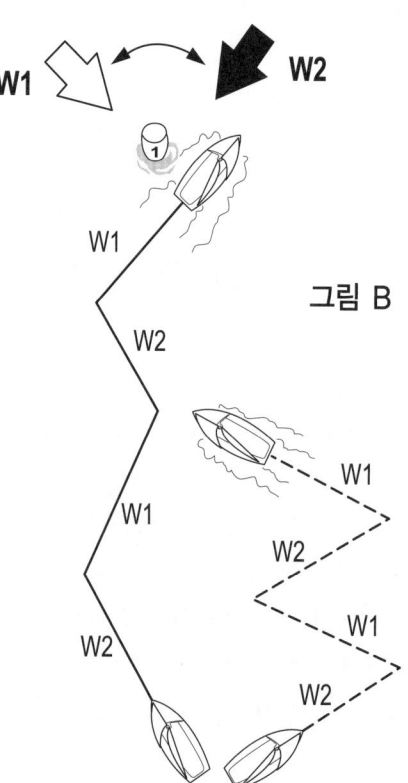

그림 B

현실적인 대처법은 작은 Shift가 주기적으로 나타나는 컨디션에서는 "Mid Wind" (MW)를 가정하며 그것보다 오른쪽에 가면 스타 보드 택 왼쪽으로 가면 포트 택이라고 정해 놓은 것이다. 그것을 위해서 스타트하기 전에 클로스 홀드로 달려보고 그날의 Shift가 얼마 정도인지 파악할 필요가 있다.

이론3. 긴 Leg를 먼저 달린다 (그림 C)

이것은 이론2가 바람의 Shift에 대응하는 것에 대해서 풍향과 풍상마크 위치 관계에 대응하는 것이다. 풍상마크는 원칙으로 스타트라인으로부터 볼 때 바로 바람이 오는 방향에 설치되어 있어야 하지만 현실은 바람 오는 방향으로부터는 조금 차이가 있다. 그림C를 보세요. 이런 경우 풍상마크에 대해서 바람은 10도 정도 오른쪽으로 기울어져 있다. 바람 오는 방향과 풍상마크위치가 일치 되어 있으면 점선과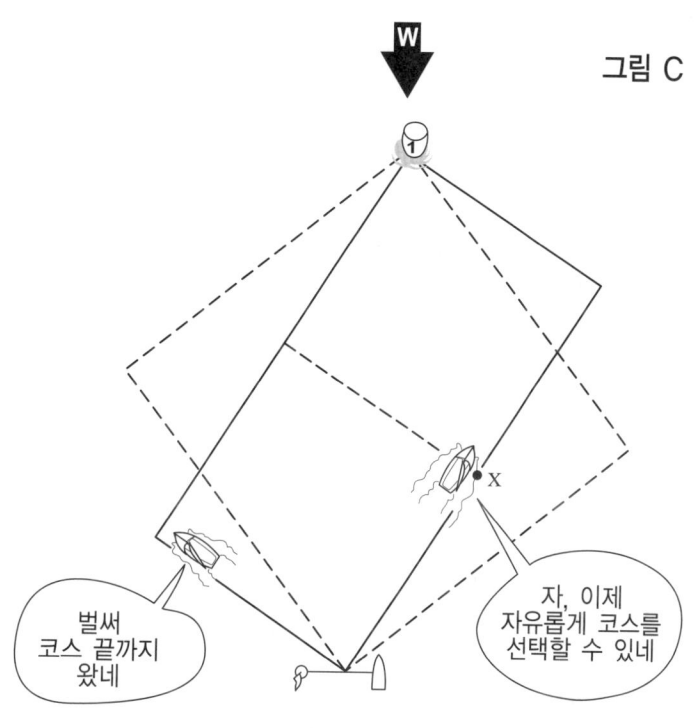
같이 레이스 코스는 정사각형이 되지만 기울져 있으면 레이스 코스는 직사각형이 된다.

"긴 Leg를 먼저 달린다"는 것은 이 그림으로 말하면 포트 택으로 먼저 달린다는 것이다. 남은 코스가 정사각형 즉 어느 쪽 Leg가 같은 거리 x에 도달할 때까지 포트 택으로 달린다는 것이 이론이다. 혹시 짧은 Leg로 이 그림으로는 스타 보드 택으로 먼저 달렸다면 남은 레이스 코스가 좁은 사각형이 되어서 코스를 선택할 범위가 좁아진다. 이렇게 되면 여러 상황이 변화해도 대응하기가 어려워진다.

이 이론은 앞의 두가지 이론와 달리 이것을 실행했다 해도 직접적인 이익을 얻을 수 있는 것이 아니다. 다가올 상황의 변화가 좋은 기회 아니면 나쁜 기회라도 대응 할 수 있는 준비를 한다는 것이다. 그런 의미로서는 제일 이론다운 이론이라고 할 수 있다.

이론4. 바람이 도는 방향으로 간다 (그림 D)

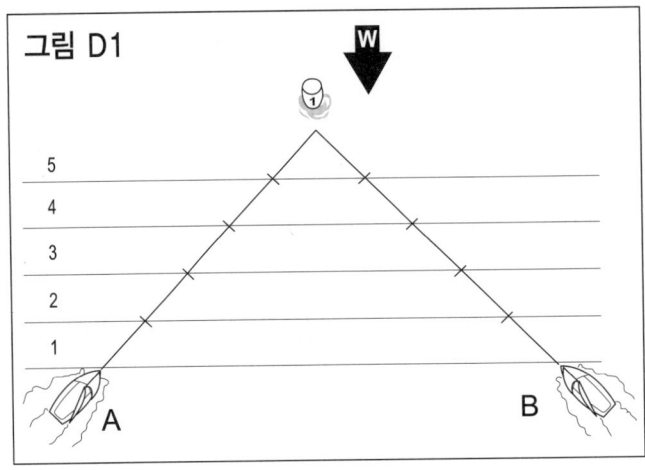

그림 D1

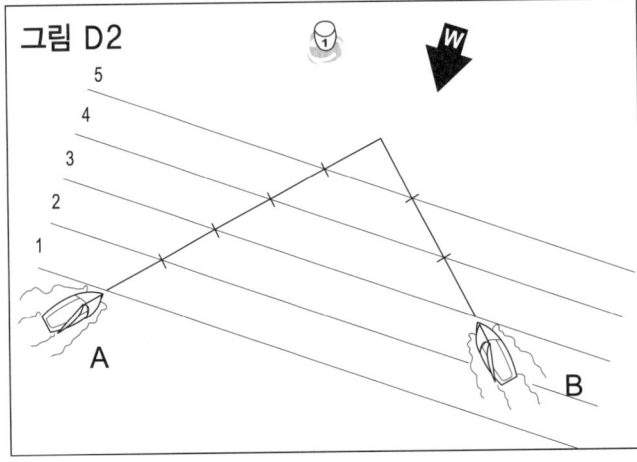

그림 D2

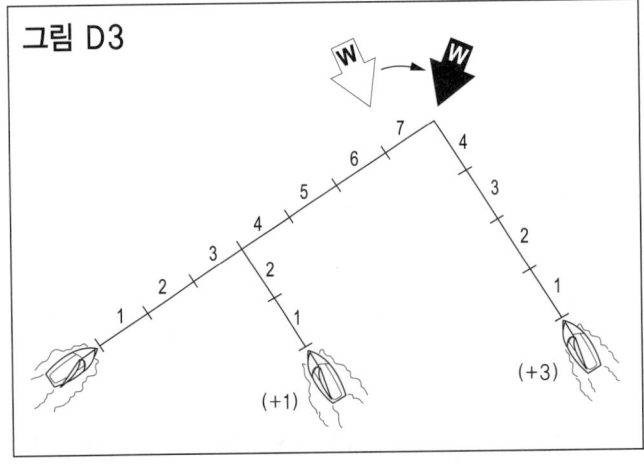

그림 D3

이것은 이론보다 Up Wind Leg에서의 코스를 선택하는 기본적인 전략이다. 바람의 Shift에 대응하는 방법은 이론 2에서 설명했지만 그것은 일정한 범위에서 주기적으로 Shift가 바뀌는 상황에 대응하는 것으로 바닷바람과 같이 일정한 방향을 Shift 할때는 좋은 방법이 아니다. 바람이 일방 방향으로 돌고 있는 컨디션이고 그것을 예측할 수 있다면 "바람이 도는 방향으로 향하는" 방법이 유효하다.

Up Wind Leg의 경우, 요트들은 해면 전체에 분산하여서 한 눈으로 봐서는 어느 요트가 이기고 있는지 모른다. 그러면 그림D를 보세요. 바람 오는 방향에 수직으로 선을 긋는다. 계단처럼 생각하면 쉽게 알 수 있다. Up Wind Leg은 바람이 오는 방향으로 계단을 올라가는 것과 같다. 이 그림에서 같은 계단에 있는 요트 A와 요트 B는 같은 위치에 있다는 것이다. 즉 클로스 홀드 코스에서는 풍상마크까지의 경주로 보이지만, 실은 바람 오는 쪽으로 가는 경주다.

그래서 바람이 오른 쪽에 Shift했다면 업 윈드의 계단은 그림 D2처럼(풍상 마크에 대해서) 비스듬하게 된다. 그러면 요트 B는 3단으로 올라가고 요트 A는 1단으로 내려가게 된다. 이것을 정리하면 바람이 Shift 하는 경우 Shift하는 쪽이 유리하게 되는 것이다. 앞에서 말했지만 업 윈드가 바람이 오는 쪽으로 가는 경기라면 풍향이 Shift하는 것은 아무것도 하지 않아도 골이 자기에게 가까워지는(떨어지는) 결과가 되는 것이다.

다만 겨울의 북쪽 바람 같이 Shift해도 몇 분 후에 다시 원래 방향으로 되돌아가는 컨디션이라면 이 방법으로 B요트가 얻는 이익도 반대로 Shift한 시점에서 다 없어진다. 이런 경우는 이론 2의 방법으로 풍상마크의 최단거리를 노리는 것이 현명하다.

그러나 한쪽 방향으로 도는 컨디션의 경우 다른 요트보다 먼저 Shift하는 방향으로 나갈 필요가 있다. 오른 쪽으로 Shift한다면 다른 요트보다 오른 쪽 위치에 있어야만이 Shift의 의한 이익을 얻을 수가 있다. 이런 경우 Shift 따라 얻을 수 있는 이익은 그 2척요트 간의(옆 방향) 거리가 멀수록 크게 된다.(그림D3) 그러나 오른 쪽에 Shift 할 것이라는 기대가 빗나가서 왼쪽에 Shift한 경우 오른 쪽으로 나가는 만큼 손해도 크다는 것이다.

요트 레이스의 코스 전략에 있어서 리스크배분은 분명하다. Low-Yield, Low-RISK High Yield를 기대 한다면 High Risk를 각오해야 된다.

이론5. Course End 에는 나가지 않는다
(그림 E)

풍상마크 방향으로 바람이 불고 있으면 업 윈드의 코스는 큰 정사각형을 그린다. 레이스 요트는 이 정사각형 안에서 자유롭게 코스를 선택할 수 있는데 실제로 이 사각형 안에서 사용하지 않는 부분(사용하면 안 되는 출입금지 부분)이 있다.

그것은 그림E의 사선부분이다. 이 부분은 원칙으로 출입금지라고 생각하세요. 이것은 이론3의 사고방식과 마찬가지지만 코스의 가장자리로 나가면 남는 코스가 긴 직사각형이 된다.

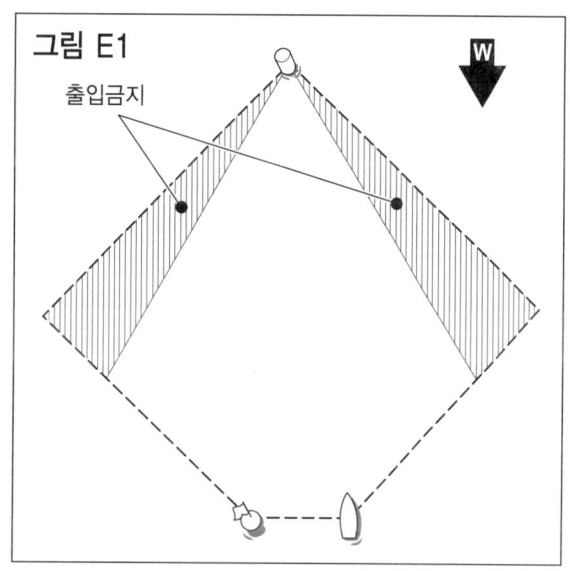

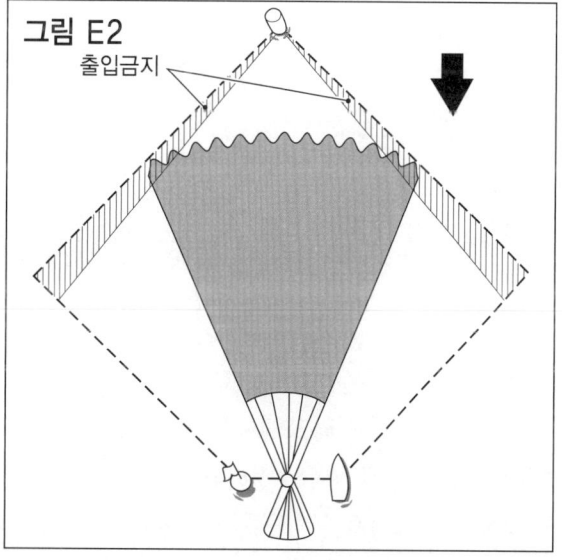

물론 그렇다고 해도 코스의 한 가운데를 달리면 된다는 것도 아니지만 이 사선 부분까지 나가게 되면 남는 Leg의 대부분을 한쪽 택으로 달리지 않으면 안되니까 상황이 변해도 대응 할 수가 없다.

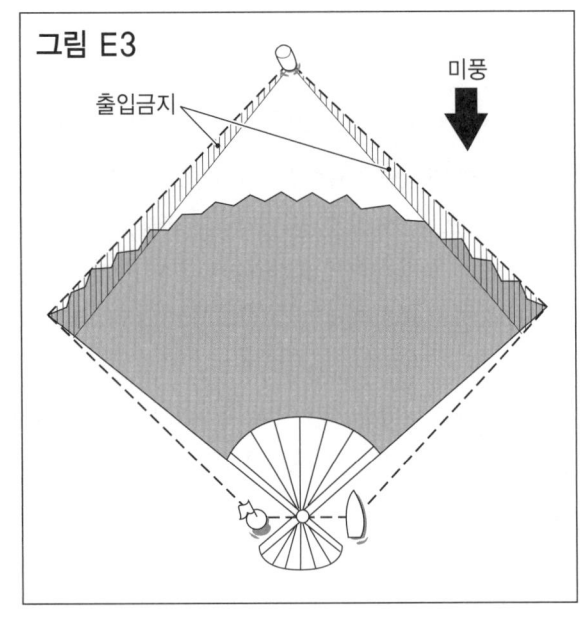

그리고 컨디션에 따라 범주 가능한 부분은 변한다. 이것은 부채를 사용해서 가리키는 것이 그림 E2와 그림 E3이다. 중풍이상의 컨디션이라면 코스 끝까지 부채를 펼치고 그림 E1에서 나타낸 출입금지 구역을 뺀 모든 지대(Arer)를 사용해서 코스로 선택할 수 있다. 그러나 바람이 약해질수록 부채는 좁아져서 범주 가능한 지대는 중앙부근으로 좁혀진다.

이것은 어떤 내용인가 하면 경풍이하의 컨디션이라면 풍속이나 풍향의 변화가 심해지기 쉬워서 만약에 어느 쪽이나 옆쪽으로 크게 나가는 코스를 선택한다면 바람이 자기 생각과 반대로 Shift하거나 Blow가 예상과 반대쪽으로 오거나 할 때 손해가 너무 커지기 때문에 바깥쪽으로 나가는 코스를 자제하는 것이 좋다. 또한 바람이 약할 때는 요트의 속도도 느리기 때문에 "아 반대로 갈건데"라고 인식해도 쉽게 유리한 쪽으로 이동하지 못한다는 리스크도 있다. 반대로 중풍이상의 컨디션이면 바람 변화도 별로 없고 요트의 속도도 있으니 태킹의 횟수를 줄이고 대담하게 코스를 선택하는 것이 효과적이다.

이론대로 코스를 선택하는 것의 어려운 점

이상의 5가지 이론이 Up Wind Leg에서는 원칙이 된다. 레이스 경험이 적은 사람으로서는 "이렇게 쉬운 것인가"라고 갑자기 깨달았을 것이다. 복잡하게 보이는 업 윈드에서의 코스 선택 방법이지만 책상에 앉아서 정리해 보면 그 논리는 단순한 것이다. 그러나 이들 이론을 이해하는 것과 실제 레이스에서 충실하게 실행하는 것과는 다른 문제다. 왜냐하면 상황에 따라서 선택할 이론이 달라지기 때문이다.

예를 들면 스타 보드 Leg가 긴 코스에서는 이론 3에 따라서 스타 보드를 먼저 소화하고 싶은데 이 때 Blow가 오른 쪽에 보이면 어떻게 할까? 이론 1에 따르면 Blow를 향해서 달려야 된다. 그러나 Blow를 먼저 잡으려고 한다면 포트 택으로 달려야 된다. 이렇게 이론에 부딪히는 경우가 흔히 있다.

어느 이론을 우선으로 생각하는 것은 그 때의 상황에 의한다. 그리고 그 상황을 판단하는 사람은 바로 당신이다. 아무리 이론을 알고 있어도 그 앞 단계에서 상황판단을 정확하게 못하면 의미가 없다. 그리고 상황판단능력을 키우기 위해서는 레이스 경험을 쌓을 수밖에 없다. 요트 레이스는 경험의 차이가 나타나는 경기라고 하는 이유가 그것이다.

요트 경기에서는 이론을 전혀 모르는 세일러가 이론을 잘 아는 세일러에게 이기는 일도 가끔 있다. 열심히 생각해서 코스를 선택하는 세일러가 그냥 아무 생각 없이 달리는 세일러에 지는 것은 도무지 견딜 수가 없는 일이지만 그것은 요트 레이스의 특징이 실력과 운도 결과에 크게 영향을 미치는 경기이기 때문이다.

그러나 아무 생각 없이 운이 좋아서 이긴 세일러 보다 열심히 생각하고 난 끝에 진세일러가 얻는 것이 있다. 그냥 달린다면 아무리 레이스의 횟수가 많아져도 경험을 쌓을 수가 없다. 자기가 생각한 코스가 왜 잘못됐는지 조사하고 증명하는 것으로 판단능력을 키울 수 있게 된다. 이들 이론을 알았다고 그 결과가 좋아진다고는 할 수 없다. 그러나 레이스를 생각하는 즐거움을 느낄 수가 있을 것이다

3. 스타트

스타트 라인(Line)의 유·불리

요트 레이스의 Start Line은 마크 설정과 마찬가지로 풍향에 맞추어서 설정된다. 레이스를 운영하는 스태프들은 풍향에 대해서 수직이 되도록 신경을 쓴다. 왜냐하면 Start Line이 풍향에 수

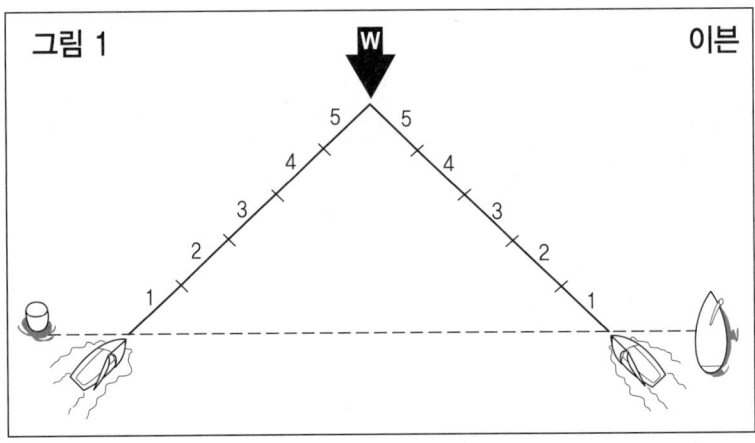

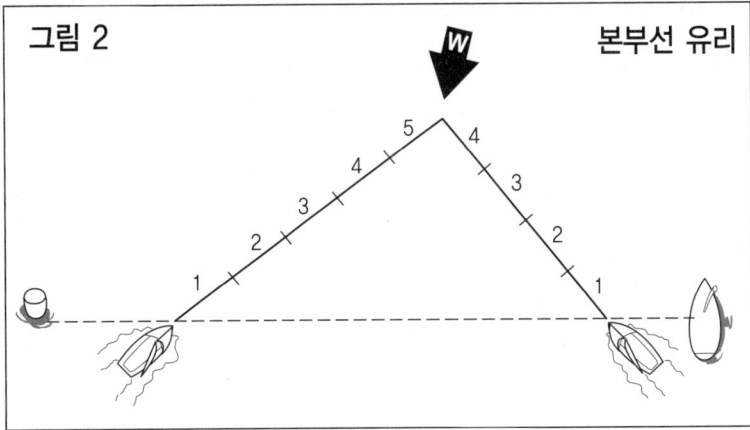

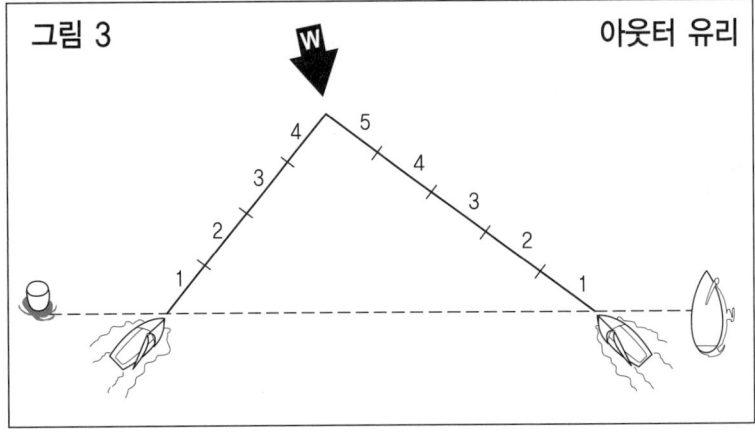

직이라면(그림1) 요트는 Start Line 어디에서 출발해도 유리, 불리가 없기 때문이다. 이 원리는 p.225 이론 3에서 설명한 계단의 원리다. 다만 실제 해면에서는 항상 바람이 Shift하고 있기 때문에 완전히 이븐(even)한 Line을 설정하는 것이 어려워서 현실의 Start line에는 유리, 불리가 있는 것이 보통이다.

Start line의 유리, 불리는 풍향이 Shift 한 쪽이 유리가 된다. 이것도 앞에서 해설한 계단의 원리와 마찬가지다. 오른 쪽으로 Shift하면 본부선(배)이 유리(그림2 start 할 때는 모든 요트가 스타 보드로 나란히 서기 때문에 바람이 오는 쪽이 유리하다), 반대로 왼쪽으로 Shift하면 아웃터가 유리하다(그림3). 이것은 매우 기본적이고 판단하기 쉬운 원리라서(Line 중앙에서 요트를 세워보면 한 눈으로 알 수 있다.) 요트 레이스의 Start에서는 조금이라도 유리한 쪽에 가려고 하는 요트가 유리한 사이드 엔드에 모인다.

유리한 사이드를 노려도
사이드 엔드를 노릴 필요는 없다

　Start에서 늦게 출발하면, 밀집한 집단 뒤에서는 좋은 바람을 받지 못하고 달려야 하기 때문에 모든 요트들은 조금이라도 유리한 위치에서 Start 하려고 경쟁한다. 그러나 유리한 End를 경쟁하는 것이 참으로 유리하게 Start하는 것이 되는가?

　그림 4를 보세요. Start Line의 유리, 불리를 생각할 때 풍향이 비스듬히 부는 것 보다 이 그림처럼 풍향에 대해서 Line이 비스듬해진다고 생각하는 것이 쉽게 이해가 될 것이다. 육상의 Start Line도 이렇게 비스듬해진다면 누구나 앞쪽으로 나가고 싶을 것이다. 그러니까 이런 경우 제일 유리한 자리는 Line의 오른쪽 끝이다. 그러나 이 제일 좋은 자리에서 출발 할 수 있는 요트는 A뿐이다. 이 자리를 놓친 다른 요트는 A 뒤에서 좋지 못한 바람을 받고 달려야 된다. 모두가 뜨거워지는 Start 전에는 머리를 냉정하게 유지해야 된다. 아무리 유리한 사이드라고해도 다른 요트 뒤로 start 하게 되면 아무 의미가 없다. 중요한 것은 선두로 Start 하는 것 즉 요트 B처럼 제일 앞 자리에서 Start 하는 것이다. 그림4를 보면 알다시피 기울어진 Line에서는 유리한 사이드로부터 떨어질수록 불리하게 된다. 즉 유리한 사이드에 있기만 하면 그다지 불리하지 않게 된다는 것이다. 적당한 속도로 Start 할 수 있으면 End 부근에서 집단으로 Start 한 요트들을 곧 추월할 수

그림 4

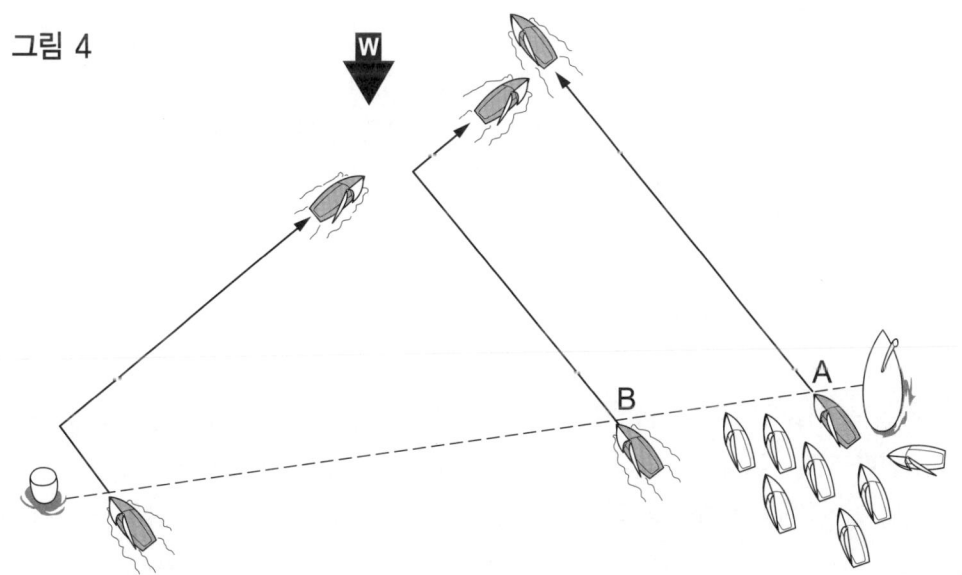

있다. Start Line의 유리, 불리는 "유리한 End를 노린다"가 아니라 "불리한 사이드에서 출발하지 않는다"라고 생각할 것

한 척으로도 스타트 연습을 할 수 있다

이 장에서는 요트레이스에 있어서 코스 이론을 이해하기 위한 것인데 Start 할 때는 이론만으로는 대처하기 어려운 기술이 필요하다. 경험이 많은 세일러 중에서도 "Start만은 서툴다"라는 사람도 흔히 있지만 그렇게 말하는 사람은 이 특별한 기술을 익히지 않았기 때문이다. Start 기술의 기본은 요트를 확실히 정지시키는 것이다. 그것은 마치 트라이얼 바이크(Trial Bike)가 그 자리에서 정지하는 기술과 마찬가지로 요트의 특성을 이해하지 않으면 정지 시킬 수가 없다.

요트는 시버만 하면 정지된다고 생각하는 사람이 있는데 완전히 정지 시키는 것은 불가능하다. 시험 삼아 해면에 뜨는 부표 근처에서 정지시켜보세요. 어떻게 해도 요트는 바람이 가는 쪽으로 흘러가든지 아니면 앞으로 가게 된다. 요트를 정지시키는 것은 조금씩 앞으로 나간다는 것이다. 그 앞으로 가는 속도를 어떤 방법으로 늦추게 해서 요트의 자세를 Under Control하는가가 기술이다. 혹시 세일에서 완전히 힘이 빠지고 요트가 스스로 나가는 힘이 없어지면 그 순간부터 요트는 바람이 가는 방향으로 흘러간다. Start근처에서 옆으로 흘러가면 요트는 옆의 요트와 접촉하게 된다. 그래서 세일은 시버시키지만 붐은 원칙적으로 덱 밖으로 내지 않는다. 언제든지 세일이 바람을 받을 수 있게끔 준비해 놓는다. 그리고 요트의 장에서 설명했지만 Main과 Jib를 가려 쓴다. 바람의 방향과 일직선으로 쓰고 싶으면 Main만 당기고 반대로 바람과 일직선이 되어서 정지 할 것 같으면 Jib를 사용하는 것으로 Bow를 바람 가는 쪽으로 향하게 할 수 있다. 그리고 동시에 체중이동으로서 힐, 언힐, 틸러 등을 사용해서 컨트롤한다. 이것은 스키퍼와 크루가 호흡을 맞추는 것이 포인트다.

정지시키는 연습을 요트 한척이라도 할 수 있다. 우선 부표 옆에 가서 부표에서 안 떨어지도록 연습한다. 연습하는 중에서 컨디션에 따라 어떤 속도로 나가는지 파악하도록 노력할 것.

다음 단계는 정확한 위치를 잡고 Start하는 연습이다. Start Line은 선이라서 선을 가로지른다

고 생각하기 쉽지만 실제의 Start는 좌우에 다른 요트가 있기 때문에 정한 장소에서 핀포인트로 Start 하는 기술이 필요하다. 핀포인트의 연습이니까 Line을 설정하지 않아도 된다. 바다 위에 떠있는 부표를 목표로 설정하여 그 옆을 1분후에 지나가는 연습을 몇 번이나 반복하는 것이다.

목표 자리를 핀포인트로

요트를 정지시키는 것이 몸에 베이면 다음에는 복수의 요트로 실제 Start Line을 설정해서 연습하는 것이 좋다. 그러면 요트 3척의 경우 우선 Line은 바람이 오는 방향의 수직이 되도록 설정한다. 그리고 요트 A는 본부선, 요트 B는 Line의 한 가운데 요트 C는 핀 End를 각각 목표로 해서 2분전 아니면 3분전부터 카운트다운 한다. 이 연습의 목적은 다른 요트와 경쟁하는 것이 아니라 미리 정해놓은 포인트에서 정각에 Line을 통과하는 것이다. 이 연습을 자리를 바꾸어 가면서 반복한다.

다음은 본부선의 앵커로프를 줄이고 바람이 오는 쪽이 유리하게 만들거나 로프를 길게 해서 바람이 가는 쪽이 유리하게 만들어서 같은 연습을 한다. 이런 연습을 함으로써 바람이 오는 쪽이 유리한 Line인 경우 불리한 자리에서 Start 하는 것이 실제 얼마나 불리한가를 체험적으로 이해 할 수 있다. 반대로 유리한 사이드가 얼마나 유리한가도 배워야 된다.

이 연습의 목적은 Line을 정각에 통과하는 기술적 습득은 물론 자기가 목표로 하는 포인트를 정하면 "절대 그 자리에서 출발한다"라고 의식을 가지게 하는 내용도 있다. Start라고 하면, 주변 요트에 의식이 가게 된다. 그냥 Line에 와서 나갈 수 있는 자리에서 흘러가면서 Start하게 되면 언제까지라도 우승할 수가 없다.

다른 요트와 거리를 두는 연습방법

핀포인트를 노려야 한다는 것과 모순된 것 같지만 Free Race의 Start는 상대에 맞추는 것도 하나의 기술이다. Free Race의 Start는 공동작업이라고도 할 수 있다. 눈앞에 있는 상대에게 자기 고집을 부리려고 해서 그 다른 요트보다 늦으면 본전도 못 찾게 된다. 다른 요트보다 먼저 Start 를 통과하는 것이 이상적이지만 쉽게 할 수 없다. 경우의 따라 자기의 권리를 포기하여 양보할 자세도 필요하다. 각각 조금씩 양보하지 않으면 좋은 Start를 못한다.

Line에 유리, 불리가 있어도 유리한 사이드에서 각 요트가 나란히 Start하는 것이 이상적이다. 세일러 중에는 "다른 요트를 못나가게 하는 것을 목적으로 Start한다." 라는 대결적 사고방식을 갖고 있는 사람도 적지 않지만 그런 생각으로는 Free Race에서는 안정된 Start를 할 수 없다.

Start 연습을 할 때는 다른 요트와의 거리, 타이밍, 호흡을 배워야 한다. 3척이상으로 한다면 자유롭게 위치를 다투지 말고 "다음에는 본부 사이드에서 나간다"고 정해서 모든 요트가 그쪽 사이드로 나가는 연습이 보다 효과적이다. 물론 다른 요트와의 거리, 타이밍이나 호흡을 배운다해도 위치 잡기는 가혹하게 다뤄야 한다. 되도록 유리한 위치를 잡기위해 다투면서도 결국에는 모든 요트가 제 1선에서 나가는 것을 목표로 한다. 그 진지한 연습을 하면서 다른 요트가 어떻게 갈 것인지 무엇을 생각하는지가 보이게 되고 자기가 Start 할 자리도 보이게 될 것이다.

구체적인 다른 요트와의 거리는 그 때 요트가 얼마나 많은지에 따라 다르지만 옆으로 나란히 서는 경우 전후관계는 기준이 있다. 바람이 가는 쪽에 선 요트는 바람 오는 쪽에 있는 옆의 요트에 대해서 반척신두(배의 길이 반)를 내고 반대로 바람이 오는 쪽의 요트는 바람이 가는 쪽 요트의 대해서 반척신 뒤에 위치하면 Line에 서는 요트들은 보기 좋게 나란히 서게 된다. Line 이 잘 보인다면 자기의 기준으로 위치를 잡는 것이 좋지만, 실제 레이스에서는 Line이 보이지 않을 때도 있다. 그런 경우 주변 요트에 맞추어서 Start하는 일도 있다.

핀포인트를 노리는 일과 다른 사람에게 타협하는 것이 모순되지 않는다는 것을 알았을 것이다. Start전에는 상황이 시시로 변하다. 그 변화에 맞추어 목표로 하는 핀포인트도 유연하게 변경해야 된다는 것이다. 그것은 주변에 의해 흘러가는 것이 아니다. 머리 속에는 변경된 새로운 핀포인트가 입력되어 있으니까.

출발 20~30초 전이 마지막 찬스

　Start 전의 상황은 시시로 변한다고 했지만 스타트전의 요트 집단은 마치 하나의 동물과 같이 유기적인 태동을 한다. 그러나 동작이 정지하는 순간이 있다. 스타트를 준비해서 시트를 당길 직전에는 그런 순간이 존재한다. 그것은 폭풍 전의 정적과 같다.

　이런 현상이 일어나는 시간대는 컨디션에 따라 다르지만 중풍이상이면 20~30초 전에 동작을 정지하고, 15초 전에 다시 움직인다. 그것은 바람이 약할수록 빠른 단계에서 일어난다. 이 현상을 심리적으로 분석하면 좋은 위치를 유지하기 위해 조금씩 움직이고 있던 요트가 "시간적으로 보아 스타트 준해해야 한다"고 판단하여 그 자리에서 타협하여 정지했다는 것이다. 20~30초 전에 새로운 위치를 개척하는 타임리밋이다.

　그러나 실제 세일을 당기기 시작하는 것은 15초 전이다. 침착하게 생각하면 중풍 컨디션에서 20~30초 여유가 있으면, 좁은 범위 안에서 위치 변경이 충분히 가능하다. Start직전이라면 극도의 긴장감 때문에 많은 세일러는 안전하게 해야된다는 심리상태가 되어 필요이상의 시간을 소비하게 된다. 거기에 약 10초의 타임래그가 생긴다.

　그것이 Start때의 Last Chance가 된다. 많은 요트가 움직이는 상태라면 들어갈 자리를 찾아도 잘 안 된다. 그러나 주변의 요트가 정지하고 있는 상태라면 쉽게 자리를 잡을 수 있다. 상대가 '설마 이 시간에 움직이지 않을 것이다' 라고 생각하고 있고 요트가 한 번 정지하면 다시 움직일 때까지 시간이 걸리게 되어 우리의 움직임을 방해 할 수가 없다. 물론 20~30초 전에 자기가 좋은 위치를 유지하고 있으면 움직일 필요가 없지만 이대로 간다면 밀려 나갈 것이라고 생각이 들면 그 최종결단을 주변의 동작이 정지한 순간에 내려야 한다. 포기하면 안된다.

　포인트는 넓게 보는 깃이다. Start전에 집단 속에 있으면 앞만 보기 쉬운데 자기 주변의 공간(스페이스)이 어떻게 변화되는지 계속 신경을 써서 좋은 공간을 찾으면 주변의 동작이 정지한 순간에 Jib를 내면 된다. 톱 세일러들은 이 수단을 자주 사용한다. 국제대회에서는 조금 어렵지만 국내대회에서는 너무 쉽게 적용되어서 재미있을 정도다.

4. 스타트 실패 때의 복귀(Recoverly)

포기하지 말라 그러나 인정해라

아무리 Start 연습했다 하더라도 모든 대회에서 좋은 Start를 할 수는 없다. 바람 오는 쪽 요트가 덮쳐 오거나 바람 가는 쪽 요트가 밀어 올리는 정도라면 좋은 편이다. 몇 번의 한 번 정도는 다른 요트가 다 출발했는데 자기 요트만 그 자리에 정지 되어 있는 경우가 있기도 하다. 이런 경우에는 모두 다 포기하고 싶을 정도 절망적인 기분이 된다.

그러나 이럴 때일수록 마음을 침착하게 먹는 것이 필요하다. "나는 내 책임으로 Start 할 때 꼴찌가 됐다"고 인정하는 것이 출발이다. 그것은 포기 하고는 다르다. Start 직후 꼴찌라도 톱을 달리고 있는 요트가 보이는 범위에 있을 것이다. 그렇다 당신은 Start에서 실패 한 것뿐이고 톱과 당신사이에는 Start에서 실패 한 만큼의 차이 밖에 없다.

그 차이는 만회 가능한 차이다. 그래서 "승부를 포기하지 말라. 그러나 자기의 실패는 인정하라"라는 말이다. 같이 Start를 했으니까 늦었다 해도 그렇게 큰 차이가 있을 수 없다. 나도 달리고 있으니까. "Start에서 실패 했지만 승부는 이제부터다."라고 다시 마음을 먹는 일부터 모두가 시작이 된다.

무서운 마의 삼각지대

조금 냉정한 눈으로 Start 직후의 상황을 살펴보자. Just Start 한 요트는 몇 척이나 있을까? 아마 몇 척도 없을 것이다. 그러면 다른 요트가 방해하지 않고 직접 바람을 받고 Start 한 요트는 얼마나 있을까? 그것도 $\frac{1}{3}$ 정도라고 생각한다. 레이스 레벨에 따르지만 거의 그 정도다.

무슨 말이냐 하면 나머지 $\frac{2}{3}$는 어떤 형태라도 다른 요트의 영향을 받아서 "Start에서 실패했다"라고 생각하고 있다. 당신만 고민하는 것이 아니기 때문에 마음을 편히 가지면 된다. 그러나 다른 실패 한 사람들을 동정하고 있을 때가 아니다. $\frac{2}{3}$가 Start 실패 집단이라고 하면 그 중에서 톱이 되면 상위 $\frac{2}{3}$이 되는 것이다. 여기가 승부를 결정하는 길이다. Start 직후에는 Start 때 실패한 $\frac{2}{3}$ 요트가 "다른 요트가 덮쳤다." "바람이 가는 쪽 요트가 밀어 올렸다."라고 태킹을 반복하고 있다. 그렇기 때문에 좀처럼 집단이 확산되지 못하고 중앙으로 요트가 모이게 된다. 거기에 형성되는 것이 "마의 삼각지대"다.

이 삼각지대는 레이스 요트가 초과밀 상태에서 북적거려서 스타 보드 택이라 해도 똑바로 나갈 수 있는 상태가 아니다. 그래서 이 삼각지대에 오래동안 있을수록 더 늦어지는데 쉽게 빠져 나갈 수 있는 것이 아니다. Start에서 실패하면 끝까지 만회가 안 되는 사람들의 대부분은 서둘러서 이쪽으로 저쪽으로 태킹을 계속하면서 삼각지대에 오랫동안 머물러 있는 타입이다.

Start에서 실패하면 우선 이 삼각지대에서 빠져 나가는 것이 최우선이다. Start 전에 정해졌던 코스 계획도 일단 나중에 생각하고, 먼저 이 삼각지대를 빠져나가는 최단거리를 달려야 된다. 삼각지대는 코스 천체에서 보면 아주 작은 지대다. 여기를 빠져나가서 다시 코스를 선택해도 늦지 않는다.

그림 1

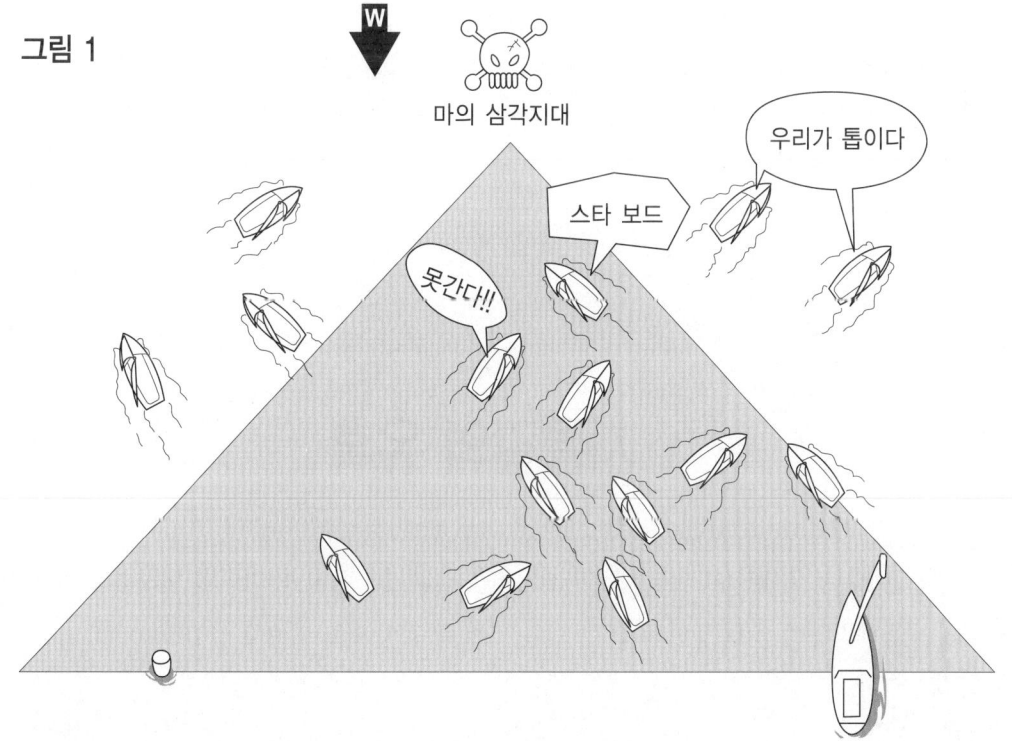

마의 삼각지대를 탈출하라

위에서 말했지만 이런 마의 삼각지대는 쉽게 빠질 수가 없다. blanket을 피하려고 태킹 다음 스타 보드하는 요트가 왔으니까 태킹 이런 것을 반복하는 것이 최악의 패턴(pattern)이다.

이 삼각지대를 빠져나가려고 마음먹었다면 주변에 있는 요트들은 장애물이라고 생각해야 된다. 경쟁상대라고 생각하니까 쓸데없는 일을 하게 된다. 앞에서의 "포기하지 말라 그러나 인정해라" 라는 말을 다시 생각하세요. 자기가 Start에서 실패 했으니까 Start 이후 마음대로 달릴 수 없는 것이 당연한 일이다. 자기의 실패를 순순히 인정하고 현재의 상황을 인정 할 수 있으면 주변의 요트는 장애물이라고 볼 수 있을 것이다.

예를 들면 당신 눈 앞에 스타 보드 각도로 어떤 어선이 달려오고 있다고 하자. 당신은 어선을 향해 Lee Bow 태킹 할 것입니까? 삼각지대에서 만나는 스타 보드 요트는 어선(장애물)이라고 생각해라. 저 요트의 Stam를 피하면 그 요트 뒤에서 오는 요트도 피해야 되는 경우도 흔히 있다. 그래서 장애물이 적은 방향을 찾아서 한 번에 삼각지대를 탈출한다. 그 때까지는 계속 참아야 된다. 이 삼각지대에서 방해 없는 바람을 원해서는 안 된다.

참고 달리고 있으면 멀지 않아 요트가 확산되어진다. 그러면 삼각지대의 경계선도 가깝다. 이 경계선을 넘을 때까지는 참을 수밖에 없다. 여기서 잘 참을 수 있었던 사람은 못 참아서 태킹을 반복한 사람보다 확실하게 앞으로 나가고 있다. 빠졌다고 생각한 순간 거기서 자기의 요트 레이스를 다시 시작하면 된다.

지름길의 유혹

자 삼각지대를 잘 빠졌다 해도 상위 그룹하고는 그런대로 차이가 있다. 이 차이를 단숨에 회복하려고 생각하면 한 번에 많이 갈 수 있는 코스 즉 좌우 어느 쪽으로 돌입하는 코스를 선택하기가 쉽다.

물론 무엇인가 확실한 자신이 있으면 괜찮지만 그냥 노름(도박) 같이 생각해서 한방으로 가는 일은 피해야 된다. 드물게 지름길로 가다가 잘 되어서 상위로 파고드는 경우도 있지만, 많은 경우 오히려 차이가 늘어나는 결과로 끝난다.

왜냐하면 한 번에 많이 가는 코스는 승부를 걸어서 나가는 것 같이 보이지만 실은 도망가는 방법에 불과하다. 중간 이하의 집단에서 참고 자기의 코스를 선택하는 것은 매우 고통스러운 일이다. 그것을 못 참아서 한 번에 많이 갈 수 있는 코스를 선택하는 것은 정신적으로 이미 졌다는 것이다. 이럴 때야 말로 이론으로 돌아가서 침착하게 주변을 잘 보고 Blow를 찾아 Shift를 예측해서 해야 할 일을 하나하나 처리한다.

5. 태킹 포인트

이유 없는 태킹 하지 말라

풍상마크까지(업 윈드)의 코스 전술이란 다른 말로는 '어디서 태킹하는 것이냐'라는 것이다. 즉 태킹할 때가 정확한지 아닌지가 레이스 결과에 영향을 미친다. 이론을 이해하면 코스 계획은 세울 수 있다. 그러나 실제 레이스에서 구체적으로 어디서 태킹 해야 될지는 답이 안 보인다. 코스 이론의 주 이론이 전략이라고 하면 전술이 태킹할 때다. 태킹한다는 것은 코스 전술과 동시에 요트의 속도가 떨어지는 요인도 된다. 혹시 레이스 해면의 어디에도 같은 바람이 불고 있으면, 태킹은 단 2번만 하면 충분하다. 되도록 태킹 횟수를 줄이는 것도 전략적 발상이다. 요점은 "이유 없는 태킹은 하지 말 것"이다. 태킹하고 있는 본인은 물론 이유가 있어서 태킹을 했다고 생각하지만 자기의 레이스를 다시 돌아보세요. 그냥 태킹하는 일도 많을 것이다. 그리고 태킹을 하는 이유라고 생각했던 내용도 잘 생각하면 이유가 안 되는 내용이라고 생각될 것이다. 레이스 하는 중 태킹하려고 생각할 때 틸러를 돌리기 전에 다시 한 번 이유가 무엇인지 생각하세요. 그 내용이 자기를 납득시킬 수 있다면 그 때 처음으로 틸러를 돌릴 수 있다.

태킹의 이유

이하에 가리키는 6가지 패턴이 태킹의 이유다. 이 6가지 패턴에 속하는 이유가 없으면 원칙으로 태킹하면 안된다고 명심하세요.

Start하고 나서 풍상마크를 반시계 방향으로 돌때까지 최소 태킹횟수는 2번이다. 이전에 요트 잡지에서 대회 상위입상자를 대상으로 태킹에 대한 조사를 했는데 그것을 보면 Start에서 제 1 마크까지 태킹횟수는 4번 아니면 6번이였다. 코스 전술로 생각하는 태킹은 1세트 아니면 2세트(세트 = 스타 보드쪽에서 포트쪽에서의 2번 태킹)정도가 된다. 의외이지만 그것이 풍상마크까지의 코스 전술이다.

풍상마크까지의 코스를 잘 모르는 사람은 우선 태킹 횟수를 줄이는 것이 좋다. 그러다가 태킹을 해야 된다고 생각하는 이외는 참고 똑바로 달리는 것이다. 그러면 조금씩 주변의 상황이 보이고 태킹 포인트도 자연스럽게 나타난다. 구체적 태킹의 이유는 이하의 6가지 이지만 이것보다 우선이 되는 조건은 "태킹은 반드시 Blow 속에서 한다."라는 것이다. 태킹은 꼭 Blow속에 들어가고 나서 해야 된다. 왜냐하면 태킹의 마이너스 요인인 속도를 떨어뜨리지 않고 태킹 후에 속도를 금방 최고로 할 수 있기 때문이다. 이것은 중요한 기본이라서 절대 잊지 말라.

이유 1. 흔드는 태킹

레이스 해면이 "변화가 많은 뭍바람의 컨디션"이나 미풍 때에 헤더의 바람으로 돌아갔을 때 하는 태킹이다. 헤더 바람으로 돌아간다는 것은 반대쪽 택은 리프트의 바람을 받고 달리는 것이다. 그것은 풍상마크에 대해서 가까이 갈 수 있다는 것이다. 흔드는 태킹을 철저히 하는 전략을 세우면 태킹 횟수는 많아지지만 신경을 쓸 필요가 없다.

이유 2. Blow 태킹

Blow가 반대쪽으로 보였으니 Blow속으로 가기 위해 하는 태킹이다. 또는 Blow 속으로 들어갔을 때 하는 태킹도 이것이다. "변화가 많은 뭍바람의 컨디션" 때 나아가는 해면에 명백하게 Blow가 보인다면 그 Blow로 향해서 태킹하거나 거기까지 가고 나서 태킹을 하는 것으로 다른 요트에 대해서 압도적으로 앞서갈 수 있다. 해면 전체가 똑같이 보이는 "바닷바람" 때에도 반드시 Blow는 있으니까 그 속에서 태킹하면 조금이라도 유리한 코스로 갈 수 있다.

이유 3. 도망가는 태킹

　다른 요트가 덮치거나 바람 가는 쪽 요트가 밀어 올려서 Hopeless Position이 되거나 불리한 상황에서 도망가기 위해 하는 태킹이다. 그러나 이것은 어디까지나 현재 불리한 상황을 어떻게 해도 타파하고 싶을 때만 해야 한다. 이것을 확대해서 해석하게 되면 태킹횟수가 많아진다. 아무 영향도 없는데 다른 요트가 덮쳤다고 잘 못 인식해서 태킹하거나 조금 참고 똑바로 달려야 할 상황이라도 못 참아서 태킹하거나 하는 사람도 많이 있다.

이유 4. Lee Bow 태킹

　자기 요트의 반대 택으로 범주하고 있는 스타 보드 택 또는 포트 택의 타정(다른 배)에 대해서 바람 가는 쪽 앞에서 하는 태킹이다. 이것은 자기 요트와 교차 할 것 같은 타정이 좌우 어느 쪽이나 자기가 범주하고 싶은 해면(유리한 해면)에 들어왔을 때 그것을 방지하기 위해 그 요트에 리 바우 택을 하여 상태를 Hopeless Position으로 몰아넣거나 그 해면에서 쫓아낼 때 (상대에게 도망가는 태킹을 시킨다)사용한다. "스타 보드정이 왔으니까 태킹을 했다." "베어하고 Stam를 피하기 위해서는 우리 쪽이 유리한 위치 관계라서 먼저 리 바우 해서 상대에게 태킹을 시키고 싶다."라는 이유로는 하지 않는 게 좋다.

이유 5. 상대가 자기 요트를 추월 못하게 하는 태킹

　자기 요트가 먼저 달리고 있는데 그 순위를 지키려고 상대요트의 동작에 맞추어서 하는 태킹이다. 한 척만 추월 못하게 하는 일도 있지만 집단에게 하는 경우도 있다. 또 항상 상대 위로 바로 바람이 오는 위치에 있어서 절대적으로 유리한 자리를 유지하는 방법도 있다.

이유 6. 따라가는 태킹

　집단의 동작에 맞추어서 하는 태킹이다. 이렇게 하면 다른 요트에 맞추기만 해서 주체성이 없는 소극적인 태킹이라고 생각하는 사람도 있지만 근본적으로 틀린다. 자기 마음대로 코스를 선택하는 것이 중요하지만 요트 레이스란 다른 요트들과의 승부이다. 다른 요트의 동향을 무시한 코스 전략은 있을 수 없는 것이다.

예를 들면 Shift나 Blow의 상황에서 왼쪽 해면이 유리하다고 판단한 경우, 가야 할 자리는 "절대적 왼쪽"이 아니라 다른 요트들(집단)에 대한 왼쪽, 즉 "상대적 왼쪽"이 된다. 그래서 집단에 대해서 왼쪽 자리를 가려고 했더니 집단이 오른 쪽으로 가 버렸다라는 경우 집단의 왼쪽 자리를 잡으면서도 자기도 오른쪽으로 가야 된다는 것이다.

이것은 이론에서도 설명했지만 리스크의 문제다. 왼쪽이 유리하다고 집단을 무시하여 크게 왼쪽으로 가게 되면 실수 했을 경우 리스크가 너무 크게 된다. 성공한다면 물론 큰이익을 얻을 수 있지만 그것까지 크게 원할 필요가 없다. 집단에 대해서 유리하면 되니까 자기 요트가 집단의 가장자리로 나왔다고 인식하면 "따라가는 태킹"을 해야 한다. 자기 요트를 유리하게 인도하는 집단에 대한 "리 바우 태킹"이나 다른 사람이 못오게 하는 태킹도 "따라가는 태킹"의 일부라고 할 수 있다.

6. 풍상마크로 가는 코스

굿 스타트를 했다면 의식의 반을 다른 요트에 투입

자기 마음대로 'Start 할 수 있었다.'라는 행운의 입장에 서게 되면 거기서 앞서가는 위치를 최대한으로 활용해야 한다.

최고의 Start를 했다는 것은 자기 요트 앞에 방해하는 것이 없다는 것이고 Start 하기 전에 세웠던 계획대로 코스를 선택할 수 있다. 다만 아무리 마음대로 코스를 선택 할 수 있다고 해도 다른 요트(집단)를 무시해서 코스를 선택 할 수 없다. 물론 다른 요트들도 따라오는 코스를 선택했으면 그대로 자기가 가고 싶은 코스를 가면 되지만 다른 요트들이 자기와는 다른 쪽으로 갈려고 한다면 자기가 가고 싶은 코스를 조금 세이브 해서도 집단하고 맞추는 코스로 수정하는 것이 좋다.

여기서는 자기 위치를 지키기만 하자는 것이 아니다. 레이스를 막 시작했으니 공격하는 자세도 잊지 말아라. 다만 요트 레이스는 순위를 다루는 경기다. 리스크가 커지는데도 필요 없이 차이를 만들 필요가 없다. 앞 쪽에서 말했지만 집단에서 떨어지는 것은 리스크가 너무 크다. 좋은 Start를 했다면 더욱 그렇다.

오른 쪽부터 간다는 계획이었다면 집단에 대해서 오른 쪽으로 위치를 잡으면서 코스를 선택하는 것이 제일 현명한 방법이다. 의식으로는 50%는 집단에 집중하고 나머지 50%는 자기의 코스를 선택한다고 생각하는 것이 중요하다. Start가 나쁜 경우와 비교하면 천국 같아서 침착하여 코스를 선택 할 수 있을 것이다.

마의 삼각지대를 빠져나가면

좋은 Start를 하고 난 다음에는 이론대로 달리면 되니까 많은 설명이 필요 없을 것이다. 문제는 Start를 실패하여 회복하고 난 뒤에 어떤 코스를 선택하면 되는가 이다. 마의 삼각지대를 빠져나간 다음에 그때부터가 요트레이스가 시작한다고 말했다. 그러면 구체적으로 어떻게 해야 할까?

결론을 말하면 Start에서 성공하든 실패하든 같은 요트 레이스를 달리는 것에는 변함이 없으니까 삼각지대를 빠져 나가서도 자기가 생각하는 코스를 이론에 따라 달릴 수 밖에 없다. 다만 (Start 전과) 상황의 변화가 있는지, 집단은 어느 쪽으로 가고 있는지 주변의 정보를 다시 정리하고 다시 출발한다는 의식이 중요하다.

최악의 일은 거기서 헤매는 것이다. 헤맸다면 Start 전에 생각한 코스로 간다. 어디로 가야 할지 모른다면 태킹 횟수를 줄인다. 냉정하지만 어디로 가더라도 쉽게 빠져 나갈 수 있는 코스 따위는 존재하지 않는다. 제일 중요한 것이 Mental Control이다. 톱집단을 보면서 당신이 중얼거릴 것이다. "휴! 왜 내가 이런 곳에 있어야 하나 빨리 거기까지 가야지" 그리고 주변의 요트를 보면서 다시 말한다. "왜 내가 이런 애들과 같이 달려야 하나? ㅊㅊ!!"

자기가 Start에서 실패 했으면 톱집단을 꿈도 꾸지 말라는 것이다. 출발이 늦은 당신이 상대해야 될 사람들은 톱집단이 아니고 눈앞에 있는 이런 애들이다. 당신이 우선해야 할 일은 주변에 어떤 요트가 있는지 확인 하는 것이다. 요트 색깔이나 세일 번호라도 좋다. 자기의 상대가 누구인지를 외우는 것이 먼저다. 그렇게 하지 않으면 자기가 그 집단 안에서 순위가 어떻게 되어 있는지도 모르게 된다.

톱 집단을 Wind Vearn으로서 이용한다

Start에서 늦으면 좋은 일이 아무것도 없다고 생각되지만 늦었기 때문에 받을 수 있는 특전이 하나 있다. 그것은 자기보다 멀리 앞을 달리는 요트가 있다는 것이다. 그것이 왜 특전이 되는 것인지 모르는 사람도 있겠지만 침착히 생각해 보세요. 먼저 앞서가는 요트들은 뒤를 쫓아가는 당신의 가까운 미래의 모습이다. 오른쪽에 보였던 Blow가 헤더인지 리프트인지 어느 쪽 해면의 Blow가 강한지 의문을 가지고 있으면 앞에 있는 집단이 답을 보여주는 것이다. 이것을 이용하지 않을 수가 없다.

톱 집단의 동향을 레이더처럼 이용한다. 톱 집단이 어느 장소에서 어떤 코스로 갔는지 체크해서 자기의 코스를 선택할 때 응용한다. 헤매고 있을 때는 톱을 달리는 요트를 그대로 따라가도 된다. 그만큼 자기는 보트속도에 집중할 수 있다. 여기서 당신이 가져야 할 자세는 주변의 요트와 속도를 경쟁하면서 조금씩 자기가 유리한 위치로 달리는 것이다. Start에서 실패한 요트 모두가 이런 생각으로 세일링한다면 좀처럼 순위는 오르지 않지만 실제로 늦은 요트의 대부분은 쓸데 없는 태킹을 반복하고 있다. 그런 가운데서 평상시대로 침착하게 요트를 달리게 되면 주변의 요트들은 스스로 멀어지게 된다.

몇 번이나 말하지만 결코 낙담하거나 자포자기 하지 마라. 요트는 정신적인 스포츠이다. 그 때의 정신상태가 코스 선택할 때에는 물론이고 세일링 자체에도 큰 영향을 미친다. Start에서 늦었을 때는 오직 참고 달리는 것이 중요하다고 했지만 비참하게 생각할 필요가 없다. 상황은 어떤 시간에 당신은 "바다에서 세일링한다"라고 하는 세상에서 생각하면 매우 행복한 상황에 있으니 즐겁게 세일링하고 즐겁게 참아야 된다는 것이다.

혼잡과 찬스의 관계

즐겁게 참고 달리고 있으면 요트들은 코스 전체로 분산했기 때문에 다른 요트에 신경 쓰지 않아도 편하게 달리게 될 것이다. 그 자리가 업 윈드코스의 반 정도일 것이다. 그림 1을 보세요. 이것은 업 윈드코스 전체를 전후 4가지 지역으로 나누어서 지역마다 얼마나 복잡한가를 가리킨 것이다. 이 그림의 Zone 3정도까지 오면 Start를 잘한 요트도 늦은 요트도 전체로 분산되어 간다. 그리고 어느 요트도 태킹 회수를 줄여서 달리는 것에 집중을 시작할 위치가 Zone 3이다.

거기에 대해서 Start 직후 Zone 1이나 마의 삼각지대의 그 주변 Zone 2에서는 요트들이 복잡하기 때문에 마음대로 달릴 수 없었다. 이런 상태라면 서둘러서 계속 태킹하는 요트나 주변에 신경이 쓰여서 속도가 떨어지는 요트 등 즉 스스로 자멸하는 요트가 많이 있다. 그것은 다른 말로서는 침착하게 해야 될 일만 해도 자연스럽게 순위가 올라간다는 말이다. 즉 요트가 많을수록 순위가 바뀌는 기회도 많아진다. 동시에 순위가 떨어지는 위험성도 많다는 것이 된다.

Zone 3처럼 요트가 별로 없어서 달리기 쉬운 상황에서는 누구나 달리는 일에 집중할 수 있으니 각 요트의 속도는 크게 차이가 생기지 않는다. 이런 상황에서는 순위도 크게 변하지 않는다.

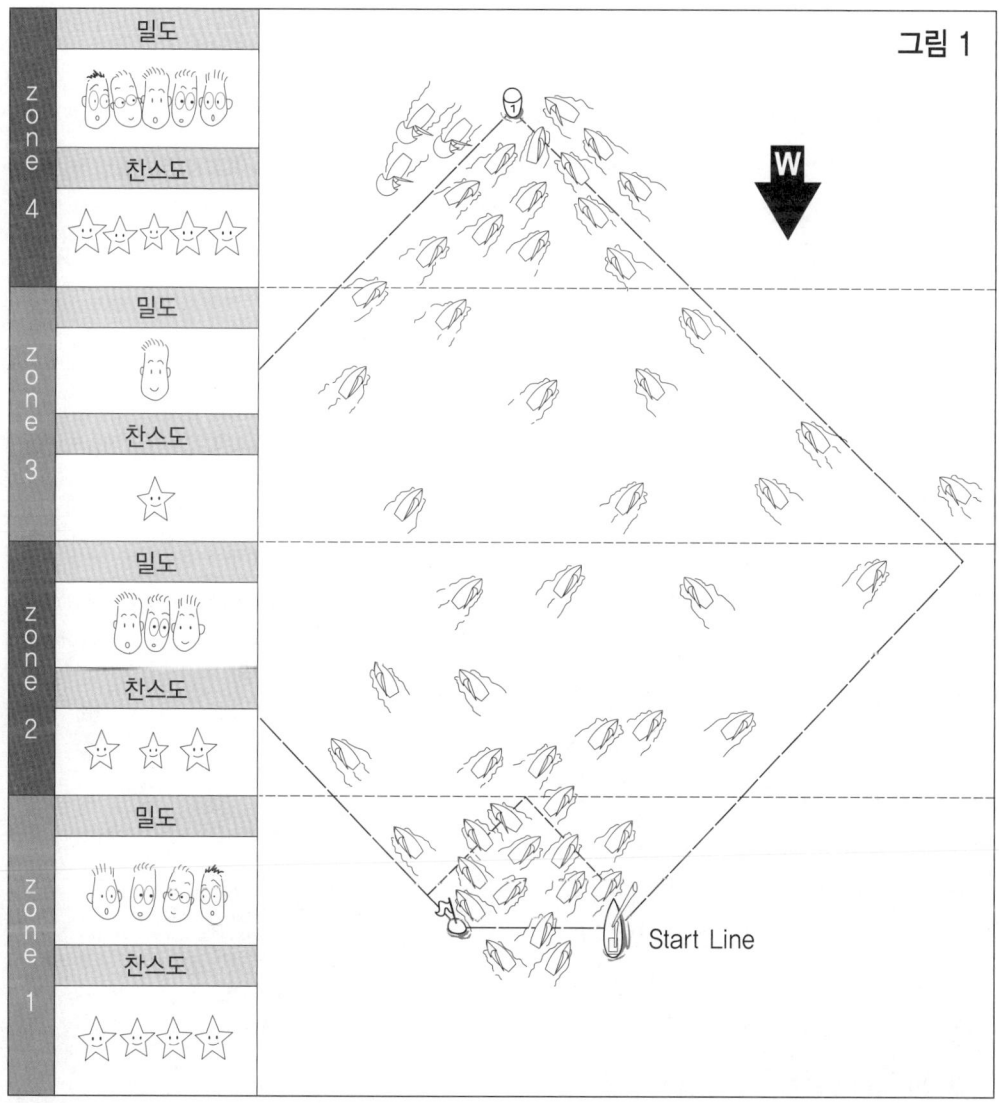

그림 1

야구나 축구에서 서로 점수를 획득하지 못하는 "교착상태"라고 불리는 상황이 있는데 요트도 Zone 3이 "교착상태"라고 말할 수 있다. 그래서 "이제 교착상태이다"라고 생각이 들면 더욱 세일링에만 집중해서 넓게 보고 다음 수단을 생각해야 된다.

풍상마크 바람이 가는 쪽이 "마의 사각형"

그러면 다음에 해야 할 수단은 무엇일까? 풍상마크로서의 Approach이다. 그 때까지 분산해서 달려온 수 십척이나 되는 요트가 단 하나의 풍상마크를 목표로 모이게 된다. 그것은 Start 이후의 대혼잡이 된다. 그것은 순위 교체의 큰 Chance가 왔다는 것이다. 여기서 앞에서 말한 Start 실패 때의 복귀를 다시 생각하세요. Start를 실패 했을 때는 "마의 삼각지대"에서 되도록 빨리 빠져나가는 것이 포인트였다. 즉 혼잡 속에 말려들지 않는다는 것이 혼잡상태에서 순위를 올리는 철칙이다. 이것은 풍상마크 Approach 때도 마찬가지다. 그림 2를 보세요. 요트가 풍상마크 Approach에 들어가게 되면 풍상마크 바람이 가는 쪽에는 그림 2와 같은 "마의 사각형"이 출현한다. "마의 삼각지대"와 같이 여기는 요트가 많이 있는 "출입금지 지역"이다. 이 사각형의 크기는 바람 속도에 따라 변하지만 중풍 컨디션에서는 한 변이 20척 길이 정도라고 생각하세요.

톱 그룹으로서 Approach하지 않는 한 당신 앞에는 이 사각형이 나타난다. 앞에서 말한 다음에 해야 할 수단은 이 "마의 사각형"이 어디서 시작하는가를 생각하여 그 사각형을 어느 쪽으로 피해야 될지를 정한다는 것이다. 오른 쪽으로 피하게 되면 마크로 Approach할 때는 스타 보드 택으로 가야 된다. 반대로 왼쪽으로 피하게 되면 포트 택이다. 스타 보드 택으로 Approach할 경우 Just Approach라면 풍상마크 앞에서 리바우 택을 많이 받아 피하려고 했던 "마의 사각형 속으로 말려 들게 되니까 조금 오버 세일하면서 Approach하는 것이 비결이다. 포트 택으로 Approach할 경우 Just Approach라도 괜찮지만 마지막에 스타 보드 Approach한 요트 집단이 벽처럼 되어 있는 경우도 있으니 빠른 단계부터 태킹 가능한 자리를 찾아 놓아야 된다.

이 "마의 사각형의" 무서운 점은 오른 변

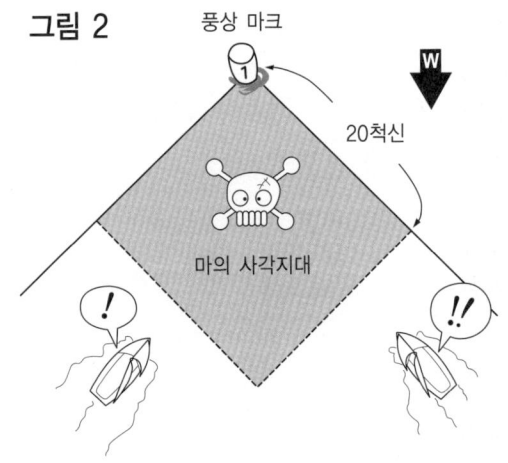

그림 2

에는 스타 보드 Approach할 클로스 홀드하고 있는 요트들 왼편에는 풍상마크를 회항하고 나서 어빔으로 들어간 요트가 벽처럼 한 줄로 이어져 있으니 이 사각형 안에는 다른 곳과 비교해서 바람이 약하다는 것이다. 더욱이 이 사각형 안에 들어가면 눈 앞의 마크에 너무 신경이 쓰여서 무의식적으로 요트를 너무 바람이 오는 쪽으로 진행시키는 일도 있다. 그것은 마치 마법에 걸린 것 같다.

7. 2번째 업 윈드코스

풍하마크를 돌기 전부터 경쟁은 시작

pp.219~220 규칙에서 설명했지만 풍하마크에서는 룸을 주고 받는 일이 중요한 내용이다. 그것으로 마크 회항 후의 위치가 크게 달라지기 때문이다.

그림 1

그림 1을 보세요. 자주 보게 되는 풍하 마크 부근의 상황이다. 풍하 마크를 회항한 요트는(회항 직후 태킹한 요트를 제외)모든 포트 택으로 클로스 홀드를 달리게 된다. 즉 풍하마크를 돈 요트는 다 일직선상에 나란히 가는 것이다.

그림 2

그러나 그것은 모든 요트가 완벽한 풍하마크 회항한 경우이다. 그림 1 요트A 처럼 풍하마크의 Room을 교섭할 때 바깥으로 돈 요트가 그대로 바람 가는 쪽으로 크게 돌아서 클로스 홀드할 때는 일직선으로 줄을 서는 요트로 들어가지 못하게 되는 경우도 흔히 있다.

이렇게 되면 최악이다. 이대로의 위치에서 달리면 점점 늦어진다. 클로스 홀드로 가는 코스라서 Free때처럼 베어해서 그 자리를 탈출하기도 어렵다. 남은 길은 태킹 밖에 없는데 자기 요트 바람 오는 쪽에 포트로 달리는 요트가 있다면 태킹할 때 접촉 될지도 모르니까 태킹도 할 수가 없다.

이런 상황을 피하기 위해서 풍상마크를 안쪽으로 돌아야 된다는 것이다. 그렇다하더라도 다른 요트가 안으로 Over Lap하게 되면 Room을 내놓아야 된다. 이런 경우 일부러 속도를 줄이고 안쪽 요트를 먼저 가게하고 Over lap상태를 없애고 클리어 어스턴의 상태가 되고나서 러핑을 시작하여 마크를 제일 안쪽으로 돌아야 된다. 이 때 제일 우선으로 생각할 것은 바람에 대한 위치다. 뒤에서 가는 것을 싫어한다면 그림 1 요트 A과 같이 되어버린다.

풍하마크 회항에는 다른 비결이 있다

풍하마크를 제일 안쪽으로 회항한다는 것은 최저 조건이다. 풍하마크 회항 후에는 포트 택으로 클로스 홀드를 달리는 요트가 일직선에 나란히 가고 있으니 조금이라도 바람에 대한 각도가 부족하면 줄에서 빠져나가게 된다. 바람에 대한 각도를 유지하기 위해서는 풍하마크를 회항하고 난 동시에 완전한 클로스 홀드가 되어 있어야 한다.

그림 3

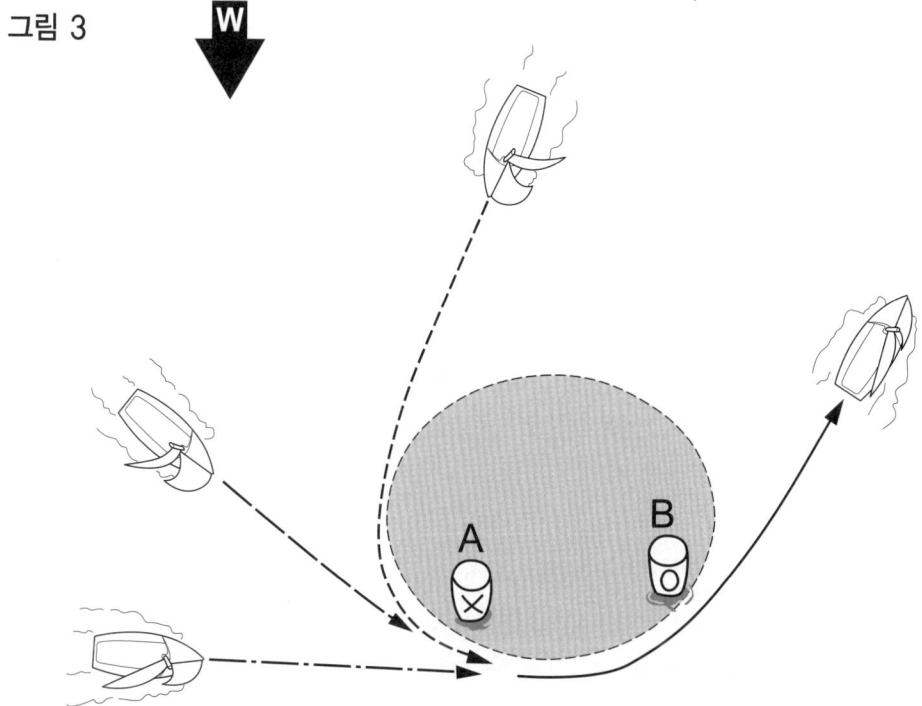

요트가 방향을 변화시킬 때 그 뒤에 생기는 물줄기는 호를 그린다. 아무리 급하게 틸러를 돌려도 예각으로 되지 않는다. 더욱 요트 속도를 줄이지 않고, 요트 회전에 맞추어서 세일 트림도 한다면 그 때 그리게 되는 호는 어느 정도 커야 된다. 그 크기는 풍력이나 세일러의 기량에 따라 다르지만 요트가 방향전환 할 경우에는 일정한 회전 반지름이 필요하다.

그림 3를 보세요. 가운데에 있는 원이 제일 효율적으로 러핑 할 수 있는 호라고 하자. 풍하마크 회항에서는 이 호에 따라 클로스 홀드까지 러핑하게 된다. 여기에 A, B 두 위치에 마크가 있다고 하자. 이 러핑하는 것이 풍하회항이라고 생각하면 A, B 어느 쪽의 마크가 보다 회항하기 쉬울까? 물론 B이다. 마크가 A라면 마크를 통과하고 나서도 아직 러핑이 완료되지 않는데 마크가 B라면 회항 완료와 동시에 클로스 홀드 상태가 되어있다. 마크를 회항 할 때는 마크 위치가 B가 되도록 Approach하는 것이 중요하다.

그렇다해도 풍하마크의 경우는 항상 일정한 각도로 Approach하지 않는다. 그림 3처럼 러닝으로 와도 Leeching으로 와도 이 러핑의 호에 따라 Approach해야 된다. 그러나 이것이 보이지 않는 호다. 그리고 풍력의 따라 호 크기도 변한다. 이 보이지 않는 호가 보이게 될 때까지 연습을 계속 할 수밖에 없다.

추월 못하게 한다는 것은 어떤 것인가?

2번째의 업 윈드코스는 Start 때와 달리 벌써 순위가 결정되어진 상태에서 시작한다. 상위를 달리고 있으면 뒤에서 오는 집단들이 추월 못하게 달리고 하위를 달리고 있으면 역전을 노려야 되는데 의식할 비율이 달라도 자기보다 뒤에서 달려오는 요트들이 추월 못하게 하면서 상위를 노린다는 발상은 똑같다.

그러면 추월 못하게 한다는(Covering) 것은 구체적으로 어떻게 할 것인가? 자주 듣는 말 중에 Tight Covering 과 Loose Covering라는 방법이 있다. 그림 4A처럼 뒤에서 오는 요트를 완전히 Blanket하는 위치에서 추월을 못하게 하는 방법을 Tight Covering라고 한다. 이것은 상대에게 태킹을 시켜서 반대방향으로 쫓아 보내고 싶을 때 사용하는 방법이니까 상대가 싫어하는 위치에서 Covering하는 것이다. 그림4B와 같이 평행위치에서 Covering하는 방법을 Loose Covering라고 한다. 이것은 상대가 태킹하지 않고 자기와 같은 방향으로 달리게 할 때 사용하는 방법이라서 상태가 불쾌하지 않는 자리가 중요하다.

단지, 이들의 방법은 주로 Match Race때 사용하게 된다. 상대가 한 척만이면 이런 상대를 컨트롤하는 전술이 유효하지만 수 십 척이나 적이 있는 Fleet race에서는 그다지 현실적인 방법이 아니다. Fleet Race에 있어서 Covering의 사고방식은 제일 추월당하기 어려운 자리를 잡는다는 것을 우선으로 한다. 추월 당하기 어려운 자리는 도대체 어떤 것일까? 그것은 앞서가는 요트를 뒤에 가는 요트가 추월하는 상황을 생각하면 알 수 있다.

업 윈드의 경우 요트 속도의 차이 때문에 순위가 교체되는 일이 없으니 순위가 교체되는 것은 오로지 바람의 Shift 때문이다. 바람 Shift에 대해서 제일 영향을 받지 않

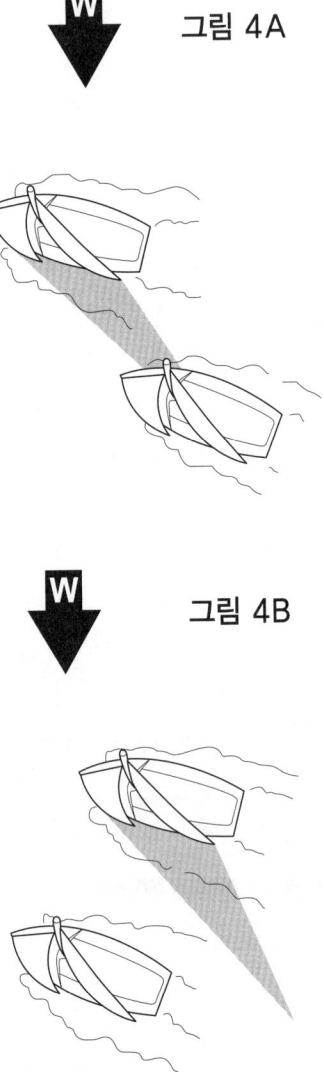

그림 4A

그림 4B

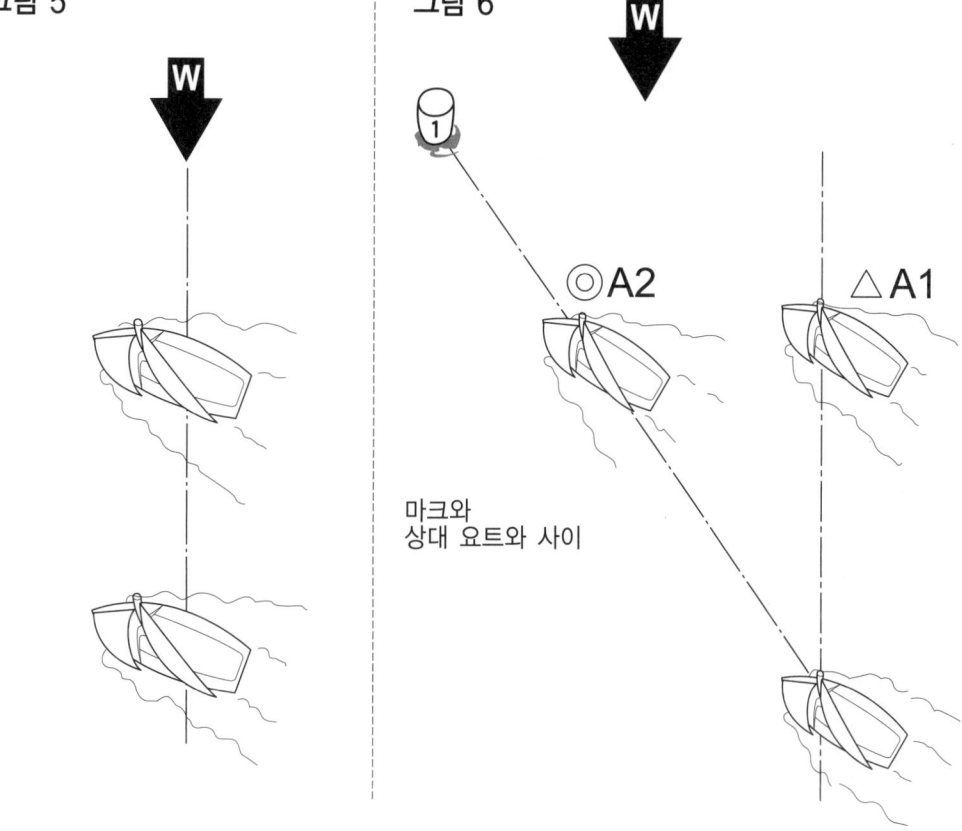

그림 5   그림 6

마크와
상대 요트와 사이

는 자리가 다른 요트가 추월 못하는 자리라고 하면 다음 쪽 그림 5처럼 뒤에서 오는 요트에 대해서 바람 오는 위치가 좋다는 것이다.

 다만 업 윈드 코스의 최종 목적지는 풍상이 아니고 풍상마크다. 그림 6을 보세요. 요트 B 같은 위치에 있는 요트가 추월 못하게 하는 경우, 바람이 오는 위치에서 Covering 하려고 하면 A1과 같은 위치가 된다. 여기서는 헤더 Shift가 오면 B는 A를 추월하지 못하지만 리프트 Shift가 오면 B는 택을 안해도 풍상마크로 향하게 할 수 있으나 A는 오버 세일이 되어 버린다.

 그렇게 되면 B가 추월 못한다 하더라도 A하고 많이 접근할 것이다. 이런 경우 B가 추월 못하게 하는 제일 좋은 자리는 A2이다. 여기는 요트 B와 풍상마크를 직선으로 연결한 위치에 있다. 즉 Freet Race의 Covering 기본 위치는 상대요트(집단도)와 마크와의 사이에 있다.

 이것을 역전해서 생각해보자. 자기가 앞서가는 요트를 공격(추월)하려고 생각할 때 상대 요트가 자기 요트와 마크 가운데에 있으면 기회가 없다는 것이다. 앞서가는 요트를 역전 아니면 차이를 가깝게 하고 싶으면 자기 요트와 마크를 연결하는 선에서 앞의 요트가 떨어지게끔 자기 요트 위치를 이동하면 되는 것이다.

8. 요트 레이스 격언집

　이 장에서 말한 것은 모두 요트 레이스에 대한 사고방식이다. 아무리 기본이 되는 이론만을 외워도 그것만으로는 순위는 올라가지 않는다. 그러나 생각하면서 레이스에 참가하게 되면 승부에 관계없이 요트 레이스를 즐길 수 있을 것이다. 요트 레이스가 재미없다고 생각하는 사람은 아마 생각하면서 레이스를 할 수 없어서 그럴 것이다.
　지금까지 설명한 것은 요트레이스에 있어서 무엇을 어떻게 생각해야 하는가가 포인트다. 그러나 생각했다 해도 결론이 나올 수 없는 것이 요트다. 완전한 정답이란 존재하지 않는다. 철학처럼. 그런 철학에 비슷한 요트레이스 세계에서 살아남기 위해 그 힌트가 되는 격언을 준비했다. 바다 위에서 헤매고 자기 자신을 잃게 될 때 이 격언을 생각하세요. 무엇인가 길이 보일지도 모른다.

태킹 자이빙은 선수필승(先手必勝)

　다른 사람의 영향을 받지 않고 자기 생각을 근거로 하여 코스를 선택하는 것이 중요하지만 Best 코스를 선택하는 것이 레이스의 목적이 아니다. 다른 사람보다 빨리 Finish Line을 통과하는 것이 요트레이스의 목적인 이상 다른 요트의 동향을 파악하는 것이 코스 선택의 대전제이다.
　아무리 좋은 Blow를 찾아서 그 쪽으로 가는 코스를 선택했다 해도 상대가 먼저 Blow 안으로 들어가 버리면 의미가 없다. 전략적인 태킹, 자이빙은 선수필승(先手必勝)이다. 특히 앞서가는 집단에 비해 뒤쳐져 있는 상태에서 쫓아가기 위해 코스를 선택한다면 앞집단보다 먼저 태킹, 자이빙 하는가가 중요하다.
　p.243에서 말한 내용을 다시 생각해 보세요. 상대의 마크(Mark)를 자기 요트에서 벗기기 위해서는 자기요트와 마크를 연결한 직선상부터 상대 요트를 밀리가게 하는 것이 원칙이다. 앞에 가는 요트보다 먼저 태킹 할 수 없다면 언제까지 앞에 가는 집단하고 위치를 바꿀 수가 없다.

Blow는 제일 믿음직스러운 아군

　업 윈드의 이론에서 5가지 이론을 소개 했다. 거기서 코스 선택의 어려움은 이 5가지 이론을 어떻게 조화 시키는가에 있다고 설명했다. Blow 안으로 가야 할지 이대로 바람 가는 쪽으로 택으로 달리는지. 이 이론끼리 충돌하는 일로 세일러는 고민한다.

고민하는 것은 좋은 것이다. 고민하고 생각하는 것으로 혹시 그 결과가 실패했다 하더라도 그것은 세일러의 재산이 된다. 그러나 끝이 없이 고민하고 결론이 나오지 않는다면 안된다. 그럴 때 제일 우선해야 할 이론은 "Blow 속으로 간다"이다. Blow 이외의 이론은 불확실한 Shift를 계산한 뒤의 확률의 선택이다. 긴 Leg를 먼저 달렸다 해도 절대적인 이익이 있다는 것도 아니다.

그러나 Blow 속으로 달리면 Blow이외의 해면을 달리는 것보다 확실히 속도가 업한다. 그 Blow가 생각보다 약해도 불리한 Shift를 동반한다해도 그 주변보다 강한 바람을 받는다는 최저한의 이익은 얻을 수가 있다. 헤매면 Blow속으로 가라. Blow를 찾으면 그 쪽으로 가라 라고 해도 된다. Blow를 무시한다면 거기에 합당한 이유와 확신이 있어야 한다.

명선수는 앞을 읽는다.

앞에서 "레이스 해면은 큰 장기판이다"고 했다. 프로 장기 선수(일본)들은 수 십의 뒷 수를 읽은 뒤에 다음수를 놓는다고 한다. 요트 레이스도 마찬가지다. 눈앞에 있는 이익만 생각해서 우왕좌왕하고 있으면 요트레이스라는 장기에 이길 수 없다.

요트에서 명선수 정도의 세일러가 가는 코스를 보면 "왜 이런 자리에서 태킹 하는가?"라고 생각들어도 나중에는 "아 이것을 위해서 태킹했구나"라고 깨닫는 일이 있다. 얼마나 앞을 읽을 수 있는가가 요트레이스에 있어서 코스 선택의 비법이다.

Start직후의 혼돈 속에 빠졌을 때 마크 부근의 혼잡에 말려들어서 "요트레이스의 비법은 앞을 읽을 것이다"고 말하면서 침착을 다시 찾아야 된다. 앞을 보는 눈을 되찾았으면 혼란 속에서 소리치면서 태킹을 반복하는 요트를 내려다 볼 수 있을 것이다.

세일러는 지킬 박사와 하이드(다중인격)

세일러 중에서는 "요트레이스란 성질이 나쁜 사람이 이기는 것이다"라고 말하는 사람이 있다. 어떤 의미로서는 핵심을 찌른 말이라고 할 수 있지만 세일링이라는 스포츠를 근본적으로 잘 못 파악하는 사람이 하는 말이다.

상대를 죽일지 모를 정도의 강한 펀치를 내는 복서가 링 이외에서는 참으로 온화한 성격을 가지고 있거나 평상시는 멍하게 보이는 사람이 일단 마운드에 올리기면 현명한 투수가 되는 것이 흔히 있는 일이다. 일류의 스포츠맨은 다중인격자라고도 할 수 있다.

평상시 다른 사람에게 배려하는 당신도 바다에 나가면 집요하게 뒤로 따라오는 요트에 태킹하고 룸을 주고 받을 때는 냉정하다고 생각될 정도로 엄한 "세일링의 호랑이"로 변신해야 된다. 그러나 한 발 육지에 올라가면 바다위에서 있었던 일과 관계 없이 누구에게도 신사적으로 행동해야 된다.

배구 시합에서 페인트 했다고 "저놈은 비겁한 성격이다"라든가 럭비에서 강렬한 태클을 했다고 "저놈은 난폭한 놈이다라고 말 하는가? 오히려 반대이다. 스포츠 세계에서는 열심히 안하는 일이 최대의 상대를 굴욕하는 일이라서 이기기 위해 최선을 다하는 것이 신사적인 행위다.

일본에서는 아직까지 인기가 없는 요트 레이스는 스포츠로서의 성격이 오해를 받고 있어서 앞에서 한 말을 진실처럼 여기기도 한다. 세일러는 지킬박사와 하이드이어야 된다. 당신은 바다에 나가면 마음껏 세일링의 호랑이가 되어도 된다. 그리고 주변의 사람들도 "세일링의 호랑이"에 대해서 칭찬해야 한다.

요트 튜닝의 탓으로 돌리지 말라.

인간이란 약하기 때문에 일이 자기 마음대로 안 될 때는 다른 것의 탓으로 돌리는 일이 많다. 요트레이스의 경우 순위가 나쁜 이유를 요트나 세일 튜닝 등 도구 탓으로 돌리는 것도 어쩔 수 없지만 그러면 언제까지도 숙달이 안 된다.

470급이나 Snipe 라는 One Design Class는 배 세일 등 도구의 차이를 없애고 세일러의 기량, 즉 Seamanship만으로 경기하자는 생각이 기조로 되어있다. One Design Class에는 도구의 차이는 없다. 만일 있다하면 아주 미미한 차이뿐이다. One Design Class로 하는 레이스의 승패는 도구의 차이가 아니다고 생각한다. 톱세계에서는 그 미미한 차이가 승패를 나눈다는 말도 있지만 꼭 그렇지도 않다. 톱 세일러가 도구에 대해 까다롭게 보인다면 그것은 도구 탓으로 돌리고 싶은 마음을 없애기 위해 도구에 대해서는 완벽한 준비를 하고 있는 것이다.

요트레이스에 있어서 제일 차이가 나는 것은 코스 선택이다. 순위가 안 좋으면 자기 코스부터 다시 돌아봐야 된다. 다음은 세일 트림. 다른 요트보다 스피드가 나지 않는 것은 도구 때문이 아니고, 도구를 사용하는 방법이 잘못됐기 때문이다.

또 Handring이다. 당신은 태킹이나 자이빙은 잘 할 수 있는가? 위의 내용이 완벽하게 할 수 있다면 아무리 도구가 안 좋아도 (One Design이라면) 결코 레이스에 지지 않는다. 도구나 튜닝에 관심을 가지는 것은 나쁜 일이 아니다. 그러나 진실로 요트나 세일의 구조를 이해했다면 승패의 결과를 쉽게 도구 탓으로 돌릴 수 없을 것이다. 자기가 늦은 이유를 요트, 세일 탓으로 돌리는 것은 배트가 나빠서 안타를 못 친다고 말하는 것과 마찬가지다. 매우 부끄러운 일이다.

잊는 것도 중요하다. 긍정적인 사고방식으로 하자.

Start 실패에서 복귀(p.236)라는 항목에서 말했지만 실패한 내용을 계속 생각하면 안된다. 축구에서도 상대가 한 골을 넣으면 계속 끙끙 앓지 마라. 상대가 한 골 넣었으면 이쪽도 한 골 넣으면 된다. 늦으면 쫓아가서 추월 하면 된다. 그것이 스포츠다.

요트 레이스에 있어서 계속 끙끙 앓는 것은 그 실패를 자기의 책임 때문이라고 인정하기가 어렵기 때문이다. 요트때문이고 아니고 상대때문이고 아니고 자기가 서투르니까 실패했다고 인정 할 수 있다면 "다음에는 잘 해야지"라고 앞으로 나갈 수 있을 것이다. 출발 점에서 늦어서 끝나는 세일러와 어떻게든 극복해서 순위를 올리는 세일러와의 차이는 정신적인 차이에 불과하다. 계속 끙끙 고민하면서 아무것도 생각 못하는 세일러는 마음을 바꾸고 고개를 들고 여러 정보를 얻으려고 노력하는 세일러의 상대도 안 된다.

요트 레이스는 100m 경주와 같은 한 방의 승부가 아니다. 요트 레이스의 끝은 Finish Line이다. 다시 일어 설 수 있는 Chance는 언제든지 준비가 되어 있다. 그것을 깨닫고 활용할 수 있는지 모르고 그냥 통과 하는지는 항상 마음을 긍정적으로 가지고 있는가에 있다. 지나간 일을 잊어버리고 그러나 승부는 포기하지 말라. 긍정적 사고방식으로 하자.

요트레이스는 기억력이 승부

요트레이스에 기억력이 필요하다고 하면 의외라고 생각할지 모르지만 이것은 어떤 스포츠에도 통하는 진리다. 예를 들면 프로야구 투수중에는 시합 이전의 그 상대에 대한 구질을 기억하고 있는 일도 있다. 그런 기억은 대전 상대의 기록으로 축적되어 있어서 다음 시합 때 살린다(활용된다).

자연을 상대로 하는 요트레이스는 한 번이라도 같은 상황이 존재하지 않는다고 한다. 그러나 완전히 똑같다라고는 못한다 해도 비슷한 상황 비슷한 장면은 다시 만난다. 그럴 때 어떻게 해서 졌는지 또 어떤 Shift가 나타났는지 기억하고 있다면 대응할 때 헤매지 않는다.

이것이야 말로 요트가 경험의 스포츠라고 하는 이유이다. 다만 막연하게 레이스 횟수만 많아져도 경험이 안 된다. 이긴 패턴, 진 패턴, 큰 상황, 작은 상황, 바람의 패턴까지 여러 상황을 정리하여 머릿속으로 기억해야 경험이 된다는 것이다.

좀처럼 코스 선택을 어떻게 해야할 지 모른다는 사람은 우선 기억하는 일부터 시작하세요. 제일 간단한 일은 풍하마크 회항 때 자기 요트 앞 뒤에 있던 수 척의 요트 세일번호 (선수 얼굴, hall의 색깔이라도 좋다)를 외우는 것이다. 그리고 Up Wind Leg 때에는 그 요트들과 자기의 순위가 어떻게 바뀌게 되었는지 체크한다. 상대와 비교하는 것으로 자기의 코스를 평가 할 수 있다.

기억한다는 것은 "아 그렇구나"라고 이해한 일은 자연스럽게 외워진다. 자기가 선택한 코스를 기억 못 했다는 것은 아무것도 생각하지 않고 그냥 코스를 왔다갔다 했다는 증거이다.

투지(정신력)는 기술 지식이상의 힘이다.

요즘 대학생들을 지도 할 때 느끼는 것이 있다. 어떤 레이스에서 목표로 하는 순위를 잡기 위해 필요한 지식이나 기술은 충분히 터득 했는데 결과가 나타나지 않는 일이 있다. 처음은 왜 그렇게 됐는지 몰랐지만 그 원인은 선수의 투쟁심이 약하기 때문인 것.

요트 레이스는 승부가 있다. 거기서 중요한 것은 승리에 대한 집념이다. 요즘은 끈기나 투쟁심과 같은 정신력으로 스포츠를 말하는 것을 피하는 분위기가 있지만 어떤 스포츠라도 마지막은 정신력이다. 지식이나 기술을 터득하는 것과 마찬가지로 아니면 더 이상 투쟁심을 양성시키는 것을 우선해야 될 지 모른다.

그렇게 하는 이유는 승리에 대한 집념이 있으면 이기기 위해 어떤 기술이나 지식이 필요하는지 열심히 생각하고 그것을 습득하기 위한 모티베이션도 높일 수 있으니까. 반대로 투쟁심이 없으면 레이스에서 패색을 느끼게 되면 이기는 것을 포기할 것이다. 그러나 투쟁심이 있다면 끝까지 이기기 위해 코스를 생각해서 갈 수 있을 것이다. 그리고 그 결과가 "패배"라 해도 끝까지 생각해서 선택한 코스라면 패배한 원인을 알아 낼 수 있다. 그리고 패배해서 분하는 마음이 있으면 그 다음 레이스까지 극복하는 노력을 할 것이다. 그러나 요트 레이스라는 스포츠는 투쟁심이 생기기가 어려운 스포츠이다. 서로 때리는 복싱같은 각투기라면 자연히 투쟁심도 생기지만 몸을 서로 부딪치는 일도 없고 상대의 얼굴조차 보기 어려운 요트 레이스는 의식적으로 투쟁심을 자아내는 노력이 필요할 것 같다.

그렇게 하기 위해서는 평상시부터 승부에 집착하고 항상 마음속에 있는 투쟁심을 의식해야 된다. 비슷한 예를 들면 출퇴근 러시의 혼잡 속에서 빠져나가 누구보다 먼저 개찰구에 도착하도록 훈련하거나 자동차를 운전할 때도 빨리 가는 코스를 생각해서 다른 차보다 먼저 도착하는 게임을 해보거나 항상 이기는 것에 집착하고 투쟁심을 계속 가지도록 의식한다. 이것을 오해해서는 안 된다. 투쟁심을 가진다는 것은 난폭한 행동을 하거나 쉽게 싸우는 일이 아니다. 진실한 투쟁심을 가지는 사람은 오히려 온유하고 오래 참는다. 앞의 예에서도 출퇴근 러시의 혼잡 속에서 다른 사람을 밀면서까지 빨리 간다면 아무 의미가 없다. 규칙이 없는 게임은 싸움에 불과하다. 요트레이스에 규칙이 있는 것처럼 이런 경우 사회의 규칙, 즉 다른 사람에게 불쾌한 행동은 하지 말아야 된다. 차를 운전할 때도 교통법칙에 따라 운전을 하는 것이 우선이다. 어떤 규칙 속에서도 철저히 승리만 추구한다. 이것이 열쇠이다. 그렇게 하기 위해서는 철저하게 머리를 쓰고 상대를 제치는 것이다. 이런 경우 진다는 것은 머리가 나쁘다는 것을 의미한다. 억울할 것이다. 지고 싶지 않으면 마지막까지 요트레이스라면 최종레이스의 finish line을 통과 할 때까지 머리를 최대한 이용해야 된다. 제 아무리 패색이 보인다 해도 지고 싶지 않다는 일심으로 끝까지 포기하지 말고 승리의 가능성을 찾는다. 정신력이 강하다라는 것은 그것을 할 수 있다는 것이다.

제5장
용어 해설

Dinghy Sailing

※ 용어는 한·일 요트 관계자료 및 IYRU(국제요트경기연맹) 자료에 의하였으나 자전적의미의 기초적인 번역도 있음.

A

Aback 어백 – 역풍, 백윈드(Backwind)가 들어오는 잘못된 세일의 트림.
Abaft 어베프트 – 뒤쪽, 고물쪽 (=Behind).
Abendon ship 어벤던 쉽 – 퇴선, 배를 버리고 탈출함.
Abeam 어빔 – 배의 측면. 수미선과 직각 방향.
Acceleration mode 엑셀레이션 모드 – 가속모드, 최고의 스피드로 수면하의 포일(Foil)이 최대의 효율로 작용함.
Accident 액시덴트 – 돌발적인 사고.
Accidental gybe 액시덴탈 자이브 – 배의 방향. 바람의 방향이 갑자기 변해서 예기치 않는 자이빙을 말한다. 갑작스런 붐 이동, 힐의 변화, 헬름의 변화로 위험하다.
Accomodation 어캄머데이션 – 배치.
A.D.F(Automatic direction finder) 에이디에프 – 자동 방향 탐지기.
Aerovane 에어로베인 – 풍력과 풍향을 나타내는 계기.
After cabin 애프터캐빈 – 후부선실.
After deck 애프터 덱 – 후부갑판.
After guard 애프터 가드 – 요트 후갑판원, 크루.
Ahead 어헤드 – 배의 앞쪽, 앞으로 나가는 일, 요트의 전진.
all hands on deck 올 핸즈 온덱 – 전원이 갑판에 나온다.
all hands 올 핸즈 – 전원.
Anchor chain 앵커 체인 – 대형선박은 로프 대신으로 쇠사슬을 사용함. 닻의 고리로 연결된 사슬.
Anchor light 앵커 라이트 – 정박할 때 키는 라이트.
Anchor watch 앵커 왓치 – 정박하고 있을 때 위험한 사고가 없도록 지키는 당직.
Anchoring 앵커링 – 정박하는 일. 닻을 바다에 넣는다.
Anchorrage 앵귀리지 – 정박하는 곳.
Anemometer 애너모메터 – 풍속계, 풍력계.
Angle of attack 앵글 오브 어텍 – 바람에 대응하는 각도, 즉 트레블러에 의해 조절되는 요트의 중심선에 대한 세일의 위치.
Annual variation 애뉴얼 베리에이션 – 연변화, 자기방위의 연간 변화량.
Answering pennant 앤서링 페넌트 – 신호기의 하나. 회답 깃발.
Anticlockwise 엔티클락와이즈 – 시계와 반대 방향으로 도는 법. 레이스 코스를 지시할 때 쓴다.
Antifouling 엔티파울링 – 선저에 조개, 해초 등 부착되는 것을 방지하기 위한 수단. 페인트. 선저용 도료.
Apparent wind 어페어런트 윈드 – 뷘바람, 참바람과 유발풍, 그리고 해류에 의해 생긴 합성된 바람, 달리는 요트에서 느끼는 바람(AWA).
Apparent wind angle 어페어런트 윈드 앵글 – 달리는 요트의 속도에 의해 발생되는 중심선과 각도.
Appendage 어펜디지 – 킬, 러더, 센터보드 또는 스케그(Skeg) 등 선체 밑에 매달린 부착물.
After guy 애프터 가이 – 스피네카의 택을 뒤쪽으로 당기는 로프(스핀폴의 전후 위치 조절).
Aspect ratio 애스펙트 레이쇼 – 종횡비율 세일, 길, 라더등 형태를 가리킬 때 쓰임.
Astern 어스턴 – 배의 뒤쪽, 뒤로 가는 일(후진).
Attached flow 어테치드 플로우 – 포일의 윤곽을 쫓는 일반적인 흐름.
Aweight 어웨이트 – 앵커가 해저에서 떠남, 이때부터 범주중이 됨.

B

Back 백 – 바람의 반시계방향으로 돌기, 바뀜.
Backstay 백스테이 – 마스트를 배의 후미에서 지지하는 스텐딩 리깅으로 마스트를 밴딩시켜 메인 세일의 깊이를 조절하거나 헤드스테이 새깅을 억제하여 전체의 깊이를 조절하는 리깅.
Backstay adjuster 백스테이 어저스트 – 몇 개의 블

록으로 태클을 짜서 백스테이를 쉽게 당길 수 있게 한 장치.

Back wind 백 윈드 – 뒤바람(러프가 구김이 생김).

Bail 베일 – 블록을 붙이기 위해 붐에 설치한 U형의 피팅, 뱃바닥에 괸 물을 퍼내는 파래박.

Bail out 베일 아웃 – 선내에 괸 물을 다 퍼내는 일.

Bailer 베일러 – 배에 괸 물을 퍼내는 사람.

Balanced rudder 밸런스드 러더 – 가정, 핀틀의 기구로 러더를 맏지지 않고 퍼더 튜브를 통한 러더샤프트로 헐 매달린 러더.

Ballast 밸러스트 – 요트의 복원성을 위한 중량물.

Ballast ratio 밸러스트 레이쇼 – 선체 중량과 밸러스트 중량의 비율.

Balloon jib 벌룬 집 – 드래프트가 큰 지브시트.

Balow 밸로우 – 호주의 메이커.

Balsa 발사 – 발사나무 (가벼운 열대 아메리카산 나무).

Barber hall 바버 홀 – 지브 시트의 블록을 조절하는 방법.

Barberhauler 바버 홀러 – 지브 리드의 각도를 바꿀 목적으로 헤드세일의 클루를 상하좌우로 움직이기 위해 고안된 피팅, 이 장치는 슬롯의 모양을 조절해 준다.

Bare pole 베어 폴 – 세일을 내려서 마스트 만으로 범주하는 것.

Barometer 바로미터 – 기압계.

Batten 배튼 – 세일의 리치를 유지하기위하여 사용되는 판자.

Batten pocket 배튼 포켓 – 배튼을 넣는 세일의 주머니.

Beacon 비컨 – 표지, 신호소.

Beam 빔 – 선체의 너비.

Beam reach 빔 리치 – 풍측을 중심으로 90° 방향으로 범주하는 상태.

Beam wind 빔 윈드 – 옆에서 오는 바람.

Beamy 비미 – 폭이 넓은 것.

Bear away 베어 어웨이 – 바람이 불어가는 쪽으로 진로를 떨어뜨림(풍하측).

Bearing 베어링 – 방위.

Beat 비트 – 클로스 홀드 범주.

Beating 비팅 – 풍상쪽의 목표로 나아가기 위해 지그재그로 태킹하여 범주하는 것.

Beaufort 보퍼트 – 풍력을 가리키는 기준.

Beaufort scale 보퍼트 스케일 – 해면상태를 기준으로 한 풍력등급.

Becalmed 비컴드 – 바람이 멎고 파도가 잔잔해짐.

Becket 베켓 – 로프의 끝을 고리 모양으로 만든 것.

Before the wind 비포 더 윈드 – 순풍 때 펴는 큰 세일.

Belaying pin 빌레잉 핀 – 헤일야드 등을 고정시키는 작은 핀.

Below deck 빌로우 덱 – 덱 밑, 선실.

Bend 벤드 – 마스터의 앞뒤 곡률(휨).

Bend mast 벤드 마스트 – 뒤쪽으로 굽히고 성능을 좋게 만든 마스트.

Bermuda sail 버뮤더 세일 – 멀코니 리그의 세일.

Bilge 빌지 – 배 밑바닥의 만곡부, 물이 괴는 홈.

Bilge keel 빌지 킬 – 킬 좌우에 부착되는 작은 킬.

Bilge pump 빌지 펌프 – 선내에 괴인 물을 배출하는 펌프.

Bilge water 빌지 워터 – 선내에 고이는 물.

Binnacle 비너클 – 컴퍼스를 놓는 스탠드.

Binocular 비너컬러 – 쌍안경.

Bite 바이트 – 자이빙할 때 스핀 폴에 톱핑 리프트를 걸기 위한 고리.

Bitt 비트 – 정박 로프를 매는 기능.

Black band 블래크 밴드 – 마스트, 붐에 붙이고 세일을 펴는 한계를 가리키다.

Blanket 블랭킷 – 건물이나 다른 배가 바람을 막아서 바람이 오지 않는 상태.

Blanket cone 블랭킷 콘 – 바람이 가려지는 국부지대.

Blanketing 블랭킷팅 – 어떤 요트의 풍상에 위치하여 풍하측의 요트로 불어가는 바람을 차단하는 것.

Block 블록 – 활차, 도르레.

Bollard 볼라드 – 갑판상이나 부두에 설치된 짧은 기둥으로 2개로 된 것.

Blow 블로 – 바람의 덩어리.
Blue peter 블루 피터 – 국제신호 N기.
Boat hook 보트 훅 – 갈고리 장대.
Bob stay 보브 스테이 – 바우 스프리트 밑에 있는 스테이.
Body plan 보디 플랜 – 선체도.
Bollard 발라드 – 죄대위에 2개에 직립 원기둥을 가진 선박을 매는 장구.
Bolt rope 볼트 로프 – 돛 주변의 보강 밧줄.
Bonting 본팅 – 깃발을 만드는 천.
Boom 붐 – 메인 세일 풋부분을 받치는 봉.
Boom bang 붐 뱅 – 붐의 지지 위치를 조절하기 위하여 설치된 장치.
Boom claw 붐 클로 – 메인시트 붐 잭을 당기기 위한 붐 중간에 있는 도구.
Boom clutch 붐 클러치 – 세일을 내릴 때 붐을 받는 것.
Boom end 붐 엔드 – 붐의 끝.
Boom jack 붐 잭 – 붐을 밑으로 당기는 장치.
Bosun's chair 보슨스 체어 – 마스트에 올라갈 때 앉아서 사용하는 판.
Bosun 보슨 – 갑판장.
Bottom 바텀 – 선저, 요트의 바다.
Bottom Paint 바텀 페인트 – 선저 도료.
Bow 바우 – 선수, 선수방향.
Bow chock 바우 촉 – 선수에 있는 앵커로프용 기구.
Bow knuckle 바우 너클 – 선저요골과 선수재(Stem)가 닿는 부분.
Bowman 바우맨 – 마스트보다 앞쪽의 일을 담당하는 크루.
Bow pole 바우 폴 – 바우에 장치하는 스파로 비대칭 스핀을 설치할 때방해 받지 않는 바람을 받기위한 것, 리칭코스에서 드라이빙 파워를 전방으로 이동시켜 웨더헬름을 감소시키는 장치.
Bow sprit 바우 스피리트 – 선수에서 나온 봉.
Bowline knot 보라인 노트 – 보우라인 매듭.
Brake water 브레이크 워터 – 덱의 물을 막기 위한 설비.
Bridge Deck 브리지 덱 – 콕핏과 캐빈 사이에 있는 덱.
Bridle line 브라이들 라인 – 스핀 폴 양단을 연결하여 톱핑 리프트나 포어가이를 그 중간의 바이트에 걸기 위한 줄.
Broch 브로치 – 보트가 바람을 벗어나서 범주할 때 세일에 강한 풍압을 받아 조정불능이 되거나, 선수가 풍상으로 돌아가는 상태.
Broching 브로칭 – 웨더 헬름이 강해서 배를 컨트롤 못하는 상태.
Broad reach 브로드 리치 – 약간 정횡 뒤쪽(110~120℃)으로 바람을 받아 범주하는 상태.
Brummel hook 브로멜 훅 – 고리의 일부분이 없는 쇠고리.
Bulb keel 벌브 킬 – 킬의 아랫부분에 포탄형의 벌브를 붙인 것, 핀킬을 변형시킨 것으로 보다 중심을 낮추기 위해 채택됨.
Bulkhead 벌크 헤드 – 칸막이 벽.
Bulwark 불 워크 – 선체의 건현이 갑판 측단 위로 연장된 파도막이 보루.
Buoy 부이 – 부표.
Buoyancy 부연시 – 부력.
Burgee 바지 – 크럽 깃발.
Burgee halyard 버지 헤일야드 – 마스트 꼭대기에 풍향측정기를 올리기 위한 줄.
Bustle 버슬 – 흘수선 뒤쪽 밑부분이 부품.
Buttock line 버턱 라인 – 흘수 뒤쪽의 선.
By the head 바이더 헤드 – 바우가 가라앉는 트림.
By the stern 바이 더 스턴 – 스턴이 가라앉는 트림.

C

Cabin cruiser 캐빈 크루져 – 캐빈이 있는 크루져.
Cabin light 캐빈 라이트 – 캐빈의 라이트.
Cabin top 캐빈 탑 – 캐빈의 지붕.
Cadet class 커데트 클래스 – 영국에서 생긴 주니어용 클래스.
Call sign 콜 사인 – 호출 부호.
Calm 칼름 – 잔잔한 바다.

Camber 캠버 – 돛의 볼록한 곡률 모양.
Camber ratio 캠버 레이쇼 – 세일의 러프에서 리치 간의 거리와 트래프트의 비율.
Cam cleat 캠 클리트 – 줄의 장력을 편리하게 고정시켜 주는 장치.
Canard rudder 컨아더 러더 – 러더의 아래 부분에 수직지지대(안전판)가 붙어 있는 러더.
Canoe stern 커누스턴 – 카누와 같은 스턴의 형태.
Canopy 캐너피 – 해치 입구를 보호하는 커버.
Canvas backet 캔버스 버킷 – 천으로 만든 바께쓰.
Canvas berth 캔버스 버스 – 천으로 만든 침대.
Canvas 캔버스 – 범포.
Capsize 캡사이즈 – 전복, 갑작스런 풍향의 변화 등으로 배가 뒤집히는 것.
Carline 칼린 – 빔 사이에 놓는 용골.
Carriage 캐리지 – 트랙이나 트레블러에 있는 슬라이딩 피팅.
Carvel 카벌 – 요트 소주의 외판을 평탄하게 까는 조정법의 일종.
Cat rig 캣 리그 – 마스트 한개에 한 장의 돛을 의장한 요트.
Catamaran 캐터머랜 – 비교적 좁은 선체 2개를 평행하게 이은 것으로 안정성이 있고 빠르게 달릴 수 있는 쌍동선.
Cats paw 캣츠 파우 – 백파.
Caulking 코킹 – 틈새 메우기, 코크(틈새마개).
Cavitation plate 캐비테이션 플레이트 – 캐비테이션을 방지하는 플레이트.
Cavitation 캐비테이션 – 프로펠러타에 필요이상으로 힘이 생겨서 소용돌이 생기는 일.
CE(Center of Effort) – 풍압의 중심점.
Center board 센터 보드 – 배의 복원성과 바람에 의하여 옆으로 밀리는 현상, 리웨이를 방지하기위해 용골 밑으로 내리는 평판의 구조물.
Center board case 센터보드 케이스 – 센트 보드를 수납하는 함.
Center cockpit 센터 콕핏 – 전후에 캐빈을 만들어 중간에 만든 콕핏.

Center line 센터 라인 – 선폭의 가운데의 중심선, 선수미선.
Chain locker 체인 로커 – 사슬을 놓는 로커.
Chain plate 체인 플레이트 – 슈라우드나 스테이를 안전하게 선체에 고정하기 위한 금속.
Chart 차트 – 해도.
Chart table 차트 테이블 – 해도용 테이블.
Charter work 차터 워크 – 항해술.
Checkstay 체크스테이 – 마스트가 전방으로 너무 쓰러지는 것을 방지하는 것. 세일을 편평하게 하는 장치.
Cheek block 치크 블록 – 마스트, 대빗 붐 따위의 원재에 고착시킨 도르래 장치.
Chine 차인 – 비 보텀의 배에서 현측과 정저가 교차하는 선.
Choppy 초피 – 잔물결이 이는 수면.
Chord 코드 – 세일이나 포일의 러프에서 리치까지의 직선거리.
Chord depth 코드 뎁스 – 코드에서 최고 깊이의 드레프트.
Chronometer 크로노미터 – 배의 표준시계.
Cirrus 시러스 – 오다 타츠오씨 설계한 일본 대표적 클래스.
Clam cleat 클램 클리트 – 로프를 끼워서 잠그는 클리트.
Clear ahead 클리어 어헤드 – 오버랩이 되지 않는 상태에서 두척의 요트 중 앞쪽에 있는 것.
Clear astern 클리어 어스턴 – 오버랩이 되지 않는 상태에서 두척의 요트 중 뒤쪽에 있는 것.
Cleat 클리트 – 시트나 헤일야드를 묶는 부품.
Clew 크루 – 가로돛의 아래 구석.
Clew cringle 크루 크링글 – 보강천에 시트를 접속하기 위해 단 밧줄 구멍.
Clew outhaul 크루 아웃홀 – 클루를 뒤로 당기는 도구.
Clinker built 클링커 빌트 – 외관의 상하모양이 겹쳐지게 연결되어 있다. A클라스 딩기는 이 방법으로 만든다.
Clinometer 클리노미터 – 경사계.
Clipper bow 클리퍼 바우 – 클리퍼형의 상부에서 앞쪽으로 나가는 선수.
Close hauled 클로스 홀드 – 요트가 진행할 수 없는 지역(No go zone)의 한계까지 바람을 45° 정도로 받으며 거슬러 범주하는 것.
Close reef 클로스 리프 – 깊이 리프 하는 일.
Close reach 클로스 리치 – 클로스 홀드 보다 풍하로 약간 떨어뜨려 범주하는 것.
Clove hitch 클로브 히치 – 로프를 매는 방법의 하나.
CLR(Center of Lateral Resistance) – 횡저항 중심, 물에 잠겨 있는 선체의 센터보드 부분, 부하의 중심점.
Coach roof 코치 루프 – 캐빈용 지붕.
Coaming 코우밍 – 콕핏 주변의 나지막한 등받이, 물 막이.
Cockpit 콕핏 – 선실, 소형요트에서 사람이 타는 장소.
Cockpit floor 콕핏 플로어 – 콕핏의 마루.
Cockpit seat 콕핏 시트 – 콕핏 안에 있는 자리.
Coil 코일 – 로프의 링.
Collision 컬리전 – 충돌.
Committee boat 커미티 보트 – 경기위원회 보트.
Companion 컴페니언 – 갑판 승강구의 덮개문.
Companion way 컴페니언 웨이 – 갑판 승강구 계단.
Compass 콤퍼스 – 나침반.
Compass course 콤퍼스 코스 – 콤퍼스 방위로 인한 침로.
Compass rose 콤퍼스 로즈 – 콤퍼스의 눈금.
Conventional 컨벤셔널 – 관습적인, 평범한.
Conventional drop 컨벤셔널 드롭 – 스핀강하 방법으로, 러핑하면서 헤드세일 뒤쪽의 블랭킷에서 회수하는 형식.
Coriolis force 코리올리 포스 – 지구자전에 의한 전향력, 북반구에서 풍향이 오른편으로 움직인다.
Counter 카운터 – stern의 한 가지 고물의 내민 부분.
Counter current 카운터 커런트 – 역류.
Course 코스 – 침로.
Cowl vent 카울 벤트 – 담백대형의 통풍기.
CR(Cruiser rating) – NORC의 CR에서의 레이팅(Rating) R(Meter)은 길이의 단위지만 이것을 TA(sec/mile)로 환산해서 시간을 수정한다. 즉 같은 클래스가 여러 형의 요트끼리 경쟁을 할 때, 각각의 크기가 다른 요트에 레이팅을 정해서 경기의 우열을 겨루기 위한 것.
CR(Course) – 임의의 원형을 선회하는 코스.
Crew 크루 – 승조원, 스키퍼를 제외한 요트의 범주를 돕는 선원.
Crew formation 크루 포메이션 – 선원편성.
Cross bearing 크로스 베어링 – 교차 방위법.
Cross sea 크로스 씨 – 바람과 파도가 교차 하는 바다.
Cross tree 크로스 트리 – 스플레더.
Crown knot 크라운 노트 – 로프 매는 방법의 하나.
Crutch 크러치 – 노를 받치는 것.
Cunningham 커닝 햄 – 세일깊이를 전방으로 이동시키는 장치.
Cunningham hole 커닝 햄 홀 – 돛의 택 부분에 짧은 간격으로 있는 구멍.
Curl 컬 – 스핀의 러프부분의 말림현상, 또는 세일의 리치나 지브 풋 등의 과대한 곡률.
Current 커런트 – 조류, 조석이나, 중력, 바람 그리고 기압차에 의한 물의 흐름.
Current Wind 커런트 윈드 – 조류, 해류에 의해 밀어주는 결과로 생긴 범주 바람에 성분으로 물 흐름의 방향과 세기가 같거나 반대이다.
Cutter rig 커터리그 – 퍼스테이 2개 지브 2개 사용하는 리그.
Custom boat 커스톰 보트 – 고객의 요청에 의해 특별하게 만든 주문보트.

D

D'F – 무선 방향 탐지기.
Daggar board 대거 보드 – 끼우는 센터 보드.
Danforth 댄 포스 – 앵커의 상품 명.
Day cruiser 데이 크루저 – 낮시간만 달리는 크루저.
Day sailor 데이 세일러 – 낮에만 달리는 요트.

Daze staysail 데이즈 스테이세일 – 클루가 높이 띄워지는 다목적의 스피네커 스테이세일.

Dead ahead 데드 어헤드 – 선수 방향.
Dead astern 데드 어스턴 – 선미 방향.
Dead eye 데드 아이 – 중앙에 구멍이 있는 볼트.
Dead reckoning 데드 레커닝 – 선위의 추측.
Dead slow 데드 슬로우 – 아주 느리다.
Dead wood 데드 우드 – 킬의 나뭇조각.
Deck 덱 – 갑판. 선체의 윗부분.
Deck beam 덱 빔 – 덱 밑에 있는 보조나무.
Deck camber 덱 캠버 – 앞에서 본 덱의 곡선.
Deck sweeper 덱 스위퍼 – 갑판, 편평한 풋을 가진 지브 또는 제노어.
Deck work 덱 워크 – 갑판 작업.
Deep ballast 딥 밸러스트 – 복원성을 좋게하기 위한 핀형의 킬.
Deep keel 딥 킬 – 선체가 옆으로 흐르는 것을 막기 위해 킬의 일부를 물속으로 깊게 튀어나오게 한 것.
Depth 뎁스 – 깊이.
Destroyer bow 디스트로이어 바우 – 일반적으로 파도를 가르기 쉬운 선수, 평수 시 수선장을 길게 잡을 수 있고 낮은 저항을 나타내 다운 윈드에서 성능이 좋은 선수.
Deveation 디비에이션 – 편차.
Deveation card 디비에이션 카드 – 자차 기록 카드.
Devider 디바이더 – 분할 컴퍼스.
Diaphragm pump 다이어프램 펌프 – 큰 변이 이동하는 펌프.
Dinetter 다이네트 – 작은 식당방.
Dinghy 딩기 – 원래는 소형 오픈 보트로 노를 젓거나, 세일링을 하거나 소형엔진으로 달리는 것 등, 일반적으로 사용되고 있는 세일링 딩기는 1인승, 2인승, 쌍동형 등 사용목적에 따라 여러 가지 형태.
Dip pole gybe 딥 폴 자이브 – 폴의 끝을 낮추어서 반대편 포어스테이를 비키는 방식의 사이브.
Dismast 디스마스트 – 마스트가 부러짐.
Displacement 디스플레이스먼트 – 배의 무게, 배가 밀어내는 물의 무게.
Distress signal 디스트레스 시그널 – 구난 신호.
Dodger 다저 – 콕핏 앞쪽 선단에 설치된 파도막이.

Dog house 도그 하우스 – 요트의 선실, 캐빈을 일컫는 말.
Dog watch 도그 와치 – 16시부터 20시까지의 당직.
Double block 더블 블록 – 활차가 두개 있는 블록.
Double bottom 더블 바텀 – 이중저.
Double chine 더블 차인 – 두개의 모서리가 있는 외판.
Double diagonal 더블 다이애거널 – 대각선의 이중으로는 덮여있는 것.
Double ender 더블 엔더 – 구명정처럼 선수와 선미가 같은 모양을 한 것.
Down haul 다운 홀 – 스핀 폴의 외측 끝이나 비트를 갑판상에서 잡아주는 폴, 포어 가이.
Down guy 다운 가이 – 스핀 폴을 위해서 지지하는 톱핑 리프트와 아래쪽을 지지하는 다운가이, 즉 포어가이 또는 다운가이와 같은 뜻으로 쓰인다.
Down wind 다운 윈드 – 순풍 때 펴는 큰 세일.
DR – 침로와 항해한 거리만으로 계산된 요트의 추측위치.
Draft 드래프트 – 흘수선에서 요트의 가장 긴 부분까지의 깊이, 즉 수면에서 밸러스트 킬의 최심부까지의 수직거리.
Draft position 드래프트 포지션 – 세일의 가장 깊은 앞뒤의 위치로서 러프에서 뒤쪽 코드라인까지 백분율로 표시함.
Draft stripe 드래프트 스트라이프 – 세일의 캠버를 쉽게 파악하기 위해 표시해둔 선, 검은띠로 세일의 횡단면 형상, 드래프트 스트라이프는 보통 세일 러프상의 25, 50 그리고 70%에서 붐과 평행하게 러프에서 리치로 가로질러 있다.
Drag 드래그 – 항력, 유체속에서 전진운동에 의해 생기는 저항.
Dragon 드래곤 – 중형 레이스 용 요트.
Drift 드리프트 – 표류.
Drifter 드리프터 아주 가벼운 스피네카나 제노아.
Drifting 드리프팅 – 무풍에서 해류나 조류에 의해 떠밀림 현상.
Drop keel 드롭 킬 – 센터 보드.
DSP – 선박의 배수량(톤).

DSPL – 배가 물에 떠 있을 때 밀어내는 물의 중량.
Duck down 덕 다운 – 경기 출발시 스타트 라인을 넘어갔을 때 완벽한 출발을 하기 위해 베어해서 배를 되돌림.
Duffle bag 더플 백 – 천으로 된 백.
Duffle coat 더플 코트 – 북 유럽 어부가 입는 방한 코트.
Dumb compass 덤 컴퍼스 – 지시라인을 이동할 수 있는 컴퍼스.
Dutchmanslog 더치맨 로그 – 더치맨 (속도) 측정법.

E

E – 메인 세일의 저변길이.
Earing 어닝 – 설정되어진 리핑 라인.
Elongated track 에론게이티드 트랙 – 스핀폴을 마스트에 격납할 때, 폴 선단이 데크 초크에 고정될 수 있도록 마스트 전면의 트랙을 따라 위쪽으로 이동할 수 있는 장치.
End pole end gybe 엔드 폴 엔드 자이브 – 10m 전후의 소형요트에서 사용하는 자이브방법으로 자이브 때 스핀 폴의 마스트측 선단과 스핀의 택에 붙어 있는 선단을 교차하는 방법으로, 스핀 폴의 선단 쇠장식이 양쪽이 같은 구조로 되어 있다.
Ensign 엔사인 – 국적을 가리키는 깃발. 선미에 달린다.
Entrance 엔트런스 – 선체 밑의 앞 부분.
EPIRB – 자동 조난신호 발신기
Equipment 이큅먼트 – 비품.
Even keel 이븐 킬 – 배의 전후가 수평한 상태.
Exit 엑시트 – 마스트 내부를 지난 헤일야드가 컨트롤 될 수 있는 위치에서 마스트로 빠져나온 구멍.
Extension 익스텐션 – 하이크 아웃 상태에서 틸러를 용이하게 조절하기 위해 연결된 막대.
Eye bolt 아이 볼트 – 볼트의 끝이 링모양으로 되어 있는 것.
Eye splice 아이 스플라이스 – 로프의 매듭법, 색단에 고리를 만드는 방법.

F

Fairlead 페어리드 – 테크 초크, 계류색이 선체와 접촉하는 부분에 장착된 금속재 또는 목재의 초크, 로프의 통과를 쉽게하여 마모를 방지하고 방향을 바꾸기 위하여 롤러를 가진 것도 있다.
Fender 펜더 – 완충장치.
Fiber glass 파이버 글라스 – 유리섬유에 폴리에스테르를 스며들으면 F.R.P된다.
Fid 피드 – 밧줄가닥을 푸는데 사용하는 나무막대, 돛대 버팀목.
Fiddle block 피들 블록 – 세로로 2개 활차가 있는 블록.
Figure head 피겨 헤드 – 선수에 장식한 그림.
Fin keel 핀 킬 – 밸러스트를 겸용한 핀의 저항체를 선저 아래로 부착한 방식의 킬, 핀 자체가 밸러스트.
First mate 퍼스트 메이트 – 1등 항해사.
First watch 퍼스트 왓치 – 20시부터 24시까지의 당직.
Fishermans anchor 피셔맨스 앵커 – 옛 스타일의 닻.
Fishermans boots 피셔맨스 부츠 – 가슴까지 오는 장화.
Fitting 피팅 – 요트의 의장품.
Fix 픽스 – 목표, 방위를 정하는 것.
Fixed light 픽스 라이트 – 고정등.
Flag 플래그 – 깃발을 만드는 천.
Flake down 플레이크 다운 – 시트 등을 풀 때 감긴 상태로는 얽힐 염려가 있으므로 한겹 한겹 잘 벗겨지도록 내려두는 것.
Flare 플레어 – 선체 측면의 상부가 외측으로 휘어나간 상태.
Flash light 플래시 라이트 – 섬광.
Flat 플랫 – 요트를 경사 없이 편평하게 세운 상태, 세일에 깊이가 없어 편평한 상태.
Flattening reef 플랫트닝 리프 – 메인 세일의 풋을 줄여 편평하게 하는 것으로 크링글은 러프와 리치를 따라 1~2ft 간격으로 배치되어 그 풍속대에 맞춰서 단계별로 당겨내려 편평하게 축범하는 것.
Flattening reef 플랫트너 – 메인 세일.

Flat bottom 플랫 바텀 – 평저.
Fleet 플리트 – 선단.
Flowing sea 플로윙 씨 – 선미로부터의 파도.
Flush deck 플러시 덱 – 캐빈이 없는 덱.
Flying bridge 플라잉 브리지 – 높은 곳에 만든 조타석.
Flying dutchman 플라잉 더치맨 – 2인승 센터보드 레이스용의 요트.
Flying gibe 플라잉 자이빙 – 예기치 않는 자이빙.
Flywheel 플라잉 휠 – 기계나 엔진의 회전속도에 안전감을 주기 위한 무거운 바퀴.
Foc'sle 퍼크슬 – 앞의 선실.
Fog horn 포그 호른 – 안개 때에 울리는 호각.
Foil 포일 – 유체흐름에 있어서 양력을 증대시킬 수 있는 표면형태, 킬 또는 러더 등을 자칭하는 에어포일.
Following sea 팔로잉 씨 – 뒤 파도.
Foot 풋 – 세일의 갑판상에 평행한 아랫부분.
Foot belt 풋 벨트 – 크루가 발을 거는 벨트.
Foot rail 풋 레일 – 발을 걸치는 가로대.
Foot rope 풋 로프 – 세일 밑부분에 부착한 로프.
Footing 풋팅 – 좀 더 빠른 선속으로 보통 때보다 넓은 택킹 각에서 세일링하는 것.
Fore cabin 포어 캐빈 – 앞의 선실.
Fore castle 포어캐슬 – 앞갑판, 선수부.
Fore deck 포어 덱 – 앞 갑판.
Fore guy 포어 가이 – 스핀 폴을 선수갑판 직하로 잡아주는 시트, 다운 홀, 다운 가이.
Fore hatch 포어 하치 – 앞 갑판의 하치.
Fore sail 포어 세일 – 마스트 앞에 올리는 세일.
Fore stay 포어 스테이 – 돛대에서 선수쪽으로 연결된 돛대 지지용 와이어.
Fore triangle 포어 트라이앵글 – 마스트, 퍼텍, 퍼스테이로 만들어진 삼각형.
Forenoon wacth 포어눈 와치 – 8시부터 12시까지의 당직.
Fractional rig 플렉셔널 리그 – 큰 메인과 작은 헤드 세일이라는 짜임으로 전개하는 형태, 레이싱 요트의 설계에 규칙을 정비한다는 명목과 레이팅에 유리한 중간 리그라는 발상이 조화된 리그.

Free 프리 – 크로즈 홀드, 러닝 이외의 달리는 방법.
Free board 프리 보드 – 수면부터 덱까지의 높이.
Free fly 프리 플라이 – 세일링 중 스핀 폴을 장착하지 않고 스핀 시트로만 조종하는 것.
Freezle line 프리즐 라인 – 가벼운 로프의 끝을 마스트 위쪽과 연결된 것으로 한곳에 금속제의 링이 붙어 있고 그 중간에 헤일야드가 통과되고 헤일야드가 꼬이면 꼬여있는 헤일야드를 올려 꼬임을 풀어내리는 장치.
FRP – Fiber glass Reinforced Plastic의 약자
Full and by 풀 앤드 바이 – 세일을 풀로 해서 클로스 홀드로 범주하기.
Full head room 풀 헤드 룸 – 선내에서 일어설수 있는 것.
Full sail 풀 세일 – 전 세일을 올림, 바람을 최대한으로 받음.
Furler 펄러 – 펄링, 돛을 감아들이는 회전체.

G

Gale 게일 – 풍력을 가리키는 등급의 하나 풍력 8~10을 가리킨다.
Galley 갤리 – 선실의 부엌.
Gallow flame 갤로 플레임 – 세일을 내렸을 때 붐을 놓는 자리.
Gennaker 제니기 – 제노어와 스피네커의 중간, 나일론으로 만들어진 크로 둥글고, 미풍과 경풍에 사용, 제네커의 이점은 스핀 폴 없이 사용 한다.
Genoa 제노아 – 미풍용으로 사용되는 큰 지브 세일.
Genoa halyard 제노아 헤일야드 – 제노어를 포스테이의 그루브를 통해 올리기 위한 줄, 드래프트 위치나 리프에 생기는 옆주름 등을 조정할 때도 사용.
Genoa lead angle 제노아 리드 앵글 – 제노어의 코 드라인과 선체 중심선이 이루는 각도(약 8 ~ 12°).
Genoa sheet 제노아 시트 – 제노아 세일을 조종하는 로프, 조타 보조로 조절하는 줄.

Geograpic wind 지오그래픽 윈드 – 산을 포함해 섬 그리고 빌딩 같은 지역 지형상의 영향을 받은 바람의 흐름.
Ghoster 고스터 – 미풍용 가벼운 지브.
Gibb 깁 – 영국의 메이커.
Gimbal 짐벌 – 배가 기울려도 수평을 유지하는 장치.
Girth 거스 – 세일의 폭, 특히 스핀을 폈을 때 넓이.
Goose neck 구즈 넥 – 붐과 마스트를 잇는 피팅.
Goose wing 구즈 윙 – 지브를 메인 세일과 반대쪽으로 펴서 달리는 범주법.
GPH – 1마일 당의 소요시간을 초로 표시한 평균치.
Grating 그레이팅 – 쇠창살.
Grommet 그로멧 – 세일의 밧줄고리로 금속쇠가 씌워진 구멍.
Groove 그루브 – 세일의 트림 상태와 요트속력 조화가 요트의 진행침로에 대해서 최고의 상태, 제노아를 올릴 수 있는 포스테이에 있는 가늘고 긴 홈.
Gudgeon 거전 – 키를 스턴 포스트에 부착시키는 금속으로 만든 띠의 축받이.
Guff rig 거프 리그 – 거프가 있는 리그.
Guy 가이 – 스피네커를 당기는 밧줄.
Gybing / Jibing 자이빙 – 풍하에서의 방향전환, 규칙에 따라서 실제 자이빙은 붐이 선체 중심선을 지나는 순간부터 세일의 바람을 받는 순간까지.
Gybe preventer 자이브 프리벤터 – 자이브 할려고 할 때 붐이 고정시키는 도구.

H

Half hitch 하프 히치 – 반 매듭.
Halyard 헤일야드 – 돛을 끌어올리고 내리는 데 사용하는 줄.
Hand rail 핸드레일 – 난간.
Hanks 행크스 – 포어스테이에 지브의 러프를 연결하는 작은 스냅으로 그루브타입과 헹크스타입의 두 가지가 있다.
Harbour 하버 – 선착장, 항구.
Harbour master 하버 마스터 – 항만 관리소장.
Harbour office 하버 오피스 – 항구의 사무소.
Hard chine 하드 차인 – 네모 난 선.
Harness 하네스 – 인명의 안전을 확보하기 위해 야간항해시나 항해시 고정물에 몸을 묶기 위한 멜방, 마스트에 오르기 위한 의자모양의 맬방.
Hatch cover 하치 커버 – 하치 부분에 있는 커버.
Hatch 하치 – 덱의 작은 출입구.
Head 헤드 – 세일의 윗부분, 헤일야드를 연결하는 곳.
Head board 헤드 보드 – 세일 헤드의 얇은 철판이나 두꺼운 천으로 된 부분.
Head flow 헤드 플로우 – 일반적으로 흐름보다 더 좁은 각도로 세일에 들어오는 흐름.
Head off 헤드 오프 – 바람으로부터 풍하로 변침하기, 베어 어웨이.
Head sail 헤드 세일 – 지브 등 마스트 앞으로 올리는 세일.
Head sea 헤드 씨 – 선수쪽에서 파도.
Head stay 헤드 스테이 – 퍼스테이와 같다.
Header 헤더 – 헬름즈먼이 풍하로 변침하거나 크루가 시트를 조절해야 할 필요가 있는 바람의 변화.
Heave to 히브 투 – 비 바람이 심할 때의 표박.
Heaving line 히빙 라인 – 계류줄을 멀리 보내기 위해 추가 달린 보조 줄.
Heavy keel 헤비 킬 – 무게중심을 낮추기 위해 선체의 킬 자체가 깊고 긴 저항체를 구성하는 형태로 그 하부에 밸러스트를 가진다.
Heavy stay 헤비 스테이 – 해면상태가 거칠 때 마스트를 안정시키기 위해 세일을 편평하게 하기 위한 장치.
Heel 힐 – 요트의 횡경사, 배가 기울리는 것.
Heel meter 힐 미터 – 힐 각도계.
Heeling error 힐링 에러 – 힐로 인해 생기는 컴퍼스의 오차.
Helm 헬름 – 배의 운동성.
Helmsman 헬름 즈맨 – 키를 조정하는 사람, 소형 요트에는 스키퍼가 동시에 헬름즈맨이 되는 경우가 많음.

High 하이 – 일반적으로 맑은 날과 경풍을 수반하는 기압이 높은 지역.
Hike out 하이크 아웃 – 선체의 경사를 줄이기 위해 크루가 경사 반대 뱃전에서 균형을 잡는 것.
Hinge 힌지 – 헤치 손잡이.
Hitch 히치 – 로프로 매는 일.
Horse 호스 – 메인 시트 하부의 불록을 통가하는 파이프.
Hounds 하운드 – 마스트 상부의 스테이가 설치된 부분.
House boat 하우스 보트 – 집같은 보트.
Hover craft 허버 크래프트 – 선체의 하면부터 압축한 공기를 수면에 강하게 내뿜어서 쿠션을 만들어 항주하는 배.
HSC(High Speed Collection) – 최고의 속도.
Hull 헐 – 선체.
Hunks 헝크스 – 지브를 스테이에 고정시키는 금속제 도구.

Inner jib 이너 지브 – 안쪽으로 펴는 지브시트.
Inner stay 이너 스테이 – 바우와 마스트 사이에 펴는 포어스테이.
Intermediator 인터메디에이터 – 마스트 중간 윗부분을 지탱하는 슈라우드.
IOR(International Offshore Rule) – 국제외양경기규칙.
Isobar 아이소바 – 천기도에 나타난 같은 기압의 선, 등압선.
ISAF(International Sailing Federation) – 국제세일링연맹.
ISTA(International Sail Training Association) – 국제세일링훈련협회.
ITC(International Technical Committee) – 국제기술위원회.
IYRU(International Yacht Racing Union) – 국제요트경기연맹.

I

I – 마스트 꼭대기에서 선수나 선미 사이까지 내린 가상의 직선거리, 지브의 세로길이.
IACC(America's Cup Class Rule) – 아메리칸 컵의 경기규칙.
ILC(International Level Class) – 국제적으로 같은 클래스.
Inboard 인보드 – 레일로부터 안쪽, 선내기 엔진.
Inboard engine 인보드 엔진 – 배 안쪽에 설치된 엔진.
Inclining test 인크라이닝 테스트 – 기울게 하는 테스트.
Inflated life raft 인풀레이티드 라이프 래프트 – 팽창식 구명 고무 보트.
In irons 인 아이언즈 – 요트가 전진력 없이 세일이 펄럭거리며 선수가 바람쪽으로 표류하는 상태.
Inner forestay 이너 포스테이 – 마스트 헤드리그에서 중간부분이 파도에 의한 펀칭, 휘는 운동을 예방하기 위한 리그.

J

J – 포어스테이 제노아의 택 혼에서 마스트 전면까지의 거리.
J.O.G – 소형 클루저의 한 종류.
Jackstay 잭스테이 – 단독으로 마스트를 보조하기 위해 앞 갑판에서 마스트까지 연결된 스테이.
Jaw 조 – 작은 배중 붐의 끝이 2개로 되어 있는 마스트를 끼우는 자리.
Jib 지브 – 돛대 전방에 장치되는 삼각형의 돛.
Jib halyard 지브 헤일야드 – 지브시트를 올리는 로프.
Jib headed rig 지브 헤디드 리그 – 앞에 지브가 있는 리그.
Jib sheet 지브 시트 – 지브 세일을 조절하기 위해서 사용하는 줄.
Jib sheet leader 지브 시트 리더 – 지브시트의 블록.
Jib track 지브 트랙 – 지브의 셰프(Shape)를 풍향과 해면상태를 맞추기 위해 시트를 리드하는 장치.
Jibing/Gybing 자이빙 – 풍하에서의 방향전환, 규칙에 따라서 실제 자이빙은 붐이 선체 중심선을 지나는 순간부터 세일의 바람을 받는 순간까지.

Jibing angle 자이빙 앵글 – 포트, 스타보드 각현이 자이브때의 최적순풍 선수방위 사이의 각도.

Jumper stay 점퍼 스테이 – 스트럿을 고정하기 위한 지지 와이어.

Jumper strut 점퍼 스트럿 – 마스트 끝에 강한 지탱력을 주기 위해 전방에 적절한 각도를 주어 설계된 막대기.

Jury rig 주리 리그 – 마스트 파손시의 응급리고, 임시 마스트.

Jury rudder 주리 러더 – 러더 고장 때의 응급 노.

K

Kapok 케이팍 – 솜 같은 물체.

Kedge anchor 케지 앵커 – 배가 흔들려 회전하는 것을 방지하기 위한 닻.

Keel 킬 – 용골, 주로 크루저에서 볼 수 있는 것으로, 배의 맨 밑바닥에 길게 뻗은 부착물.

Keel strut 킬 스트럿 – 킬지주, 킬받침대.

Ketch 켓치 – 마스트가 2개로서 뒤의 마스트가 작고, 러더 포스트 보다 앞에 있는 선형의 요트.

Kicking strap 키킹 스트랩 – 붐을 밑으로 당기는 로프.

King ston 킹스톤 – 선저에 있는 물을 빼는 구멍.

Kink 킹크 – 로프가 꼬여서 구부러지는 것.

Kite flying 카이트 플라잉 – 폴을 떼고 시트만으로 펼치고 있는 스피네커.

Knee 니 – 모서리의 보강제.

Knock down 넉 다운 – 거칠게 경사각이 커짐.

Knot 노트 – 해상에서 속도의 단위, 1시간에 1 mile을 달리는 속도.

KSAF(Korea Sailing Federation) – 대한요트협회

KOSF(Korea Offshore Sailing Federation) – 한국외양요트협회

L

Laminate sail 레미네이트 세일 – 케브라 등을 엷은 판으로 씌운 세일.

Land breeze 랜드 브리즈 – 육지에서 바다로 부는 따뜻한 바람(육풍).

Lap time 랩 타임 – 코스를 일주하는데 소요되는 시간.

Lazy sheet 레지 시트 – 스피네커의 택이나 클루에 붙어 있는 두가닥의 줄중 하나로 번갈아 한번은 가이가 되고 한번은 시트로 쓰기 위한 줄.

Lead 리드 – 납, 측연.

Lead 리드 – 로프를 당기는 것.

Lead Block 리드 블록 – 돛을 당기는 데 사용되는 도르레.

Lead line 리드 라인 – 리드선, 측연선.

Leading edge angle 리딩 에지 앵글 – 코드라인을 만드는 세일의 각도.

Leak 리크 – 누수.

Lee board 리보드 – 바람이 불어가는 쪽으로 미리지 않게 범선 중앙부 양현에 붙인 널.

Lee bow 리 바우 – 해류를 바람이 가는쪽으로 부터 받으면서 달리는 것.

Lee helm 리 헬름 – 요트의 선수 부분이 풍하측으로 밀리는 현상.

Lee shore 리 쇼어 – 바람이 불어가는 쪽의 해안.

Lee side 리 사이드 – 바람이 가는 쪽.

Lee way 리 웨이 – 바람이 불어가는 쪽으로 떠밀리는 것.

Leech 리치 – 세일의 헤드에서 클루까지 세일의 후변(뒷전).

Leech cord 리치 코드 – 세일리치 부분의 펄럭임을 조절하는 줄.

Leech line 리치 라인 – 리치를 당기는 로프.

Leech ribbon 리치 리본 – 세일에 들어오는 바람의 흐름을 알기 위해 리치에 설치하는 리본, 텔 테일.

Leeward 리워드 – 풍하, 바람이 불어가는 방향, 붐이 있는 현, 만약 바람쪽에 선 상태라면 붐이 있었던 쪽.

Leeward Helm 리워드 헬름 – 키를 풀었을 때 선체가 풍하측으로 움직이는 현상, 보통 미풍때 나타난다.

Leeway 리웨이 – 바람을 옆에서 받아서 범주할 때 풍하측으로 밀리는 것.

Lever handle 레버 핸들 – 로프 고정장치의 손잡이.

Life jacket 라이프 자켓 – 구명 동의.

Life raft 라이프 레프트 – 구명펫목.

Life ring 라이프 링 – 구명환.

Life sling 라이프 슬링 – 익수자 구출시 투하용 구명맬방.

Lift 리프트 – 유체의 흐름으로 포일의 수직방향에서 작용하는 힘.

Lift to drag ratio 리프트 투 드래그 레쇼 – 포일의 리프트는 드래그에 의해 나누어지며, L/D비율은 풍상 성능의 좋은 기준이 되고 높은 비율은 높은 효능과 높은 포인팅 성능.

Liquid compass 리퀴드 컴퍼스 – 액체 컴퍼스.

LOA – 요트의 전장.

Log book 로그 북 – 항해일지.

Log line 로그 라인 – 측정선.

Long keel 롱 킬 – 딥 킬(Deep keel)과 같이 킬의 길이가 긴 것.

Long splice 롱 스플라이스 – 2개의 로프를 연결하는 방법.

Look out 룩 아웃 – 견시(전방 관측자).

Loop 루프 – 로프의 고리.

Loose Foot 루스 풋 – 풋을 택과 크로의 2점만으로 고정하는 메인 세일.

Low 로우 – 주로 나쁜 날씨와 강한 바람을 동반하는 기압이 낮은 지역.

Low water 로우 워터 – 저조.

Lower shroud 로우어 슈라우드 – 마스트의 아래부분을 비스듬히 지탱하고 있는 리깅.

Luff 러프 – 세일의 전변, 스테이나 마스트가 그루브에 끼워지는 부분.

Luff curve 러프 커브 – 마스트 밴드나 헤드스테이 새깅이 원인이 되어 세일러프에 생기는 블록(메인), 오목(지브) 곡선.

Luff groove 러프 그루브 – 세일을 끼우는 쟈크모양 구멍.

Luff rope 러프 로프 – 세일 러프에 들어있는 줄.

LP(Luff Perpendicuar) 러프 퍼펜디큐러 – 제노어의 클루에서 직각으로 교차한 러프의 수선으로 제노어의 크기를 나타냄.

Luffing 러핑 – 요트가 풍상으로 방향을 바꾸는 것.

LWL – 수선장, 부착물을 제외한 선체부분의 홀수선의 전단에서 후단까지를 말함.

M

Magnetic compass 마그네틱 컴퍼스 – 자침의, 나침반, 자이로 컴퍼스 등.

Magnetic course 마그네틱 코스 – 자기 방위로 인한 침로.

Magnetic north 마그네틱 노스 – 자기 방위의 북쪽.

Main boom 메인 붐 – 메일 세일의 붐.

Main cabin 메인 캐빈 – 중앙 선실.

Main mast 메인 마스트 – 중심이 되는 마스트.

Main sail 메인 세일 – 주돛.

Main sheet 메인 시트 – 메인 세일을 조절하기 위해서 사용되는 줄.

Main sheet slide 메인 시트 슬라이드 – 메인 시트 호스 대신 레일을 사용하는 것.

Main Trimmer 메인 트리머 – 주 돛을 조정하는 크루.

Man over board 맨 오버보드 – 낙수(사람이 물에 떨어짐).

Maneuver 머누버 – 책략 술책 공작.

Maneuverability 머누버러빌리티 – 조종 가능성.

Marconi rig 마르코니 리그 – 요트용 삼각 범장의 하나.

Marina 마리나 – 해양, 정빅지.

Mariner 마리너 – 선원, 뱃사람.

Mark 마크 – 범주지시서에 따라서 정해진 쪽을 회항 또는 통과해야하는 어떤 물체를 말함.

Mark buoy 마크 부이 – 레이스 때 사용하는 회항마크.

Marline spike 말라인 스파이크 – 밧줄의 끝과 끝을 풀어서 꼬아 잇거나, 매어 잇거나 할 때 밧줄의 꼬임을 푸는데 쓰이는 바늘모양의 쇠붙이.
Mast 마스트 – 돛대, 세일을 올리기 위한 수직 스파.
Mast collar 마스트 칼라 – 데크에서 마스트를 받치고 있는 부분.
Mast head light 마스트 헤드 라이트 – 마스트 끝의 라이트.
Mast head rig 마스트 헤드 리그 – 지브 세일이나 스피네커를 마스트 끝까지 펼치는 리그.
Mast head 마스트 헤드 – 마스트의 위쪽.
Mastman 마스트맨 – 바우맨을 보조하는 크루, 세일 교환시 마스트에서 헤일야드를 보내거나, 제노아 강하보조, 또 스핀폴의 인보드 책임자, 스피네커 헤일야드 담당.
Mast rake 마스트 레이크 – 돛대의 기울기.
Mast step 마스트 스텝 – 마스트의 레이크나 밴드를 조절하기 위해서 어느 범위에서 움직일 수 있게 되어 있는 최하단 부분.
Mast top 마스트 탑 – 풍향계, 항해등(3색), 정박등(백색), 무선 안테나 그리고 풍향 풍속계의 센서가 설치되는 가장 높은 장소.
Measurer 메저러 – 측량하는 사람.
Measured mile 메저드 마일 – 표주간 거리.
Measuring rule 메저링 룰 – 측정규칙.
Middle watch 미들 와치 – 0시에서 4시까지의 당직.
Midship 미드쉽 – 선체 길이의 중앙 선체부분, 혹은 조타 명령에서는 러더를 중앙으로 돌리는 것.
Midshipman hitch 미드쉽맨 히치 – 낙수 때 몸을 매는 방법.
Mizzen 미젼 – 케치(Ketch)나 욜(Yawl)의 미즌 마스트에 설치되는 작은 최후부 세일.
Mizzen boom 미젼 붐 – 미즌용 붐.
Mizzen mast 미젼 마스트 – 뒷 돛대, 스쿠너 욜, 케치의 후부돛대.
Mizzen sail 미젼 세일 – 미즌용 세일.
Mizzen sheet 미젼 시트 – 미즌 마스트.
Mizzen staysail 미젼 스테이세일 – 미즌 마스트 앞에 올리는 세일 어빔, 렁닝용 세일.
Mooring cleat 무어링 크리트 – 밧줄용 크리트.

Mooring line 무어링 라인 – 계류색, 계류하기 위한 로프.
Morning watch 모닝 와치 – 오전 4시부터 8시까지의 당직.
Moth 모스 – 소형 요트 클래스의 이름.
Morse code 모스 코드 – 모스 부호.
Mosquito net 모스키트 넷 – 모기장.
Motor cruiser 모터 크루저 – 기관으로 달리는 순항용 요트.
Mould 몰드 – 주형.
Moulded plastic 몰디드 플라스틱 – 틀로 만든 플라스틱.
Moulded plywood 몰디드 플라이우드 – 성형합판.
Mount 마운트 – 컴퍼스 마운트.

N

Navigation 내비게이션 – 항해.
Navigation light 내비게이션 라이트 – 항해 등.
Navigator 내비게이터 – 항법사, 항해사.
Neutral 뉴트럴 – 엔진의 중립위치.
NMEA(National Marine Electronics Association) – 1983년에 제정된 NMEZ 0183 Protocol은 상호 전자기간의 데이터 교환방식의 규약으로 이것을 바탕으로 전자기기를 설계하도록 약속을 정함.
Nose dive 노즈 다이브 – 선수의 급강하, 요트의 선수가 파도에 세차게 처박힘.
NORC(Nippin Ocean Racing Club) – 일본외양범주협회.

O

O. K. Dinghy 오케이 딩기 – 핀과 닮은 덱이 넓은 딩기. 세일의 OK의 마크가 있다.
Occulting 어컬팅 – 등불의 하나. 가끔 꺼진다.

Ocean racer 오션 레이서 – 장거리 경기를 위해 최소한 설비를 갖춘 요트.

Off shore 오프 쇼어 – 물가를 떠나서 외양으로 나간다.

Offshore class 오프쇼어 클래스 – 크기가 다른 요트들은 8가지의 클래스로 나누어지며 각 클래스의 요들에 대한 Rating (즉 Handicap)은 Feet로 표시된다. 이 수치는 Hull에서 여러 측정치를 뽑아 복잡한 공식에 대입하여 산출한다. 이 IOR Class에서는 Level Rating 또는 Ton Cup Class라 부르는 구분이 있다(요트 중량 톤수와는 관계없다).

Oil bag 오일 백 – 악천후 때 바람이 오는 쪽으로 매달려서 파도 머리를 가라 앉히기 위한 기름 주머니.

Oil skin 오일 스킨방수우의.

One design 원 디자인 – 선형, 세일면적, 의장품 등이 동일한 클래스 스크래치로 경기를 할 수 있어 순수한 세일러의 기량을 겨룰 수 있음.

One ton cup 원 톤 컵 – 크루저의 레이스 이름.

Open block 오픈 블록 – 로프를 꿰는 대신에 걸리게 되는 블록.

Open boat 오픈 보트 – 캐빈이 없는 보트.

Out board 아웃 보드 – 레이 라인을 넘어 바깥쪽을 향해, 선외기 엔진.

Out haul 아웃 홀 – 붐의 바깥쪽으로 돛의 클루 부분을 당기기 위한 장치.

Out rigger 아웃 리거 – 세일 등을 배의 바람가는 쪽으로 밀어내는 스퍼.

Out rudder 아웃 러더 – 선미바깥쪽에 있는 노.

Oval 오벌 – 마스트 단면의 일종.

Over canvas 오버 캔버스 – 세일을 너무 크게 펴는 일.

Over hand knot 오버 핸드 노트 – 한겹 매듭.

Over hang 오버 행 – 배 전후의 (워터)라인에서 나아 있는 부분.

Over lap 오버랩 – 두 척 이상의 요트가 겹쳐서 범주하는 상태.

Over powered 오버 파워드 – 파워가 걸려 조종하기 어려운 상태.

Over rigged 오버 리그드 – 많은 세일면적을 가지고 있는 상태.

Over sail 오버 세일 – 양항비(올림성능을 표시하는 계수)가 떨어져 옆 흐름이 심하게 되어 항력이 큰 세일상태.

Over taking 오버 테이킹 – 추월.

P

P – 밴드에서 밴드까지 올리는 메인 세일의 길이.

Palm 팜 – 손에 끼는 가죽의 도구.

Parallel rule 패럴럴 룰 – 평행자.

Parrot beak 패럿 비크 – 스피네커 폴 선단의 시트나 가이를 끼는 장치.

Patch 패치 – 세일의 보강천.

Patent log 페이턴트 로그 – 로프 끝에 프로펠라가 있는 배속도를 측정하는 기계.

PCS(Performance Curve Scoring) – 풍속을 잡는 방법에 따라 경기결과를 도출하는 것이 아니고 순위를 계산 풍속으로 정하는 방법.

Peak 피크 – 스피네커나 메인 세일의 꼭대기 부분.

Peeling 필링 – 스피네커 교환시 내리는 스핀을 벗겨내는 일.

Peeling strap 필링 스트랩 – 스핀을 교환하는 중간에 스핀의 택을 일시적으로 고정하는 15m 정도의 줄.

Penalty 패널티 – 요트 레이스의 벌칙이나 벌점.

Pennant 페넌트 – 레이스용 크럽용 깃발.

Permanent backstay 퍼머넌트 백스테이 – 크루징 요트에서 마스트 톱으로부터 연결된 고정 백스테이.

Persistent shift 퍼시스턴트 시프트 – 북반구에서는 보통 오른쪽으로 안정된 바람의 변화, 층상구름과 해풍, 전선통과의 수직안정에 관련된다.

PFD(Personal Flotation Device) – 라이프자켓의 관변용어.

PHRF(Performance Handicap Rating Fleet) – 그 지역의 레이팅 위원이 추측으로 정하는 레이팅 시스템의 통칭.

Pinch up 핀치 업 – 무리하게 올림, 측 핀칭이라하여 천천히 가기는 하나 높이를 버는 상태.

Pinching 핀칭 – 언제나 바람이 오는 방향으로 가는 것.
Pintle 핀틀 – 키를 고정시키는 쇠장식과 배를 연결시키는 핀.
Pipe berth 파이프 버스 – 파이프와 천으로 된 침상.
Pitch 피치 – 프로펠러의 회전에 의하여 전진하는 거리.
Pitching 피칭 – 선체의 상하동요.
Pitman 피트맨 – 콕핏에서 헤일야드, 톱핑 리프트, 다운 홀 등을 조절하는 크루.
Planning 플레닝 – 배가 다운 윈드에서 일정 이상의 속도에 달했을 때 파도 위로 떠올라 활주하는 것과 같은 상태.
Pleasure boat 플레져 보트 – 레크레이션용 보트의 총칭, 모터보트 등.
Point 포인트 – 컴퍼스 눈금.
Point reef 포인트 리프 – 끈으로 매는 리프 방법.
Pointing 포인팅 – 좁은 겉보기 풍향, 각도 그리고 보통보다 느린 선속으로 범주하는 것.
Polar diagram 폴라 다이아그램 – 여러 가지 특별한 풍속과 범주각도에서 요트의 예측 또는 실제 속력을 보여 주는 것, 타켓 속력을 측정하는데 이용.
Pole jaw 폴 죠우 – 폴의 페롯트 비크의 턱.
Pontoon 폰 툰 – 부교, 부잔교.
Port hole 포트 홀 – 현창.
Port side 포트 사이드 – 좌현.
Port tack 포트 택 – 포트 쪽에서 세일에 바람을 받아 범주하는 것.
Pram 프램 – 작은 배중 붐의 끝이 2개로 되어 있는 마스트를 끼우는 자리.
Prebend 프리밴드 – 세일을 범장하기전에 의장된 장력에 의해 야기되는 전후의 곡률.
Prefeeder 프리피더 – 포어스테이에 헤드세일의 러프를 그로부로 원활하게 인도하기 위한 기구.
Preventer 프리벤터 – 자이빙을 방지하는 로프.
Proper course 프로퍼 코스 – 어떤 요트가 가급적 빨리 목적지에 도착하기 위해 범주 하는 임의의 코스.
Protest flag 프로테스트 플랙 – 항의기, 경기중 다른 요트의 반칙에 항의하는 뜻.
Pulley 풀리 – 활차.

Pulpit 풀 핏 – 요트의 선수와 선미쪽의 난간.
Punching 펀칭 – 요트가 거친 파도에 박히는 현상.

Q

Quadrant 쿼드런트 – 비교적 큰 요트에서 틸러 대신에 사용하는 것으로 러더 헤드에 붙은 장치를 와이어로프나 체인으로 방향을 작동하는 장치.
Quater 쿼터 – 선체중앙부와 선미와의 중간부분.
Quater berth 쿼터 버스 – 콕핏 좌석 밑의 버스.
Quater master 쿼터 마스터 – 노를 가지고 일하는 사람.
Quater run 쿼터 런 – 빔 리치와 데드 런 중간 부분의 범주 각도(약 130°~140°).
Quatery 쿼터리 – 비스듬히 뒤에서 바람을 받으면서 범주하는 것.

R

Race committee 레이서 커미티 – 경기 위원회
Racer cruiser 레이서 크루져 – 경기하기 위한 충분한 빠르기와 크루징을 위해 충분한 안락함이 갖추어진 보트(R/C).
Racing flag 레이싱 플래그 – 레이스 중인 요트가 마스트 꼭대기에 다는 식별기
Racing tactics 레이싱 탁틱스 – 레이스에서 이기기 위한 기술
Rake 레이크 – 돛대의 경사도.
Ratchet block 라쳇트 블록 – 시트의 인장이 트림 방향으로 움직이게 하는 스프링 장치의 폴이 달린 블록, 주로 스핀 시트 용도로 쓰임.
Rating 레이팅 – 요트 레이싱의 핸디캡을 설정하는 측정공식의 값.
Reaching 리칭 – 비팅과 러닝사이의 범주 상태, 또는 스핀의 에프터 가이에 트림각을 넓히기 위한 마스

트에서 풍상으로 뻗치는 스파.

Reaching strut 리칭 스럿 – 리칭달릴 때 아프터 가이를 옆으로 밀어 내는 스퍼.

Redar reflector 레이더 리플렉터 – 레이더 반사판.

Reef 리프 – 측범부 세일을 감아서 돛을 작게 만든 방법.

Reef cringle 리프 크링글 – 리프 포인트의 위한 큰 구멍의 쇠고리.

Reef point 리프 포인트 – 축범을 하기위해 러프에서 리치를 따라서 일정간격으로 설치된 리프 크링글.

Reefing 리핑 – 강풍에 요트를 안정시키기 위해 돛의 면적을 줄이는 것.

Reefing gear 리핑 기어 – 리프하기 위한 기어.

Reference mark 레퍼런스 마크 – 마크, 시트나 헤일야드 등에 표시.

Regular jib 레귤러 지브 – 정기적인 지브세일.

Retire 리타이어 – 경기를 그만두다.

Rhumb line 럼 라인 – 항정선, 두 지점 사이의 가장 가까운 거리.

Rib 리브 – 선박 늑골을 이루는 늑재.

Rig 리그 – 원통제, 고정색 그리고 세일.

Rigging 리깅 – 의장, 색구, 요트에 사용되는 작은 부장품.

Rigging screw 리깅 스크루 – 턴 버클을 말한다.

Rise of floor 라이즈 플로어 – 선저가 경사되어 있는 상태.

RMP(Race Moodeling Program) – VPP로 계산되어진 데이터를 기초로 해서 예상되어지는 풍속의 확률분포, 레이스 코스, 가상적 경기를 설정하여 컴퓨터 경기를 시뮬레이션 프로그램에서 나오는 승률.

Roach 로치 – 헤드에서 클루까지 그은 가상의 직선 위로 확장된 세일 가장자리에 있어서의 볼록한 형태.

Rod rigging 로드 리깅 – 가는 강철봉으로 된 삭구.

Roller furling 롤러 펄링 – 세일을 자동으로 감기 위한 기계장치.

Roller furling jib 롤러 펄링 지브 – 지브 스테이를 돌려서 걷는 지브.

Roller reef 롤러 리프 – 붐 주위에 세일 저변을 감아 보관하는 축범.

Rolling hitch 롤링 히치 – 가지 꼴로 묶이.

Rolling 롤링 – 배가 좌우로 흔들리는 일.

Rope end 로프 엔드 – 로프의 끝.

Rope work 로프 워크 – 로프를 사용하는 기술.

Rower stay 로어 스테이 – 마스트 중간에서 나온 스테이.

Rowlock 로우락 – 배의 노를 받치는 노걸이.

Rudder 러더 – 요트의 키.

Running 러닝 – 뒤에서 바람을 받아 범주하는 상태, 순풍.

Running backstay 러닝 백스테이 – 주로 헤드 스테이의 힘을 조정한다, 마스트에 힘을 가해 굽히는 장치.

Running cost 러닝 코스트 – 운항비.

Running fix 러닝 픽스 – 움직이고 있는 선박.

Running rigging 러닝 리깅 – 헤일야드, 가이, 시트, 러닝 백스테이 등을 마음대로 조절할 수 있는 줄.

S

S. S(Sparkman & Stephens) 스파크맨 앤 스티븐스 – 스파크맨 앤드 스티븐스 미국의 설계자.

S. S(Stainless steel) – 스테인레스 스틸.

Safe leeward position 세이프리워드 포지션 – 바람이 오는 쪽에 있는 요트가 추월 못하는 자리.

Safety belt 세이프티 벨트 – 안전 벨트.

Sagging 새깅 – 헤드세일이 바람을 받아 택과 헤드를 기점으로 그은 코드라인, 러프가 휘어짐.

Sail 세일 – 돛.

Sail area 세일 에어리어 – 세일 면적.

Sail bag 세일 백 – 세일 놓는 주머니.

Sail plan 세일 플랜 – 돛대 활대의 원재.

Salf bailer 셀프 베일러 – 자동폐수 장치.

Scantling 스캔트링 – 재질의 치수로 무게를 계산하는 방법.

Scow 스코우 – 대형 평저선.

Screw 스크류 – 프로펠러.

Scupper 스커퍼 – 물을 빼내는 구멍.

Scurf 스커프 – 얇게 깎아서 부하는 것.

Sea breeze 씨 브리즈 – 해안지방에서 맑은날 주간에 찬 바다로부터 데워진 육지의 따뜻한 공기속으로 일정하게 부는 바람(해풍).

Sea anchor 씨 앵커 – 악천시 배를 정지시킬 때 바다에 던저서 불레이크 역할 하는 것.

Sea worthy 씨 워디 – 악천에 견디는 능력.

Seahorse class 씨 호스 클래스 – 일본 사람이 설계한 딩기의 하나.

Seam 심 – 솔기.

Seaman ship 씨맨 쉽 – 배랑 세일을 조절하는 실제 기술이나 정신.

Seet bend 시트 벤드 – 2개 로프를 연결시키는 방법.

Seet 시트 – 세일을 조절하는 로프.

Separate rudder 세퍼레이트 러더 – 킬에서 뒤쪽으로 떨어지는 자리에 설치된 노.

Separated flow 세퍼레이티드 플로우 – 포일 윤곽에서 흐트러진 흐름, 스통드 플로어라고도 한다.

Sestral 세스트랄 – 영국의 컴퍼스 메이커.

Sextant 섹스턴트 – 육분의 (六分儀).

Shackle 샤클 – 로프나 와이어의 한쪽 끝을 연결할 때 간단히 철물 피팅의 구멍이나 다른 삭구에 채울 수 있는 연결고리.

Shake down 셰이크 다운 – 길들이기, 튜닝, 새로운 요트의 경우, 헤일야드, 시트, 슈라우드 등의 리깅류를 길들이기 하는 것.

Shadow pin 섀도우 핀 – 방위를 알기 위해 컴퍼스 가운데에 세우는 핑.

Shafing gear 샤프팅 기어 – 세일이 부딪혀서 파손되지 않도록 스테이에 이는 것.

Shaft 샤프트 – 굴대.

Shank 섕크 – 앵커 중심부의 막대기.

Shape 셰이프 – 세일의 적당한 캠버를 가지고 펼쳐진 형태.

Sheave 쉬브 – 도르레, 블록.

Shear speed 쉬어 스피드 – 요트가 자이브로 변해가는 박탈속도.

Sheer 쉬어 – 현측에서 본 갑판의 커브.

Sheet 시트 – 돛을 조절하는 줄.

Shelf 쉘프 – 선반.

Shift 시프트 – 전환. 이동하다.

Ship chandler 십 챈들러 – 선구가게.

Shiver 시버 – 요트를 풍상으로 세웠을 때, 세일을 완전히 늦춰주었을 때 풍하로 펄럭거리는 현상.

Shoal Draft 숄 드라프트 – 흘수가 얕은 것.

Shock cord 쇽 코드 – 해장하여 헤드세일을 라이프 라인에 묶어두거나, 스핀 강하시 스토퍼의 핸들이 저절로 닫히는 것을 방지하기 위하여 장치한 탄력성이 있는 가는 걸개 줄.

Shore 쇼트 스플라이스 – 바닷가, 기슭.

Short splice 쇼트 스플라이스 – 2개의 로프를 연결하는 방법.

Shroud 슈라우드 – 돛대의 윗부분으로 부터 선체의 횡방향으로 갑판에 장치되어 있는 와이어로서 돛대를 지지함.

Shroud base 슈라우드 베이스 – 턴 버클로 길이를 조절하게끔 갑판 상부에 설치된 부분.

Shute 슈트 – 스피네커를 말 할 때도 있다. 스피네커를 끌어넣는 구멍.

Side force 사이드 포스 – 횡력, 세일에 의해 옆으로 밀어붙이는 힘.

Single hand 싱글 핸드 – 혼자서 배 타고 달리는 일.

Skeg 스케그 – 선미의 용골 후단에 붙은 작고 고정된 수직 안정판의 일종으로 추진기 샤프트(Shaft)를 지지하는 돌출부를 말함.

Skating 스케이팅 – 미풍시 다운 윈드에서 스핀에 압력을 느끼도록 달림으로서 요트가 스피드를 타기 쉬운 상태.

Skipper 스키퍼 – 정장, 선장, 요트를 책임지는 사람.

Skirt 스커트 – 세일의 풋 자락, 태킹시 라이프 라인에 풋이 걸리면 스커트라고 소리쳐 바우맨이 풋을 안으로 끌어 당긴다.

Slab reefing 슬랩 리핑 – 펄링(감기는)장치로 감아 축범하는 것이 아니라, 세일에 설계된 리핑 포인트를 붐까지 당겨내려 풋에서 평행하게 일정한 면적을 제거하여 축범하는 것.

Slack 슬랙 – 줄을 늦추어 주거나 풀어 주는 것.

Sleeve 슬리브 – 커버의 둥글한 통.

Slide car 슬라이드 카 – 갑판위의 고정된 일정의 트랙을 오가며 트림 시트를 리드하거나, 스핀 폴의 인보드측 넥크를 걸어 폴의 높이를 조절하는 장치.

Slide hatch 슬라이드 해치 – 슬라이드 식으로 개폐하는 입구문.

Slide rail 슬라이드 레일 – 지브, 메인세일의 시트 리더를 움지경가는 레일.

Sloop 슬루프 – 마스트 하나 세일이 두개의 요트.

SLP(Safe Leeward Position) – 풍하로 밀려가는 지점.

Slot 슬롯 – 헤드세일의 풍상측 리치부분과 메인세일의 풍하측 러프부분이 만들어 내는 틈새, 즉 제노어와 메인이 겹치는 평형된 부분.

Slot effect 슬롯 이펙트 – 지브 세일과 메인 세일 사이의 틈을 슬롯이라 하며, 이 슬롯을 통과하는 바람의 속도가 빨라져 요트의 추진력을 더욱 크게 하는데 이를 슬롯 이펙트라고 함.

Slutter rig 슬러터 리그 – 슬루프와 커터가 함께 있는 리그.

Snap shackle 스냅 샤클 – 단 한번 접촉으로 개폐할 수 있는 샤클 머리부분이 스위블(회전)로 되어 있음.

Snatch block 스네치 블록 – 스위블 헤드에 강력한 스냅 훅이 붙어 있다. 스핀 시트, 에프터 가이, 포어 가이, 시트 세일 교환, 각종 터닝 블록으로 사용처가 다양한 블록.

Snipe 스나이프 – 딩기 클래스의 하나.

Snubbing winch 스너빙 윈치 – 한쪽으로만 도는 윈치.

Snuffer 스너퍼 – 제네커나 스피네커를 내리거나 보관할 때 사용되는 긴 나이론 카바.

Spade rudder 스페이드 러더 – 스페이드형의 노.

Spanker 스팽커 – 아빔용으로 만든 스피네커.

Spar 스파 – 선체의 부착물, 마스트, 붐 등의 원재, 범장품중 주로 큰 것들.

Spare rudder 스페어 러더 – 보조의 노.

Spinnaker 스피네커 – 순풍 때 펴는 큰 세일.

Spinnaker halyard 스피네커 헤일야드 – 스피네커를 끌어당기는 헤일야드.

Spinnaker pole 스피네커 폴 – 스피네커를 내미는 봉.

Spinnaker sheet 스피네커 시트 – 스피네커를 조종하기 위한 줄, 끝단에서 끝단까지 스핀 폴의 경우 스피네커 시트와 에프터 가이는 공용으로 가는 현의 한 줄, 풍상측(스핀폴이 있는 쪽)이 애프터 가이, 풍하측은 스피네커 시트라 부른다.

Splice 스플라이스 – 매듭법, 2조의 로프 색단을 영구적으로 연결하거나, 영구적인 고리를 만드는 것.

Spray 스프레이 – 물보라.

Spreader 스프레더 – 마스트 중간에 있는 봉.

Spreder light 스프레더 라이트 – 스프레더에 갖추는 라이트.

Spoon bow 스푼 바우 – 레이팅상의 수선장을 벌기 위해 선수부분을 스푼 모양으로 둥글게 만들어 떠있을 때는 수선장이 짧아 평수시에 수선장을 짧게 잡은 선형, 예비부력을 증가시켜 파랑 중 선수를 뜨게 함으로서 피칭에 의한 파랑저항 감소를 노린 선수형상.

Spreader 스프레더 – 슈라우드와 마스트의 접하는 각도를 벌려주며, 마스트를 안정시키는 역할과 스윙백 스프레드의 경우 마스트를 밴딩시키는 역할.

Spreader patch 스프레더 패치 – 제노아의 스프레더에 닿는 부분에 붙어 있는 두꺼운 세일 조각.

Square rigger 스퀘어 리거 – 가로 돛, 의장선.

Stanchion 스탠션 – 기둥, 지주.

Stand by 스탠드 바이 – 준비가 됨.

Standing rigging 스텐딩 리깅 – 마스트를 지탱하는 와이어, 헤드 스테이, 백 스테이, 슈라우드 등의 고정줄.

Starboard 스타보드 – 우현, 요트를 선수 방향으로 향하고 있을 때 오른쪽 현.

Starboard tack 스타보드 택 – 세일링 중 스키퍼, 크루가 우현에 앉은 상태, 돛이 우현에서 바람을 받아 좌현에 세일이 펴진 상태.

Starboard side 스타보드 사이드 – 우현 쪽.

Stability 스테빌리티 – 안전성, 복원력.

Stall 스털 – 공기흐름의 분리에 의해서 생기는 실속현상.

Stay 스테이 – 돛대를 선체에 고정시키는데 사용되는 와이어 줄.

Stay sail 스테이 세일 – 헤드 스테이로부터 뒤쪽으로 범장되는 작은 지브.

Steer 스티어 – 키를 잡는 것.

Steering wheel 스티어링 휠 – 키를 잡기 위한 핸들.

Stem head 스템 헤드 – 선수의 금속 부분.
Stem 스템 – 선수.
Stern 스턴 – 선미, 고물.
Stern light 스턴 라이트 – 선미 등.
Stern transom 스턴 트랜섬 – 고물보.
Stern pulpit 스턴 풀피트 – 선미에 있는 손잡이.
Stiff 스티프 – 킬이 횡경사 힘을 상쇄시켜 비교적 힐링이 적당한 상태로 범주하는 요트.
Stock 스톡 – 닻의 옆봉.
Stockless anchor 스톡레스 앵커 – 옆봉이 없는 닻.
Storm 스톰 – 악천.
Storm Jib 스톰 지브 – 황천 항해시 돛의 면적을 줄이기 위해 사용되는 가장 작은 지브세일.
Stowage 스토이지 – 짐칸.
Strech luff 스트레치 라프 – 늘어지는 라프.
Stringer 스트링어 – 선체의 길이 방향으로 뻗어 있는 부재.
Strip planking 스트립 플랭킹 – 각재를 쓰고 외판을 덮이는 방법.
Strut 스럿 – 세일 횡력에 대항하기 위한 양력을 만들면서 비대한 벌브(Bulb)를 단단히 지지하는 역할.
Swaging terminal 스웨징 터미널 – 스웨징하기 위한 소켓의 금속고리.
Swaging 스웨징 – 와이어 끝을 소켓에 고정시키는 방법.
Sweeper 스위퍼 – 콕핏 내에서 내려진 스핀을 정리하거나 세일 교환시 세일을 운항하는 등, 다른 크루의 손이 못미치는 부분을 보충하는 크루를 일컬음.
Swell 스웰 – 상부가 무너지는 파도.
Swing 스윙 – 지브 세일에 바람을 많이 받을 수 있도록 조종하는 것.
Swivel block 스위블 블록 – 회전고리가 있는 블록.

T

TA(Time Allowance) – IMS의 빠르기 단위.
Tachomater 태코미터 – 회전계.
Tack 택 – Star board Tack, 우현.
Tack horn 택 혼 – 세일의 크링글을 걸기 위한 각상의 돌기.
Tacking 태킹 – 요트가 풍상으로 나아가는 경우, 돛을 좌현에서 우현 또는 그 반대로 이동시켜서 다른 풍상으로 방향을 바꾸는 것.
Tacking dual 태킹 듀얼 – 비팅하면서 상대 요트를 밀어내어 피항하는 전략.
Tail 테일러 – 로프의 끝.
Tailer 테일러 – 시트 엔드를 당기는 사람.
Tandem keel 텐덤 킬 – 킬 2개가 앞뒤로 나란히 설계된 것, 어펜디지로서 킬 스트러트가 러더처럼 리웨이를 상쇄시킬 수 있는 킬.
Tang 탱 – 마스트의 스탠딩 리깅 상부 끝에 붙어 있는 피팅.
Tapered mast 테이퍼드 마스트 – 마스트가 끝으로 갈수록 가늘게 만들어진 것.
Target speeds 타켓 스피드 – 계기(요트 속력, 풍향, 풍속계)가 붙어 있는 배에서는 폴라다이어그램에 나타난 그 풍속대의 VMC를 찾아, 계기로 그 속력을 체크하여 최대 VMG를 얻는 범주법, 풍상 · 풍하 다같이 최고 성능을 달성하기 위한 지침처럼 사용되는 요트속력, 어떤 요트라도 진풍의 세기에 따라 달라진다.
Taut 토트 – 리치가 팽팽되어 있는 것.
TCF(Time Collection Factor) – IMS의 시간수정인수.
Telltales 텔테일즈 – 돛 풍비, 풍향포.
Tender 텐더 – 거룻배, 견시.
Tention 텐션 – 긴장.
Tention curl 텐션 컬 – 과대한 세일트림에 의해 생기는 주름.
Tention meter 텐션 미터 – 인장력을 계측하는 기기.
Thermometer 써모미터 – 온도계.
Thimble 심블 – 로프를 다른 물체에 잡아 맬 때 로프가 굵히지 않도록 장치한 금속 고리.
Throttle 스로틀 – 연료 조절판.
Through deck mast 스루 덱 마스트 – 갑판 관통 마스트.

Tide 타이드 – 조류.
Tie rod 타이 로드 – 헐 구조제에 접합되어져 마스트를 지탱하는 피팅.
Tiller 틸러 – 러더 끝의 전방 또는 후방으로 설치한 플라스택제, 목제, 철제의 봉.
Tiller extension 틸러 익스텐션 – 틸러 끝에 연결하는 보조 틸러. 원격 조작을 할 수 있다. 원격 조작을 할 수 있다.
Timber hitch 팀버 히치 – 비틀어 매기.
Toe strap 토우 스트랩 – 발 끝을 거는 벨트.
Toggle 토글 – 턴 버클과 체인 프레이트 사이에 끼워서 쓰는 쇠장식.
Topping lift 토핑 리프트 – 스핀 폴 설치시 폴의 상부를 지지하거나 붐을 잡아주는 줄.
Transom 트랜섬 – 고물보.
Transom stern 트랜섬 스턴 – 외타가 있는 킬까지 연결된 스탄.
Trapeze 트래피즈 – 소형정에서 밸런스 잡기 위해 몸을 선체에서 나가기 위해 쓰는 로프.
Traveller 트레블러 – 메인 시트 리더를 슬라이딩시키는 장치로, 바람에 대한 세일의 각도를 트랙 길이 내에서 조절하는 피팅.
Trial 트라이얼 – 테스트, 시주.
Trim 트림 – 돛을 조절하는 것, 요트의 전후 경사.
Trim tab 트림 탭 – 엔진에서 틀림 현상방지, Movable Appendage로 이것은 적은 리웨이가에서 커다란 양력을 만들어 내는 것으로 고양력 장치의 일종, 킬 스트럿.
Trimaran 트라이머랜 – 3동선.
Trimmer 트리머 – 세일을 조절하여 선체의 균형을 조절하는 크루.
Trip meter 트립 미터 – 항행거리계.
Tripping line 트리핑 라인 – 트리거 라인, 자이빙시 등 폴을 트립할 때 페롯백을 열어주는 코드.
True course 트루 코스 – 진 침로.
True wind 트루 윈드 – 정지했을 때 느끼는 바람(해저에 대해서), 참바람.
True wind angle 트루 윈드 앵글 – 요트 선수에 대한 참바람의 각도.
Try sail 트라이 세일 – 마스트 뒤쪽의 보조적인 작은 돛.
Tumble home 텀블 홈 – 옆 방향으로 덱보다 나온 외판 형태.
Turnbuckle 턴버클 – 슈라우드를 플레이트나 의장품에 연결하여 조이거나 풀 수 있는 스쿠루 장치.
Turnbuckle boot 턴버클 부트 – 턴 버클 주변에 붙이는 커버.
Turnbuckle stopper 턴버클 스터퍼 – 턴 버클 회전부를 고정하는 부품.
Turning block 터닝 블록 – 시트의 방향을 바꾸어 윈치 앞으로 리드하는 블록.
Turtle bag 터틀 백 – 스핀 백의 애칭.
Tweaker 트위커 – 스핀의 풍압중심을 낮추거나, 리치부의 시트를 리드하기 위한 블록 장치.
Twin keel 트윈 킬 – 핀킬의 변형, 선저에 두 개로 나누어서 흘수를 낮추고 상가(上架)시 선체를 안전하게 놓을 수 있는 형의 킬.
Twist 트위스트 – 세일의 밑에서 위로 감에 따라서 각 세일 단면 코드라인이 이루는 각도가 점점 달라지는 것.

U

ULDB(Ultra Light Displacement Boat) – 초경배수량 보트.
Under canvas 언더 캔버스 – 세일로 달리는 상태.
Upper shroud 어퍼 슈라우드 – 사이드 스테이로 가장 위에서 밑에까지 연장되어 있는 가장 긴 고정색.
Upper stay 어퍼 스테이 – 마스트의 끝에서 옆으로 이르는 스테이.
Up wash 업 워시 – 세일에 가까워져 오는 바람이 세일에 의해서 미리 굽어지는 현상.
USYRU(United States Yacht Racing Union) – 미국요트경기위원회.

V

Vang 뱅 – 사형밧줄.
Velocity shift 벨로시티 시프트 – 바람각도가 일시적으로 바뀌는 것.
Vertical shape distrbution 버티칼 쉐이프 디스트리뷰션 – 수직형상분포로서 어떤 높이에서 그 다음 세일 형상의 변화.
VMC(Velocity Made good along a Course) – 바깥쪽을 향한 방향에서 요트의 VMG분배 몫.
VMG(Velocity Made Good) – 풍상쪽 요트 속력의 벡터 성분, VMG는 요트속력의 풍상(+)값, 풍하(-)값의 구성요소.
VPP(Velocity Prediction Program) – 속도 예측의 컴퓨터 프로그램, 과거의 데이터, 최신의 이론적 예측 등에서 어떤 선형의 배가 가진 속력.

W

Wake 웨이크 – 배가 지나간 자리. 항적(航跡).
Wall knot 월 노트 – 로프 끝을 처리하는 방법.
Watch 와치 – 당직.
Water line 워터 라인 – 선체와 수면이 만나는 수선.
Water line length 워터 라인 랭스 – 수선장, 선체가 물에 잠겨 있는 부분의 길이.
Water tight 워터 타이트 – 물이 새어들지 않도록 봉해진 수밀 상태.
Weather helm 웨더 헬름 – 풍압의 중심점 이동으로 러더를 똑바로 두었을 때 풍상으로 선수가 움직이려고 하는 것.
Weather side 웨더 사이드 – 바람이 오는 쪽.
Weld 웰드 – 용접.
Wet suit 웨트 슈트 – 세일러 등이 입는 고무옷.
Wetted surface 웨티드 설페이스 – 심수 면적.
Wheel 휠 – 바퀴.
Whisker pole 위스커 폴 – 마스트로부터 지브의 클루까지 뻗어주는 막대, 스피네커를 갖지 않는 배에서 러닝때 사용할 수 있는 방법, 단 자이빙에 주의 요함.
Winch block 윈치 블록 – 활차와 그 주변을 세공함으로서 쉽게 당기면서 늦출 때는 쉽게 로프가 안 나가도록 하는 블록.
Winch 윈치 – 손으로 잡아당기거나, 지탱할 수 없는 힘이 걸린 시트를 기어로서 감을 수 있도록 만든 장치.
Wind gradient 윈드 그래디언트 – 고도에 의한 풍속이 다름, 물 표면보다 적은 마찰때문에 수면에서 떨어질수록 바람의 세기가 증가한다.
Wind shear 윈드 시어 – 고도에 의한 풍향이 다름, 외견상의 바람이 갑판 근처에 불고 있는 바람과 마스트 부근의 부는 각도가 틀림.
Wind vane 윈드 베인 – 풍향계.
Windward 윈드워드 – 풍상측, 바람이 불어오는 쪽.
Windward helm 윈드워드 헬름 – 러더를 놓았을때 보트가 풍상으로 회두하려는 경향, 코스로 조타하는데 요구되는 러더각을 도(度)로 측정, 웨더 헬름이라고도 한다.
Windlass 윈드러스 – 권양기, 닻을 끌어 당기기 위한 윈치의 한 종류.
Wing 윙 – 요트가 기울기 시작하면 킬 스트럿이 효율감소를 일으키는 것에 대해 윙의 양력이 횡력을 메우는 역할을 하는 것, 벌브 후단에 붙어 있음.
Working jib 워킹 지브 – 상용하는 지브시트.
Working sails 워킹 세일즈 – 메인 세일과 비 제노어 지브.
Wrinkle 링클 – 주로 요트가 그 풍속대에 적정한 스피드를 유지했을 때 러프부분에 잡히는 주름, 스피드 링클.

제6장
수상레저안전법

Dinghy Sailing

[시행 2010.11. 2] [대통령령 제22467호, 2010.11. 2, 타법개정]
[전문개정 2009.3.31]
[개정 2009.3.31]
[전문개정 2009.3.31]

제 1 장 총 칙

제1조 (목적) 이 영은 「수상레저안전법」에서 위임된 사항과 그 시행에 필요한 사항을 규정함을 목적으로 한다.

제2조 (정의)
① 「수상레저안전법」(이하 "법"이라 한다) 제2조 제3호에서 "대통령령으로 정하는 것"이란 다음 각 호의 어느 하나에 해당하는 것을 말한다.
 1. 모터보트
 2. 요트
 3. 수상오토바이
 4. 고무보트
 5. 스쿠터
 6. 호버크래프트
 7. 수상스키
 8. 패러세일
 9. 조정
 10. 카약
 11. 카누
 12. 워터슬레드
 13. 수상자전거
 14. 서프보드
 15. 노보트
 16. 그 밖에 제1호부터 제15호까지의 수상레저기구와 비슷한 구조·형태 및 운전방식을 가진 것으로서 국토해양부령으로 정하는 것
② 법 제2조제4호에서 "대통령령으로 정하는 것"이란 제1항제1호부터 제6호까지의 어느 하나에 해당하는 것을 말한다.

제 2 장 조종면허

제3조 (조종면허 대상·기준 등)
① 법 제4조제1항에 따라 해양경찰청장의 동력수상레저기구조종면허(이하 "조종면허"라 한다)를 받아야 하는 동력수상레저기구는 제2조제2항에 해당하는 동력수상레저기구 중 추진기관의 최대 출력이 5마력 이상인 것을 말한다.
② 조종면허의 발급대상은 다음 각 호와 같이 구분한다.
 1. 일반조종면허
  가. 제1급 조종면허 : 법 제39조제1항에 따라 등록된 수상레저사업의 종사자 및 제11조제1항제1호에 따른 시험대행기관의 시험관
  나. 제2급 조종면허 : 제1항에 따라 조종면

허를 받아야 하는 동력수상레저기구(요트는 제외한다)를 조종하려는 사람
2. 요트조종면허 : 요트를 조종하려는 사람

제3조의 2 (조종면허의 결격사유)

① 법 제5조제1항제2호에서 "대통령령으로 정하는 자"란 치매, 정신분열병, 분열형 정동장애, 양극성 정동장애, 재발성 우울장애, 알코올 중독의 정신질환이 있는 사람으로서 해당 분야의 전문의가 정상적으로 수상레저활동을 할 수 없다고 인정하는 사람을 말한다.

② 법 제5조제1항제3호에서 "대통령령으로 정하는 자"란 마약, 향정신성의약품 또는 대마 중독자로서 해당 분야의 전문의가 정상적으로 수상레저활동을 할 수 없다고 인정하는 사람을 말한다.

제3조의 3 (조종면허의 결격사유 관련 개인정보의 통보 등)

① 법 제5조제2항에서 "대통령령으로 정하는 기관의 장"이란 다음 각 호의 어느 하나에 해당하는 사람을 말한다.
 1. 병무청장
 2. 식품의약품안전청장
 3. 특별시장, 광역시장, 도지사 및 특별자치도지사(이하 "시·도지사"라 한다)
 4. 해군참모총장, 공군참모총장, 육군의 각 군사령관 및 국군의무사령관

② 제1항 각 호의 어느 하나에 해당하는 사람이 법 제5조제2항에 따라 해양경찰청장에게 통보하여야 하는 개인정보의 내용은 별표 1과 같다.

③ 제1항 각 호의 어느 하나에 해당하는 사람은 국토해양부령으로 정하는 바에 따라 제2항에 따른 개인정보를 6개월마다 한 번 이상 해양경찰청장에게 통보하여야 한다.

제4조 (면허시험의 실시)

① 해양경찰청장은 법 제6조에 따른 조종면허를 위한 시험(이하 "면허시험"이라 한다)을 실시할 때에는 국토해양부령으로 정하는 바에 따라 공고하여야 한다.

② 면허시험에 응시하려는 사람은 국토해양부령으로 정하는 바에 따라 해양경찰청장에게 응시원서를 제출하여야 한다.

제5조 (필기시험)

① 면허시험의 필기시험(이하 "필기시험"이라 한다)은 선택형으로 실시하되, 시험과목은 별표 1의2와 같다.

② 일반조종면허의 필기시험은 100점을 만점으로 하되, 제1급 조종면허의 경우에는 70점 이상을 받은 사람을 합격자로 하고, 제2급 조종면허의 경우에는 60점 이상을 받은 사람을 합격자로 한다.

③ 요트조종면허의 필기시험은 100점을 만점으로 하되, 70점 이상을 받은 자를 합격자로 한다.

④ 필기시험에 합격한 사람은 그 합격일부터 1년 이내에 실시하는 면허시험에서만 그 필기시험이 면제된다.

제6조 (실기시험)

① 면허시험의 실기시험(이하 "실기시험"이라 한다)은 필기시험에 합격한 사람 또는 필기시험을 면제받은 사람에 대하여 실시한다.

② 일반조종면허의 실기시험은 100점을 만점으로 하되, 제1급 조종면허의 경우에는 80점 이

상을 받은 사람을 합격자로 하고, 제2급 조종면허의 경우에는 60점 이상을 받은 사람을 합격자로 한다.
③ 요트조종면허의 실기시험은 100점을 만점으로 하되, 60점 이상을 받은 사람을 합격자로 한다.
④ 해양경찰청장은 실기시험을 실시할 때에는 응시자로 하여금 별표 2에 따른 규격에 적합한 시험용 수상레저기구를 사용하게 하여야 한다. 다만, 응시자가 따로 준비한 수상레저기구가 별표 2에 따른 규격에 적합한 때에는 해당 수상레저기구를 실기시험에 사용하게 할 수 있다.
⑤ 해양경찰청장은 실기시험을 실시할 때 수상레저기구 1대당 시험관 1명을 탑승시켜야 한다.
⑥ 실기시험의 채점기준과 운전코스는 국토해양부령으로 정한다.

제7조 (면허시험의 면제 등)

① 법 제7조제1항제1호에서 "대통령령으로 정하는 체육 관련 단체"란 「국민체육진흥법」 제2조제11호에 따른 경기단체를 말한다.
② 법 제7조제1항제2호에서 "대통령령으로 정하는 동력수상레저기구 관련 학과"란 동력수상레저기구와 관련된 과목을 6학점 이상 필수적으로 마쳐야 하는 학과를 말한다.
③ 법 제7조제1항제3호에서 "대통령령으로 정하는 면허"란 「선박직원법」에 따른 항해사·기관사·운항사 또는 소형선박 조종사의 면허를 말한다.
④ 법 제7조제1항제4호에서 "대통령령으로 정하는 기관"이란 중앙행정기관 및 지방자치단체를 말한다.
⑤ 법 제7조제1항제6호에서 "대통령령으로 정하는 기관이나 단체"란 다음 각 호의 기관 또는 단체를 말한다.
  1. 경찰청, 소방방재청, 해양경찰청, 합동참모본부 및 육군·해군·공군 본부
  2. 「국민체육진흥법」 제2조제11호에 따른 경기단체
⑥ 제5항에 따른 기관 또는 단체가 갖추어야 할 인적기준 및 장비기준과 실시하여야 할 교육내용은 별표 3과 같다.
⑦ 법 제7조제2항에 따른 시험면제의 세부 기준은 별표 4와 같다.

제7조의 2 (조종면허의 갱신연기 등)

① 법 제9조에 따라 조종면허증을 갱신받아야 하는 사람이 다음 각 호의 어느 하나에 해당하는 사유로 조종면허증 갱신 기간 이내에 조종면허증을 갱신받을 수 없는 경우에는 국토해양부령으로 정하는 바에 따라 그 이유를 증명할 수 있는 서류를 첨부한 조종면허증 갱신연기(사전갱신) 신청서를 해양경찰청장에게 제출하여야 한다.
  1. 갱신 기간 중 해외에 머물 예정이거나 해외에 머물러 있는 경우 또는 재해·재난을 당한 경우
  2. 질병에 걸리거나 부상을 입어 움직일 수 없는 경우
  3. 법령에 따라 신체의 자유를 구속당한 경우
  4. 군복무 중(「병역법」에 따라 교정시설경비교도, 전투경찰순경 또는 의무소방원으로 전환복무 중인 경우를 포함한다)인 경우
  5. 그 밖에 사회통념상 갱신 기간 이내에 조종면허를 갱신할 수 없는 부득이한 사유가 있다고 인정되는 경우

② 해양경찰청장은 제1항에 따른 신청 사유가 타당하다고 인정되는 경우에는 조종면허증 갱신 기간 이전에 갱신할 수 있도록 하거나 조종면허증 갱신 기간을 한 번만 연기하여야 한다.
③ 제2항에 따라 조종면허증 갱신이 연기된 사람은 그 사유가 없어진 날부터 3개월 이내에 조종면허증을 갱신하여야 한다.

제8조 (수상안전교육의 면제)

법 제10조제1항 각 호 외의 부분 단서에서 "대통령령으로 정하는 자"란 다음 각 호의 어느 하나에 해당하는 사람을 말한다.
1. 법 제9조에 따른 갱신 기간의 마지막 날부터 소급하여 2년 이내의 기간에 법 제16조에 따른 교육 또는 제9조제2항에 따른 교육을 마친 자
2. 법 제6조에 따라 면허시험 응시원서를 접수한 시점이나 법 제9조에 따라 조종면허증을 갱신하는 시점부터 과거 1년 이내에 법 제10조에 따른 수상안전교육(이하 "안전교육" 이라 한다)을 마친 사람

제9조 (안전교육 위탁기관의 지정기준 등)

① 법 제10조제2항에 따른 안전교육 위탁기관(이하 "안전교육 위탁기관" 이라 한다)의 지정기준은 별표 5와 같다.
② 안전교육 위탁기관에 두는 안전교육 강사는 1년에 한 번 이상 해양경찰청장이 실시하는 교육을 마쳐야 한다. 이 경우 교육시간은 8시간 이상으로 한다.
③ 안전교육 위탁기관의 장은 안전교육을 마친 자에 대하여 국토해양부령으로 정하는 안전교육수료증을 발급하여야 한다.
④ 제1항 및 제2항에 따른 지정기준 외에 안전교육 위탁기관의 지정절차 및 안전교육의 내용 등에 관하여 필요한 사항은 국토해양부령으로 정한다.

제10조 (안전교육 위탁기관의 지정취소)

① 법 제10조제3항에 따라 안전교육 위탁기관이 다음 각 호의 어느 하나에 해당하는 때에는 지정을 취소하여야 한다.
1. 거짓 또는 그 밖의 부정한 방법으로 지정을 받은 때
2. 거짓 또는 그 밖의 부정한 방법으로 안전교육수료증을 발급한 때
3. 제9조제1항에 따른 지정기준에 미치지 못하게 된 때
4. 제2항에 따른 개선·보완 명령에 따르지 아니한 때
② 해양경찰청장은 제1항제3호에 따른 안전교육 위탁기관의 지정취소 사유를 발견하였을 때에는 해당 안전교육 위탁기관에 대하여 일정한 기간을 정하여 그 취소사유를 개선·보완할 것을 명할 수 있다. 이 경우 개선·보완의 명령은 한 번만 할 수 있다.
③ 제2항에 따른 개선·보완 명령에는 개선·보완의 기한 및 내용과 개선·보완을 하지 아니한 경우의 조치 사항 등이 포함되어야 한다.
④ 제1항에 따른 안전교육 위탁기관의 지정취소 절차 등에 관하여 필요한 사항은 국토해양부령으로 정한다.

제11조 (시험대행기관의 지정기준 등)

① 법 제14조제1항에 따른 시험대행기관(이하 "시험대행기관" 이라 한다)의 지정을 받으려는 자는 다음 각 호의 요건을 모두 갖추어야 한다.

1. 시험장별로 책임운영자 1명 및 시험관 4명 이상을 갖출 것
2. 시험장별로 국토해양부령으로 정하는 기준에 맞는 실기시험용 시설 등을 갖출 것

② 제1항제1호에 따른 시험장별 책임운영자는 수상레저활동 관련 업무 중 해양경찰청장이 정하여 고시하는 업무에 3년 이상 종사한 경력이 있는 사람이어야 하며, 시험장별 시험관은 조종면허(일반조종면허 시험대행기관의 경우에는 제1급 조종면허를 말하고, 요트조종면허 시험대행기관의 경우에는 요트조종면허를 말한다)와 제37조제1항에 따른 인명구조요원 자격을 갖춘 사람이어야 한다.

③ 시험대행기관으로 지정받으려는 자는 국토해양부령으로 정하는 바에 따라 해양경찰청장에게 그 지정을 신청하여야 한다.

제12조 (시험대행기관의 지정취소 절차 등)

① 법 제14조제2항에 따라 시험대행기관의 지정을 취소하거나 업무를 정지하는 절차에 관하여는 제10조제2항 및 제3항을 준용한다. 이 경우 제10조제2항 중 "안전교육 위탁기관"은 각각 "시험대행기관"으로 본다.

② 법 제14조제2항에 따른 시험대행기관의 지정취소 및 업무정지처분의 통지를 하는 때에는 국토해양부령으로 정하는 시험대행기관 지정취소·업무정지 통지서로 한다.

③ 제1항 및 제2항에서 규정한 사항 외에 시험대행기관의 지정취소 또는 업무정지에 관한 세부 기준 및 절차 등에 관하여 필요한 사항은 국토해양부령으로 정한다.

제13조 (과징금을 부과하는 위반행위와 과징금의 금액 등)

① 법 제15조제1항에 따라 과징금을 부과하는 위반행위의 종류와 과징금의 금액은 별표 6과 같다.

② 해양경찰청장은 제1항에 따른 과징금을 부과할 때에는 해당 지역의 시험대행기관의 숫자, 위반행위의 정도 및 횟수 등을 고려하여 과징금의 금액을 2분의 1의 범위에서 늘리거나 줄일 수 있다.

제14조 (과징금의 부과 및 납부절차 등)

① 해양경찰청장은 법 제15조에 따라 과징금을 부과할 때에는 그 위반행위의 종류와 해당 과징금의 금액을 구체적으로 적어 이를 낼 것을 서면으로 알려야 한다.

② 제1항에 따라 통지를 받은 자는 20일 이내에 과징금을 해양경찰청장이 정하는 수납기관에 내야 한다. 다만, 천재지변이나 그 밖의 부득이한 사유로 그 기간 내에 과징금을 낼 수 없을 때에는 그 사유가 없어진 날부터 7일 이내에 내야 한다.

③ 제2항에 따라 과징금을 받은 수납기관은 영수증을 과징금 납부자에게 내주고, 그 사실을 지체 없이 해양경찰청장에게 알려야 한다.

④ 과징금은 이를 분할하여 납부할 수 없다.

⑤ 과징금의 징수 절차에 관하여 필요한 사항은 국토해양부령으로 정한다.

제 3 장 안전준수 의무

제15조 (운항규칙)

법 제18조에 따라 수상레저활동자가 지켜야 하는 운항규칙은 별표 7과 같다.

제16조 삭제 〈2008.6.25〉

제17조 (술에 취한 상태의 기준)
법 제22조제5항에 따른 술에 취한 상태의 기준은 혈중알콜농도 0.08퍼센트 이상으로 한다.

제18조 (정원 초과 금지)
① 법 제24조에 따른 수상레저기구의 정원은 법 제37조에 따른 안전검사에 따라 결정되는 정원으로 한다.
② 법 제30조에 따른 등록의 대상이 되지 아니하는 수상레저기구의 정원은 해당 수상레저기구의 좌석 수 또는 형태 등을 고려하여 해양경찰청장이 정하여 고시하는 정원산출 기준에 따라 산출한다.
③ 제1항 및 제2항에 따라 정원을 산출할 때에는 해난구조나 그 밖의 부득이한 사유로 승선한 인원은 정원으로 보지 아니한다.

제 4 장 안전관리

제19조 (협의회의 구성 등)
① 법 제29조에 따른 수상레저활동안전협의회(이하 "협의회"라 한다)는 위원장 1명을 포함한 17명 이내의 위원으로 구성한다.
② 협의회의 위원장은 특별시·광역시·도·특별자치도(이하 "시·도"라 한다)의 부시장 또는 부지사가 되고, 위원은 다음 각 호의 사람이 된다.
  1. 시·도에서 수상레저업무를 담당하는 공무원 중 해당 기관의 장이 지명하는 사람 1명. 다만, 특별자치도의 경우에는 3명으로 한다.
  2. 시·도지사(특별자치도지사는 제외한다)가 지정하는 시·군·구(자치구를 말하며, 이하 같다)에서 수상레저업무를 담당하는 공무원 중 해당 시장·군수·구청장(자치구의 구청장을 말하며, 이하 같다)이 지명하는 사람 각 1명
  3. 시·도지사가 위촉하는 수상레저 관련 단체의 대표자 1명 또는 수상레저 관련 전문가 1명
  4. 관할지역 지방해양경찰청장이 지명하는 소속 수상레저업무담당 경찰관 1명
③ 협의회에 간사 1명을 두되, 간사는 시·도 소속 공무원 중 위원장이 지명하는 사람이 된다.
④ 협의회는 다음 각 호의 사항을 심의한다.
  1. 법 제28조에 따른 관계 행정기관 간의 협조에 관한 사항
  2. 수상레저안전과 관련한 관계 기관 및 단체의 건의사항
  3. 수상레저안전업무의 개선·보완에 관한 사항
  4. 그 밖에 수상레저안전업무와 관련한 사항

제20조 (협의회의 운영 등)
① 협의회의 위원장은 협의회의 회의를 소집하고, 그 의장이 된다.
② 협의회의 위원장은 회의를 소집하려는 때에는 회의 개시 7일 전까지 회의의 날짜·시간·장소 및 안건을 각 위원에게 알려야 한다.
③ 제1항 및 제2항에서 규정한 사항 외에 협의회의 운영에 필요한 사항은 협의회의 의결을 거쳐 협의회의 위원장이 정한다.

제21조 (실무협의회)
① 협의회의 심의 사항을 미리 검토하거나 협의

회에서 심의한 사항을 처리하기 위하여 협의회에 실무협의회를 둘 수 있다.
② 실무협의회의 설치 및 운영에 필요한 사항은 협의회의 의결을 거쳐 협의회의 위원장이 정한다.

제 5 장 등록 및 검사

제22조 (등록의 대상)
법 제30조제1항에 따라 등록의 대상이 되는 수상레저기구는 수상레저활동에 이용하거나 이용하려는 동력수상레저기구로서 다음 각 호의 어느 하나에 해당하는 것을 말한다.
1. 수상오토바이
2. 추진기관 20마력 이상의 모터보트[선외기(모터보트의 외부에 부착되어 모터보트와 분리할 수 있는 모터보트용 엔진을 말한다)가 부착된 모터보트만 해당한다]
3. 추진기관 30마력 이상의 고무보트(공기를 넣으면 부풀고 접어서 운반할 수 있는 것은 제외한다)

제23조 (등록신청의 절차 등)
① 법 제30조제1항에 따라 동력수상레저기구를 등록하려는 자는 국토해양부령으로 정하는 등록신청서에 다음 각 호의 서류를 첨부하여 주소지를 관할하는 시장·군수·구청장(특별자치도지사를 포함한다. 이하 이 장에서 같다)에게 제출하여야 한다. 다만, 「전자정부법」 제36조제1항에 따른 행정정보의 공동이용을 통하여 첨부서류에 대한 정보를 확인할 수 있으면 그 확인으로 첨부서류의 제출을 갈음하여야 한다. 〈개정 2010.5.4, 2010.11.2〉
  1. 양도증명서나 등록의 원인을 증명하는 서면
  2. 등록의 원인에 대하여 제3자의 동의 또는 승낙이 필요한 경우에는 이를 증명하는 서류(신청서에 제3자가 직접 기명날인한 경우는 제외한다)
  3. 법 제37조에 따른 안전검사증 사본
② 시장·군수·구청장은 제1항 각 호에 따른 첨부서류 외에 신청서의 기재사항 및 첨부서류가 진정한 것임을 증명하기 위하여 필요한 자료의 제출을 요구할 수 있다.
③ 시장·군수·구청장은 제1항에 따른 등록신청을 받은 때에는 신청인이 해당 수상레저기구의 소유자인지를 확인하여 국토해양부령으로 정하는 수상레저기구등록원부(이하 "등록원부"라 한다)에 등록한 후 3일 내에 신청인에게 국토해양부령으로 정하는 수상레저기구등록증과 등록번호판을 발급하여야 한다.
④ 제3항에 따른 등록원부를 열람하거나 그 사본을 발급받으려는 자는 국토해양부령으로 정하는 바에 따라 시장·군수·구청장에게 신청하여야 한다.
⑤ 시장·군수·구청장은 제4항에 따른 청구를 받은 때에는 등록원부를 열람하게 하거나 그 사본을 발급하여야 한다. 이 경우 개인정보의 유출을 방지하기 위하여 국토해양부령으로 정하는 바에 따라 그 내용의 일부를 표시하지 아니할 수 있다.

제24조 (변경등록 등)
① 법 제32조에 따라 수상레저기구의 등록사항 중 다음 각 호의 어느 하나에 해당하는 변경이 있는 때에는 그 소유자 또는 점유자는 그 사실을 안 날부터 20일 이내에 시장·군수·구청

장에게 변경등록을 신청하여야 한다.
1. 매매·증여등으로 소유권의 변경이 있는 때
2. 소유자의 성명(법인인 경우에 그 법인명을 말한다)·주소의 변경이나 수상레저기구의 명칭에 변경이 있는 때
3. 법 제36조에 따른 변경승인을 받은 때
② 제1항에 따른 변경등록신청을 받은 시장·군수·구청장은 그 신청에 거짓이 있다고 인정되는 경우를 제외하고는 변경등록을 하여야 한다.
③ 수상레저기구의 변경등록신청서는 국토해양부령으로 정한다.

제24조의 2 (모터보트에 대한 압류등록)

시장·군수·구청장은 법 제33조의3에 따라 모터보트에 대한 압류등록을 요청받은 경우에는 등록원부에 압류등록을 하고 지체 없이 모터보트의 소유자에게 알려야 한다.

제25조 (보험가입 등)

① 법 제34조에서 "대통령령으로 정하는 수상레저기구"란 제22조 각 호에 따른 수상레저기구 중 법 제39조에 따른 수상레저사업에 사용되지 아니하는 것을 말한다.
② 법 제34조에 따른 보험 또는 공제에의 가입금액은 「자동차손해배상 보장법 시행령」 제3조제1항에 따른 금액으로 한다.

제26조 (안전검사 대행기관의 지정 조건 및 절차 등)

① 법 제38조제1항에 따른 검사대행자(이하 "검사대행자"라 한다)으로 지정받으려는 자는 다음 각 호의 어느 하나에 해당하는 자격이 있는 안전검사원 5명 이상을 갖추어야 한다.
1. 「고등교육법」 제2조에 따른 전문대학 이상의 학교에서 기관·기계 또는 조선·항해 관련 학과를 졸업하고 선박검사 관련 업무에 3년 이상 종사한 경력이 있는 사람
2. 수상레저기구 안전검사업무 나 우수사업장의 인증 및 형식승인 업무에 3년 이상 종사한 경력이 있는 사람
3. 「선박안전법」 제76조 및 제77조제1항에 따른 선박검사관 또는 선박검사원의 자격요건에 해당하는 자격이 있는 사람
4. 동력수상레저기구 일반조종면허 1급 소지자로서 법 제46조제1항에 따라 우수정비사업장으로 인증받은 사업장에서 3년 이상 정비업무에 종사한 경력이 있는 사람
② 검사대행자로 지정받으려는 자는 국토해양부령으로 정하는 바에 따라 해양경찰청장 또는 시·도지사에게 그 지정을 신청하여야 한다.
③ 제1항과 제2항에서 규정한 사항 외에 검사대행자의 보고사항 및 절차, 검사대행자가 갖추어야 하는 시설·장비기준 및 검사대행자에 대한 관리·감독에 관한 세부사항은 국토해양부령으로 정한다.

제27조 (검사대행자의 지정취소 등)

① 법 제38조제2항에 따라 검사대행자의 지정을 취소하거나 업무를 정지하는 절차에 관하여는 제10조제2항 및 제3항을 준용한다. 이 경우 제10조제2항 중 "안전교육 위탁기관"은 각각 "검사대행자"로 본다.
② 법 제38조제2항에 따른 검사대행자의 지정취소 및 업무정지처분은 국토해양부령으로 정하는 검사대행자지정취소·업무정지통지서로 한다.
③ 제1항 및 제2항에서 규정한 사항 외에 검사대

행자의 지정취소 또는 업무정지에 관한 세부 기준 및 절차 등에 관하여 필요한 사항은 국토해양부령으로 정한다.

제 6 장 수상레저사업

제28조 (보험 등에의 가입)

① 법 제44조에 따른 보험 또는 공제에 가입하여야 하는 수상레저기구는 법 제39조에 따른 수상레저사업에 사용하거나 사용하려는 수상레저기구로 한다.

② 법 제44조에 따른 보험 또는 공제에의 가입금액은 「자동차손해배상 보장법 시행령」 제3조제1항에 따른 금액 이상으로 한다.

제29조 (안전점검의 대상)

법 제45조제1항에 따라 실시하는 안전점검의 대상 항목은 다음 각 호와 같다.

1. 제2조제1항 각 호에 따른 수상레저기구의 안정성(법 제37조에 따른 안전검사의 대상이 되는 수상레저기구는 제외한다)
2. 법 제39조에 따른 수상레저사업의 사업장에 설치된 시설·장비 등이 등록기준에 적합한지 여부
3. 법 제48조제1항 각 호에 따른 수상레저사업자 등의 안전조치준수 여부
4. 법 제48조제2항 각 호에 따른 행위제한 등의 준수 여부
5. 법 제48조제3항에 따른 인명구조요원 및 래프팅가이드의 자격·배치기준의 적합 여부

제30조 (우수사업장의 인증대상 등)

① 법 제46조제1항에 따른 우수제조사업장이나 우수정비사업장(이하 "우수사업장"이라 한다)의 인증대상은 제2조제1항 각 호의 수상레저기구로 한다.

② 법 제46조제1항에 따른 우수제조사업장의 인증기준과 설비기준은 별표 8과 같고, 우수정비사업장의 인증기준과 설비기준은 별표 9와 같다.

③ 법 제46조제2항에 따라 우수사업장에서 제조하거나 정비하는 수상레저기구에 대한 신규검사 또는 정기검사를 생략할 수 있는 기준은 별표 10과 같다.

제31조 (우수사업장 인증신청의 절차 등)

① 법 제46조제1항에 따라 우수사업장의 인증을 받으려는 자는 국토해양부령으로 정하는 인증 신청서에 다음 각 호의 서류를 첨부하여 해양경찰청장에게 제출하여야 한다.

1. 제30조제2항에 따른 인증기준 및 설비기준에 적합함을 증명하는 서류
2. 해당 사업장의 연혁과 조직
3. 해당 사업장의 업무분장 개요
4. 수상레저기구의 제조에 관한 자체규정(우수제조사업장인 경우만 해당한다)
5. 수상레저기구의 정비에 관한 자체 규정(우수정비사업장인 경우만 해당한다)

② 해양경찰청장은 제1항에 따른 신청을 받았을 때에는 해당 사업장이 제30조제2항에 따른 인증기준 및 설비기준에 적합한지를 서류와 현장심사를 통하여 확인하고, 인증기준 및 설비기준에 적합한 경우에는 국토해양부령으로 정하는 우수사업장인증서를 발급하여야 한다.

③ 해양경찰청장은 제2항에 따른 확인을 위하여 필요한 경우에는 관련 분야의 학식과 경험이 풍부한 전문가의 의견을 들을 수 있다.

④ 제1항제1호에 따른 인증기준 및 설비기준에

적합함을 증명하는 서류의 종류와 같은 항 제4호 및 제5호에 따른 제조 또는 정비에 관한 자체규정에 포함되어야 하는 세부내용은 해양경찰청장이 정하여 고시한다.

제32조 (우수사업장의 인증취소 등)

① 법 제46조제4항에 따라 우수사업장의 인증을 취소하거나 업무를 정지하는 절차에 관하여는 제10조제2항 및 제3항을 준용한다. 이 경우 제10조제2항 중 "안전교육 위탁기관"은 각각 "우수사업장"으로 본다.

② 제1항에 따른 우수사업장의 인증취소 및 업무정지처분을 할 때에는 국토해양부령으로 정하는 우수사업장 인증취소·업무정지 통지서로 한다.

③ 제1항 및 제2항에서 규정한 사항 외에 우수사업장의 인증취소 또는 업무정지에 관한 세부기준 및 절차 등에 관하여 필요한 사항은 국토해양부령으로 정한다.

제33조 (형식승인의 대상, 형식승인·검정의 기준 등)

① 법 제47조제1항에 따라 형식승인을 받을 수 있는 수상레저기구는 제2조제1항 각 호의 수상레저기구로 한다.

② 법 제47조제1항 및 제3항에 따른 형식승인 및 검정의 기준은 「선박안전법」 제18조에 따른 소형선박 및 선박용물건의 형식승인 및 검정의 기준을 준용한다.

③ 형식승인 및 검정의 신청 절차 등에 관하여 필요한 사항은 국토해양부령으로 정한다.

제34조 (형식승인시험기관 및 검정대행기관의 지정 등)

① 해양경찰청장은 다음 각 호의 어느 하나에 해당하는 기관을 법 제47조제2항 본문에 따른 형식승인시험기관으로 지정한다.
 1. 국가 또는 지방자치단체가 설립한 시험·연구기관
 2. 「특정연구기관 육성법」 제2조에 따른 특정연구기관
 3. 「산업기술혁신 촉진법」 제42조에 따른 전문생산기술연구소
 4. 제1호부터 제3호까지의 기관과 같은 수준이거나 그 이상의 시험업무 수행능력이 있는 기관으로서 국토해양부령으로 정하는 기관

② 법 제47조제4항에 따른 검정대행기관(이하 "검정대행기관"이라 한다)으로 지정받으려는 자는 제26조제1항 각 호의 어느 하나에 해당하는 자격이 있는 안전검사원 5명 이상을 갖추어야 한다.

③ 제1항 및 제2항에 따른 형식승인시험기관 및 검정대행기관으로 지정받으려는 자는 국토해양부령으로 정하는 바에 따라 해양경찰청장에게 그 지정을 신청하여야 한다.

④ 해양경찰청장은 형식승인 시험기관 및 검정대행기관을 지정한 때에는 그 사실을 공고하여야 한다.

⑤ 제1항 및 제2항에 따른 형식승인시험기관 및 검정대행기관의 지정 절차 등에 관한 세부 기준은 해양경찰청장이 정하여 고시한다.

제35조(형식승인시험의 면제)

법 제47조제2항 단서에서 "대통령령으로 정하는 사유에 해당하는 경우"란 다음 각 호의 수상레저기구에 해당하는 경우를 말한다.
 1. 「품질경영 및 공산품안전관리법」 제14조에 따

라 지식경제부장관으로부터 안전인증을 받은 수상레저기구
2. 「산업표준화법」 제17조제4항에 따른 인증 통지를 받은 수상레저기구
3. 외국 정부로부터 형식승인을 받고 수입된 수상레저기구

제36조 (형식승인의 취소 등)

① 법 제47조제5항에 따라 형식승인을 취소하거나 업무를 정지하는 절차에 관하여는 제10조제2항 및 제3항을 준용한다. 이 경우 제10조제2항 중 "안전교육 위탁기관" 은 각각 "형식승인을 받은 자" 로 본다.

② 법 제47조제5항에 따른 형식승인의 취소 및 업무정지처분을 할 때에는 국토해양부령으로 정하는 형식승인 취소·업무정지 통지서로 한다.

③ 제1항 및 제2항에서 규정한 사항 외에 형식승인의 취소 또는 업무정지에 관한 세부 기준 및 절차 등에 관하여 필요한 사항은 국토해양부령으로 정한다.

제37조 (인명구조요원·래프팅가이드의 자격기준 등)

① 법 제48조제1항제5호에 따른 인명구조요원 및 래프팅가이드는 별표 10의2의 기준을 충족하는 단체나 기관 중에서 해양경찰청장이 지정하는 수상레저 관련 단체 또는 기관(이하 이 조에서 "교육기관" 이라 한다)에서 교육과정을 마친 후 해당 자격을 취득한 사람이어야 한다.

② 교육기관의 지정절차, 교육과정 등에 관하여 필요한 사항은 해양경찰청장이 정하여 고시한다.

③ 인명구조요원은 해당 수상레저사업의 영업구역에 배치하여야 하며, 래프팅가이드는 영업 중인 래프팅기구마다 1명 이상 탑승하여 영업구역의 안전상태와 탑승객의 안전을 확인하게 하여야 한다. 다만, 승선 정원이 2명 이하인 래프팅기구의 경우에는 래프팅가이드가 다른 래프팅기구에 탑승하여 근접운항하면서 영업구역의 안전 상태와 탑승객의 안전 상태를 확인하게 할 수 있다.

④ 제3항 단서에 따라 래프팅기구를 운항하는 경우 래프팅가이드 1명이 근접운항하면서 운항할 수 있는 래프팅기구의 수는 운항수역을 관할하는 시장·군수·구청장(구청장은 자치구의 구청장을 말하고, 특별자치도의 경우 특별자치도지사를 말하며, 서울특별시 한강의 경우에는 서울특별시의 한강 관리에 관한 업무를 관장하는 기관의 장을 말한다. 이하 이 장 및 제8장에서 같다)이 운항수역의 유속, 급류의 세기, 안정성 등을 고려하여 2대부터 5대까지의 범위에서 정하여야 한다.

제38조 (위험물의 범위)

법 제48조제2항제6호에서 "대통령령으로 정하는 폭발물·인화물질 등의 위험물" 이란 「선박안전법」 제41조제3항에 따른 위험물을 말한다. 〈개정 2007.9.28, 2008.6.25〉

제 7 장 보칙

제39조 (권한의 위임)

법 제54조에 따라 해양경찰청장은 다음 각 호의 권한을 해양경찰서장에게 위임한다.
1. 법 제11조에 따른 면허증의 교부
2. 법 제13조제1항에 따른 조종면허의 취소·정지처분

제8장 벌 칙

제40조 (과태료의 부과기준)
① 법 제59조제1항 및 제2항에 따른 과태료의 부과기준은 별표 11과 같다.
② 해양경찰청장, 해양경찰서장 및 시장·군수·구청장은 해당 위반행위의 정도 및 위반 횟수 등을 고려하여 그 해당 금액을 2분의 1의 범위에서 늘리거나 줄일 수 있다. 다만, 늘리는 경우에도 과태료의 총액은 100만원을 초과할 수 없다.

부칙 〈제22467호, 2010.11. 2〉
(행정정보의 공동이용 및 문서감축을 위한 경제교육지원법 시행령 등 일부개정령)
이 영은 공포한 날부터 시행한다.

부 칙
〈제19297호, 2006. 1. 26〉

① (시행일) 이 영은 2006년 4월 1일부터 시행한다.
② (수상안전교육의 면제에 관한 적용례) 제8조의 개정규정에 따른 수상안전교육의 면제는 이 영 시행 후 최초로 조종면허를 받는 자부터 적용한다.
③ (수상레저기구의 정원산출기준에 관한 적용례) 이 영 시행당시 수상레저활동에 이용되고 있는 수상레저기구에 대한 제18조제1항 및 제2항의 규정에 따른 수상레저기구의 정원 및 정원산출기준은 법 부칙 제3조의 규정에 따라 검사를 받는 분부터 적용한다.
④ (다른 법령의 개정) 「보험업법 시행령」 일부를 다음과 같이 개정한다.

※ 부칙개정은 법제처 홈페이지 참조

요트! 딩기세일링	정가 23,000

발 행 : 2012年 6月 30日
저 자 : 츠쿠다 쇼지(佃 昭二)
번 역 : 이호용, 스즈키 아케미
발행인 : 도서출판 고려동
　　　　부산우체국 사서함 333호
　　　　T. (051)257-8201
인쇄처 : (주)삼립프레스
　　　　srpress@hanmail.net
　　　　T. (051)256-8201

ISBN 978-89-89289-35-7 13690

※저자와의 협약에의하여 한국어 출판권은 당사에 있습니다.
The Korean Translation Copyright© 2011 by Koreadong Publishing Co.